Das Buch

In den letzten Jahren ist weithin das fachliche wie auch das allgemeine Interesse an der Analytischen Psychologie C. G. Jungs und am Werk derer gewachsen, die sie ausgeübt und nach seinem Tode 1961 weiterentwickelt haben. Oft bestehen jedoch Unsicherheiten hinsichtlich der genauen Bedeutung und Verwendung der von Jung und anderen Therapeuten der Analytischen Psychologie eingeführten Fachausdrücke. Dies liegt zum einen daran, daß Jung seinen Begriffsgebrauch selten präzisierte oder gar definierte. Zum anderen sind Jungs Konzepte von späteren Autoren angepaßt, erweitert und in Frage gestellt worden, so daß viele Begriffe einen Bedeutungswandel erfahren haben. Die Autoren dieses Wörterbuchs, erfahrene Analytiker und Dozenten, machen das Vokabular der Analytischen Psychologie erstmals umfassend und auf dem neuesten Stand jedem zugänglich. Aufgenommen wurden: Begriffe und Konzepte, die von Jung und anderen Analytischen Psychologen eingeführt und weiterentwickelt wurden; allgemein gebräuchliche psychologische Fachbegriffe sowie Wörter der Umgangssprache, die Jung in besonderer Weise verwendete; psychoanalytische Begriffe, sofern sie von Jung in abweichender und erweiterter Bedeutung gebraucht wurden. Neben allgemein verständlichen Definitionen finden sich Zusammenfassungen von Entwicklungslinien und kontroversen Positionen. Zahlreiche Querverweise erschließen das begrifflich-konzeptionelle Umfeld eines Themas. Zitate und Literaturhinweise eröffnen dem Leser die Möglichkeit vertiefender Lektüre. Das Buch bietet wertvolle Verständnishilfe für Fachleute und all jene, die an der Analytischen Psychologie C. G. Jungs interessiert sind.

Die Autoren

Andrew Samuels ist Lehranalytiker und Mitglied der Society of Analytical Psychology, London.
Bani Shorter ist Absolventin des C. G. Jung-Instituts in Zürich.
Fred Plaut ist Lehranalytiker bei der Society of Analytical Psychology, London, ehemaliger Vorsitzender der medizinischen Sektion der British Psychological Society und früherer Herausgeber des »Journal of Analytical Psychology«.
Alle drei sind als Autoren und Herausgeber von Schriften zur Jungschen Psychologie hervorgetreten

Andrew Samuels, Bani Shorter, Fred Plaut:
Wörterbuch Jungscher Psychologie

Aus dem Englischen von
Matthias von der Tann

Deutscher
Taschenbuch
Verlag

Ungekürzte Ausgabe
April 1991
Deutscher Taschenbuch Verlag GmbH & Co. KG, München
© 1986 Andrew Samuels, Bani Shorter und Fred Plaut
Titel der englischen Originalausgabe:
A Critical Dictionary of Jungian Analysis
Routledge & Kegan Paul Limited, London 1986
© der deutschsprachigen Ausgabe:
1989 Kösel-Verlag GmbH & Co., München
ISBN 3-466-34232-5
Umschlaggestaltung: Boris Sokolow
Gesamtherstellung: Kösel, Kempten
Printed in Germany · ISBN 3-423-15088-2

Inhalt

Einführung 7
Wörterbuch A–Z 13

Anhang
Literatur 243
Register 251

Einführung

Seit dem Tode C.G. Jungs im Jahr 1961 ist weithin das Interesse an der Analytischen Psychologie und am Werk derer gewachsen, die sie ausgeübt und weiterentwickelt haben. Gleichwohl sind viele Leser mit der Jungschen Terminologie nicht vertraut. Aus diesem Grund befindet sich in vielen Büchern über Analytische Psychologie ein Glossar oder eine Liste mit Definitionen der von Jung selbst benutzten Begriffe. Dabei werden Zitate von Jung verwendet, die den Definitionen aus Band 6 der »Gesammelten Werke«, seiner Autobiographie (»Erinnerungen, Träume, Gedanken«, 1962) oder Darstellungen seiner Schriften durch einen seiner Anhänger (zum Beispiel Aniela Jaffés Gedenkband »C.G. Jung: Bild und Wort«, 1977) entnommen sind. Solche Verzeichnisse finden sich zum Beispiel in Storrs Buch »Jung: Selected Writings« (1983, in den USA unter dem Titel »The Essential Jung« veröffentlicht) und in der von Murray Stein herausgegebenen Anthologie »Jungian Analysis« (1982).
Es spricht einiges dagegen, daß solche Verzeichnisse, die sich wörtlich auf Jung beziehen, die an sich notwendigen Erläuterungen und Zusammenfassungen liefern können. Vielleicht ist es ja auch zuviel verlangt, wenn ein Buch über ein spezielles Thema in seinem Anhang diese allgemeinbildende Aufgabe erfüllen soll. Hinzu kommt noch eine gewisse Angst vor Fehlinterpretationen, wenn man Begriffe mit mehreren Bedeutungen nur kurz erklärt.
Besser dran ist der Leser, wenn er sich genaue Kenntnis über den Sprachgebrauch in der Psychoanalyse verschaffen will. Er kann sich bei Laplanche und Pontalis über »Das Vokabular der Psychoanalyse« (1973) informieren oder zu Rycrofts »A Critical Dictionary of Psychoanalysis« (1972) greifen. Beide Werke haben uns bei der vorliegenden Arbeit inspiriert: ersteres durch sein enzyklopädisches, wissenschaftliches und historisch orientiertes Vorgehen; letztes mit seiner besonderen Kombination aus Inspiriertheit und Verantwortung.

Einführung

Die Analytische Psychologie hat sich nach Jungs Tod weiterentwickelt, und wir meinten, daß ein Wörterbuch in jedem Fall darstellen müßte, wie die Jungschen Konzepte von späteren Autoren angepaßt, erweitert oder auch in Frage gestellt worden sind. Es erschien uns außerdem reizvoll, in einem gewissen Maß sowohl kritische Einwände seitens der Psychoanalyse zu berücksichtigen als auch Parallelen zu ihr.

In vieler Hinsicht spiegelt dieses Wörterbuch den weltweiten Trend, daß sich der Schwerpunkt der Beschäftigung mit Jung verlagert: Seine esoterischen Interessen geraten mehr in den Hintergrund zugunsten seines Engagements für eine humane Psychologie und den Unterbau therapeutischen Bemühens überhaupt. Die Bedeutung der Analytischen Psychologie für die klinische Arbeit nimmt in allen helfenden Berufen zu. Die Anzahl der an Jung orientierten Therapeuten ist enorm gewachsen, und auch im akademischen Bereich ist das Interesse an Jungs Werk weit größer als früher. In England ist dieser Trend zum Beispiel ablesbar an der Zahl der analytischen Psychologen, die vom National Health Service als psychiatrische Konsiliare oder Psychotherapeuten eingesetzt werden; ähnliches gilt für andere westliche Länder.

Diese Entwicklung läßt sich anschaulich belegen anhand der wachsenden Anzahl von Büchern von oder über Jung auf den Literaturlisten bei Ausbildungskursen. Die Anzahl eklektischer Ausbildungskurse für Psychotherapeuten und Mitarbeiter in Beratungsstellen steigt, und die Teilnehmer an solchen Kursen benötigen ein Wörterbuch wie das vorliegende. In Ausbildung befindliche Psychoanalytiker brauchen eine Basisinformation ebenso wie Studenten der Psychologie und Sozialarbeit, von Counselling, Religion und Anthropologie. Auch qualifizierte Praktiker – Psychiater eingeschlossen – werden, so hoffen wir jedenfalls, Nutzen aus diesem Buch ziehen können. Die Autoren wollen auch all denen, die sich für Jung interessieren und die ihn aus persönlichen Gründen lesen, ein sorgfältig erstelltes Nachschlagewerk an die Hand geben, in dem schwierige Begriffe zusammenfassend und erklärend dargestellt sind.

Warum ist Jung schwer zu verstehen? Jung war ein empirischer Denker, und seine Vermeidung präziser Logik führt nicht selten zur

Verwirrung beim Leser. Tatsächlich beruhte Jungs intellektuelle Entwicklung auf seinen sich intuitiv vortastenden Einsichten, die er in wechselndem Kontext oft unterschiedlich zum Ausdruck brachte. An manchen Stellen lassen sich Jungs Schriften am besten als Fluß von Bildern begreifen; das machte die ausgiebige Verwendung von Analogien erforderlich. Jung war im wesentlichen ein Denker, der nie Positionen aufgab. Anders als Freud gab es bei ihm keine substantiellen (und offiziell verkündeten) Revisionen seiner Gedanken; er verwendete lieber seine früheren Formulierungen als Sprungbrett für die späteren. Wenn Jung tatsächlich Neufassungen von Büchern oder Artikeln anfertigte, tat er dies oft, indem er neueres Quellenmaterial einbezog (zum Beispiel in GW 4, §§ 693-744).

Jung war ein Mensch seiner Zeit, und daher übernahm er in mancher Hinsicht die damals aktuellen kulturellen und strukturellen Ansätze. Zum Beispiel neigte er dazu, seine Gedanken in Gegensatzpaaren (→Gegensätze) anzuordnen, die je nach Kontext miteinander im Konflikt stehen und eine neue Synthese hervorbringen können. Diese Hegelsche Methode ist zunehmend anachronistisch geworden. Das heutige Paradigma ist flexibler, stärker orientiert an Beziehungen und Rückkoppelungen und mit Prozessen befaßt. Auch die Benennung hypothetischer Kräfte und Elemente, die als tatsächliche Teile einer Struktur angesehen werden, klingt für uns heute fremd. Wir denken dabei zum Beispiel an die Verdinglichung (oder deren Existenz postulierende Abstraktion) der →Energie.

Darüber hinaus hatte Jung starke persönliche Vorlieben. Er war zum Beispiel der Überzeugung, daß Ideen in jedem Fall persönlich geprägt sind (die »persönliche Gleichung«); so entstammt auch das Rohmaterial für Jungs theoretische Formulierungen seiner eigenen Lebenserfahrung. Er bezeichnete dieses Vorgehen zwar als »empirisch«, aber diese Einbeziehung seiner persönlichen Erfahrungen führte ihn doch gelegentlich zu ziemlich extremen Positionen (zum Beispiel hinsichtlich der Rollen der Geschlechter).

Jede ausführlichere Definition der vorliegenden Arbeit ist in bestimmte Abschnitte gegliedert; Querverweise zu anderen Stichworten sind besonders gekennzeichnet. Die Abschnitte behandeln im einzelnen: die Bedeutung oder verschiedenen Bedeutungen eines

Begriffs; dessen Ursprung und Ort in Jungs Denken; Unterschiede zwischen Analytischer Psychologie und Psychoanalyse, wenn hier wie dort derselbe oder ähnliche Begriffe benutzt werden; Veränderungen des Sprachgebrauchs innerhalb der Analytischen Psychologie; falls angebracht, ein kritischer Kommentar; Zitate und Literaturhinweise. Ein Literaturverzeichnis findet sich am Ende des Buches. Wenn nicht anders angegeben, beziehen sich die Angaben zu Jungs Schriften auf seine »Gesammelten Werke« (GW), die vom Walter-Verlag, Olten/Freiburg i.Br., verlegt werden. Literaturstellen sind mit Band- und Paragraphennummern angegeben. Wo nicht aus dem Kontext ersichtlich, haben wir möglichst auf die Fachrichtung derjenigen Autoren hingewiesen, deren Namen weniger vertraut sein mögen. Alle Autoren, deren Spezialgebiet nicht näher bezeichnet ist, sind analytische Psychologen.

Es folgt eine kurze Schilderung, was alles nicht in das Buch aufgenommen wurde. Die Autoren haben sich möglichst auf die Analytische Psychologie und auf Stichworte mit psychologischen Implikationen beschränkt. Sie haben also nicht versucht, den elementaren Sprachgebrauch der Psychodynamik oder Psychoanalyse abzudecken. Verschiedene psychoanalytische Termini wurden in folgenden Fällen berücksichtigt: bei einer Überschneidung mit der Analytischen Psychologie; bei besonders scharfen – zum Beispiel historisch abzuleitenden – Unterschieden in der Auffassung; oder auch im Falle eines für den Leser hilfreichen Vergleichs.

Das Wörterbuch umfaßt:

– Begriffe und Konzepte, die von Jung eingeführt oder weiter entwickelt wurden (zum Beispiel →Individuation);
– Begriffe und Konzepte, die in der Psychodynamik allgemein gebräuchlich sind, aber von Jung in spezieller Weise verwendet wurden (zum Beispiel →Symbol).
– Worte der Umgangssprache, die von Jung mit spezieller Bedeutung benutzt wurden (zum Beispiel →Ganzheit);
– wichtige Begriffe, die von anderen analytischen Psychologen eingeführt und weiterentwickelt wurden (zum Beispiel →Ich-Selbst-Achse);

- psychoanalytische Termini (begrenzt durch die oben genannten Überlegungen – zum Beispiel →Projektion).

Der Leser kann sich auch wie folgt orientieren: In manchen Beiträgen geht es um Jungs Ethos oder Ideologie (zum Beispiel →Reduktive und synthetische Methode). Andere beschäftigen sich mit zentralen Themen der analytischen Psychologie (zum Beispiel →Inzest). Weitere Beiträge behandeln wichtige theoretische Konzepte Jungs (zum Beispiel →Archetyp). Schließlich werden spezifische Definitionen technischer Begriffe gegeben (zum Beispiel →Persona).

Es sollte auch daran erinnert werden, daß die Analytische Psychologie – wie die Psychoanalyse – in einer Verknüpfung dreier Hauptstränge besteht: der methodischen Untersuchung und Erforschung des unbewußten Lebens, einem Korpus theoretischer Kenntnisse und einer Behandlungsmethode.

Jede Disziplin produziert ihren spezifischen Sprachgebrauch, und die Tiefenpsychologie macht da keine Ausnahme. Wir hoffen, daß unsere Erklärung der in der Fachsprache eingeschlossenen Bedeutungen die Terminologie lebendig werden läßt. Worte nämlich und Ideen sind lebendig; sie wachsen, sie gehen zugrunde, sie wandeln sich. Sie verbinden die Menschen und spalten sie. Durch sie spricht die Psyche; durch sie auch kann sie Schaden nehmen.

Die Verfasser haben als Analytiker, Lehrer und Autoren übereinstimmende, aber auch gegensätzliche Erfahrungen mitgebracht, die sie zum Schreiben dieses Buches bewegten; für ihre Motivation spielte nämlich ihr eigenes Ringen mit Jungs geschriebenem Wort eine wesentliche Rolle. So bildet die Empathie mit allen, die um das Verstehen ringen, die eigentliche Grundlage dieses engagierten didaktischen Unternehmens.

Wir möchten an dieser Stelle dem Scholarship Committee des C.G. Jung-Instituts San Francisco Dank sagen, das uns einen Zuschuß aus dem Ernst und Eleanor van Loben Sels Scholarship Fund gewährte. Dank gebührt auch Catherine Graham-Harrison, die nicht nur ihre persönlichen Fähigkeiten einsetzte, um das Fortschreiten dieses Buchprojekts sicherzustellen, sondern auch die ersten Entwürfe zahlreicher Beiträge kommentierte.

Wörterbuch
A – Z

A

Abaissement du niveau mental
Entspannung und Lockerung der psychischen Kontrolle; eine reduzierte Bewußtseinsspannung (→Bewußtsein, Bewußtheit), die durch fehlende Konzentration und Aufmerksamkeit charakterisiert ist; ein Zustand, in dem unerwartet Inhalte aus dem Unbewußten (→Unbewußt, das Unbewußte) auftauchen können. Der Begriff wurde zum ersten Mal von Professor Pierre Janet benutzt, einem französischen Lehrer Jungs, um die Symptomatik der Hysterie und anderer psychogener Neurosen (→Neurose) zu erklären. In seinen frühen Arbeiten über das →Assoziationsexperiment beschrieb Jung, daß dieses Phänomen beobachtet werden kann, wenn mit persönlichen Komplexen (→Komplex) verbundene Inhalte spontan in das Bewußtsein eingreifen. Später benutzte er den Begriff, um einen Grenzzustand zu beschreiben, bei dem das Bewußtwerden von bestimmten unbewußten Inhalten bevorsteht. Diesen Zustand hielt er für eine wichtige Bedingung für das Auftreten spontaner psychischer Phänomene. Er tritt zwar in der Regel unfreiwillig auf (wie in Fällen von →Geisteskrankheit), kann aber als Vorbereitung auf die →Aktive Imagination auch bewußt gefördert werden.

In einem solchen Zustand wird das normalerweise vom →Ich einschränkend unter Kontrolle gehaltene Spiel der →Gegensätze freigegeben; jedes Abaissement du niveau mental bringt daher eine relative Umkehr von Werten mit sich. Die Herabsetzung der Bewußtseinsschwelle ist auch eine charakteristische Wirkung bestimmter Drogen. Nach Jung entspricht dieser Zustand »ziemlich genau dem primitiven Bewußtseinszustand, in welchem man den Ursprung der Mythenbildung vermuten muß« (GW 9/1, § 264) (→Primitiv, die »Primitiven«; →Mythos). Negative Entwicklungsmöglichkeiten während eines Abaissement du niveau mental entstehen durch das Auftauchen latent psychotischer Dynamik. Es handelt sich also nicht um einen unbedingt gutartigen Zustand; er sollte auch nicht gefördert werden, solange das Ich nicht ausreichend stark ist, um einerseits der Begegnung mit dem Unbewußten standzuhalten und andererseits die →Integration der möglicherweise auftretenden archetypischen

Symbolik zu bewältigen (→Archetyp; →Inflation; →Besessenheit; →Symbol).

Die Bilderwelt, die in solchen Zuständen produziert wird, ist diskontinuierlich und fragmentarisch, zeigt Analogiebildungen und kann oberflächliche verbale, klangliche oder visuelle Assoziationen (→Assoziation) ebenso enthalten wie Kondensationsprodukte, irrationale Inhalte und Wirrwarr. Diese Phantasien sind, wie →Träume, nicht unbedingt in einer bestimmten Folge angeordnet; anfangs ergeben sie auch scheinbar keine symbolisch sinnvollen Zusammenhänge. Indem aber normalerweise verdrängte psychische Inhalte wahrnehmbar gemacht werden, kann die →Apperzeption bereichert werden; allerdings gibt es keine Garantie, daß diese Inhalte einmal Teil der allgemeinen Bewußtseinsorientierung werden. Dafür sind →Reflexion und →Analyse erforderlich. In diesem Zustand kann eine Person dissoziiert werden und außerstande sein, sich bewußt wieder zu orientieren.

Jung schreibt, die Herabsetzung der Bewußtseinsspannung werde subjektiv als Teilnahmslosigkeit, Verdrossenheit und Depression erlebt, weil man nicht mehr über →Energie für die Verfolgung von Ich- Zielen verfügen kann. Er meinte, ein solcher Zustand entspräche dem, was von »Primitiven« als →»Seelenverlust« bezeichnet wird. Der Begriff des Abaissement du niveau mental beschreibt eine psychische Befindlichkeit, ohne zu berücksichtigen, wodurch sie hervorgerufen werden könnte.

Abreaktion

Dramatische Wiederholung eines traumatischen Moments, die gefühlsmäßige Rekapitulation im Wachzustand oder unter Hypnose; durch diese Offenbarung und Wiedererzählung »wird die Affektivität des traumatischen Erlebnisses allmählich abgeschwächt und damit verliert sich auch der störende Einfluß« (GW 16, § 262).

Die Abreaktion wurde in Verbindung mit Freuds Traumatheorie (→Trauma) und Experimenten in der Frühzeit der Psychoanalyse verwendet. Jung war hinsichtlich der Wirksamkeit des Abreagierens anderer Meinung als Freud. Überlegungen über ihre Unangemessenheit führten zur weiteren Differenzierung von Jungs eigener

Methode und zur Klärung der Rolle der Übertragung in der Behandlung (→Analytiker und Patient).
Jung war der Meinung, bei alleiniger Verwendung (durch Suggestion oder in der sogenannten kathartischen Methode) sei die Abreaktion ungenügend, nutzlos oder schädlich (dieser Meinung war Freud später auch). Als Behandlungsziel nannte er die →Integration der in Verbindung mit dem Trauma entstandenen →Dissoziation, und nicht die Abreaktion des Affektes. Die Wiederholung des Erlebnisses sollte seiner Meinung nach die Bipolarität der →Neurose klar machen und damit dem Menschen ermöglichen, wieder in Beziehung zum positiven oder prospektiven Inhalt des Komplexes (→Komplex) zu kommen und so den dazugehörigen →Affekt unter Kontrolle zu bringen. Jung glaubte, dies könne über die Beziehung zum Therapeuten bewirkt werden, welche die bewußte Persönlichkeit des Patienten soweit stärkt, daß der autonome Komplex der Autorität des →Ich unterstellt werden kann.
In der →Analyse ist das Abreagieren eine der möglichen Formen der →Inszenierung. In manchen anderen Therapien (zum Beispiel Primärtherapie) nimmt es eine zentrale Stellung ein.

Abwehrmechanismen des Selbst
→Selbst.

Ätiologie (der Neurose)
Während ihrer psychoanalytischen Gemeinschaft führte die Suche nach den Ursachen psychischer Störungen sowohl Freud als auch Jung zu dem Schluß, die Ätiologie der →Neurose sei nicht ausschließlich in der Wirkung spezifisch traumatischer Erfahrungen zu sehen. Jung behauptete zum Beispiel, daß die persönliche Einstellung des Patienten als ein mitbedingender Faktor gesehen werden könne. Wichtiger war allerdings seine Ansicht, die Ätiologie bestehe nicht nur in traumatischen Einwirkungen durch reale Personen (zum Beispiel die Eltern), sondern auch in Projektionen archetypischer Phantasien. Er erkannte, daß sich die relative Wichtigkeit dieser beiden Faktoren durch die Analyse einschätzen läßt und die

Faszination durch solche unwiderstehlichen, gottähnlichen Bilder berücksichtigt werden muß (→Bild; →Imago).

Jung wies darauf hin, daß es aus psychotherapeutischer Sicht einige Fälle gibt, in denen die tatsächliche Ätiologie des neurotischen Leidens erst am Ende der Behandlung klar wird; in anderen Fällen ist die Ätiologie relativ bedeutungslos. Er bestritt, daß jede Neurose in der Kindheit entstehe und ein Patient sich unbedingt der Ätiologie bewußt werden müsse, um geheilt zu werden.

Nach 1912 sprach Jung von der Notwendigkeit eines »finalen« Gesichtspunktes im Gegensatz zu Freuds »kausalem« Standpunkt (→Reduktive und synthetische Methode). Spätere Forschungsarbeiten und Schriften insbesondere zum Thema der →Individuation weisen darauf hin, daß die Ätiologie nicht pathologischen Ursprungs sein muß und auch eine für die Entwicklung des Individuums eher positive Rolle spielen kann (→Teleologischer Gesichtspunkt). In der Mehrzahl der Fälle, so stellte er fest, hänge die eigentliche Ursache der Neurose mit einem Verlust von →Sinn und Wert zusammen.

Sandner und Beebe (1982) meinen, die Neurose entstehe aus »der Tendenz der →Psyche zu Dissoziations- und Spaltungsprozessen angesichts unerträglichen Leidens«. Wheelwright (1982) hält die Neurose wie auch die Psychose für einen »Versuch der Natur, Wachstum und Entwicklung in Gang zu bringen«; diese Sicht wurde im Bereich psychiatrischer Forschung und Versuche von Perry (1974, 1976) weiterverfolgt.

Affekt

Synonym mit Emotion; ein Gefühl, das genügend Intensität besitzt, um nervöse Unruhe oder andere offensichtliche psychomotorische Störungen hervorzurufen. Ein Gefühl kann man kontrollieren; ein Affekt dringt hingegen wider Willen ein (→Wille) und kann lediglich mühsam unterdrückt werden. Eine affektive Explosion ist ein Einbruch in das Individuum und eine vorübergehende Überwältigung des →Ich.

Emotionen geschehen uns; ein Affekt ereignet sich dort, wo unsere →Anpassung am schwächsten ist, und offenbart gleichzeitig den

Grund für ihre Schwäche. Diese Hypothese stand im Zentrum von Jungs ersten Versuchen mit dem →Assoziationsexperiment. Der Schlüssel zur Entdeckung eines Komplexes (→Komplex) ist eine affektgeladene Reaktion. Der Affekt enthüllt Ort und Intensität psychischer Werte. Das Ausmaß einer psychischen Wunde entspricht dem Affekt, der bei ihrer Berührung ausgelöst wird (→Assoziation).

Agieren (acting out)

Jungs Konzept der →Inflation entspricht zum Teil Freuds Verwendung des Begriffs »Agieren«; damit ist gemeint, »daß das Subjekt unter der Herrschaft seiner unbewußten Wünsche und Phantasien diese in der Gegenwart mit einem um so lebhafteren Gefühl von Aktualität lebt, als es deren Ursprung und Wiederholungscharakter verkennt« (Laplanche und Pontalis, 1973, S. 46). Genau wie im Falle der →Identifikation mit einem →Archetyp sind die Handlungen hier zwanghaft getrieben und müssen wiederholt werden; sie sind undifferenziert und noch nicht der Kontrolle des →Ich unterstellt. Die hier fehlende Autorität des Ich entspringt anscheinend einem grundsätzlichen Widerstand oder einer Unfähigkeit, die Existenz der motivierenden Kräfte zuzugeben, wodurch die bewußte Wahrnehmung umgangen wird. Die symbolische Qualität des Eindringens psychischer Inhalte wird nicht erkannt (→Inszenierung; →Inzest).

Aktive Imagination

Jung verwandte diesen Begriff 1935, um einen Vorgang des Träumens mit offenen Augen zu beschreiben (GW 14/2, § 365). Man konzentriert sich anfangs auf einen speziellen Punkt, eine affektive Stimmung, ein Bild oder ein Ereignis, um dann die Entwicklung einer Reihe von Phantasien (→Phantasie) zuzulassen, die nach und nach dramatischen Charakter annehmen. Die Bilder besitzen also eine eigene Lebendigkeit und entwickeln sich nach ihrer eigenen Logik. Bewußter Zweifel muß überwunden werden, um stattdessen alles zuzulassen, was sich daraufhin dem Bewußtsein präsentiert.

Aktive Imagination

Dies schafft eine neue psychische Situation. Inhalte, zu denen vorher kein Bezug bestand, werden mehr oder weniger klar und artikuliert. Durch das Aufkommen von Gefühlen wird das bewußte →Ich angeregt, unmittelbarer und direkter zu reagieren als bei Träumen (→Träume). Dadurch wird, so Jung, der Reifungsprozeß beschleunigt, da diejenigen Bilder, die in der aktiven Imagination auftreten, Träume vorwegnehmen.

Aktive Imagination muß unterschieden werden vom Tagträumen, welches mehr oder weniger von der Person selbst erfunden wird und an der Oberfläche persönlicher und alltäglicher Erfahrung bleibt. Aktive Imagination ist aber das Gegenteil einer bewußten Erfindung. Das inszenierte Drama will offenbar den Beobachter zur Teilnahme überreden. Es wird eine neue Situation geschaffen, in der unbewußte (→Unbewußt, das Unbewußte) Inhalte im Wachzustand offen vorliegen. Jung sah hierin den Nachweis für die Tätigkeit der transzendenten Funktion (→Transzendente Funktion), das heißt ein Zusammenwirken von bewußten und unbewußten Faktoren.

Mit manifest gewordenem Material kann man unterschiedlich umgehen. Der Prozeß der aktiven Imagination mag an sich eine positive und vitalisierende Wirkung haben; ihr Inhalt kann (wie der eines Traumes) auch gemalt werden (→Malen). Die Patienten können ermutigt werden, ihre Phantasien aufzuschreiben, um die Sequenz zur Zeit ihres Auftretens festzuhalten. Diese Aufzeichnungen können dann zum Zwecke der →Deutung in die →Analyse gebracht werden.

Jung hielt jedenfalls daran fest, daß das Phantasiebild (→Bild) alles besitzt, was zu seiner nachfolgenden Entwicklung und Verwandlung im psychischen Leben nötig ist. Er warnte vor Außenkontakten während einer aktiven Imagination und verglich sie mit dem alchemistischen Prozeß, der ein »hermetisch verschlossenes Gefäß« benötigt (→Alchemie). Er empfahl keine wahllose Anwendung der aktiven Imagination durch jedermann; vielmehr fand er sie am nützlichsten in den späteren Stadien der Analyse, wenn die Objektivierung von Bildern die Träume ersetzen kann.

Diese Phantasien erfordern die Einbeziehung in das bewußte Leben. Aktive Imagination kann zwar die Heilung einer →Neurose anregen

– sie kann aber nur dann erfolgreich sein, wenn sie integriert erfolgt und weder Ersatz für noch Flucht vor dem bewußten Leben wird. Im Gegensatz zu Träumen, die passiv erlebt werden, erfordert dieser Vorgang der Imagination die aktive und schöpferische Teilnahme des →Ich (siehe Weaver, 1964; Watkins, 1976; Jaffé, 1983b).
Diese Methode, jene Inhalte ins Bewußtsein zu heben, die unmittelbar unter der Schwelle zum Unbewußten liegen, hat durchaus ihre psychischen Gefahren (→Abaissement du niveau mental). Jung konzentrierte sich im wesentlichen auf drei:
1. Der Prozeß kann sich als unfruchtbar erweisen, wenn der Patient im Umkreis seiner eigenen Komplexe gefangen bleibt.
2. Der Patient wird durch das Erscheinen der Phantasien verführt und übersieht deren Aufforderung zur Konfrontation.
3. Die unbewußten Inhalte können dermaßen stark mit →Energie aufgeladen sein, daß sie die Person völlig in Besitz nehmen, wenn man sie gewähren läßt (→Inflation, →Besessenheit).

Alchemie

Jung meinte, die Alchemie – aus symbolischer, nicht wissenschaftlicher Sicht betrachtet – könne als Vorläufer der modernen Erforschung des Unbewußten (→Unbewußt, das Unbewußte) und insbesondere des analytischen Interesses in die →Wandlung der Persönlichkeit gelten. Die Alchemisten projizierten ihre inneren Vorgänge auf das, was sie taten, und machten bei der Ausführung ihrer verschiedenen Werke tiefe und leidenschaftliche emotionale und geistige Erfahrungen. Entscheidend ist, daß sie nicht versuchten, diese Erfahrungen von ihren Handlungen abzuspalten; auch in dieser Hinsicht ergibt sich eine Verbindung zu einer modernen psychologischen Einstellung – zumindest läßt es sich im Rückblick so sehen. Wie →Analytische Psychologie und →Psychoanalyse zu ihrer Zeit kann man die Alchemie als subversive und im Untergrund wirkende Kraft begreifen: ihre lebendige und erdhafte Bilderwelt steht in deutlichem Kontrast zu den stilisierten und geschlechtslosen Ausdrucksformen des mittelalterlichen Christentums; die Psychoanalyse wiederum verschreckte die Viktorianische Prüderie und Selbstgefälligkeit.

Alchemie

Soweit rekonstruierbar, hatten die Alchemisten des 15. und 16. Jahrhunderts zwei aufeinander bezogene Ziele:
– Veränderung oder Wandlung gewöhnlicher Materie in etwas Wertvolleres – je nachdem als Gold, universelles Lebenselixier oder Stein der Weisen bezeichnet.
– Verwandlung gewöhnlicher Materie in →Geist; kurz, die Befreiung der →Seele.

Aber andererseits bemühten sich die Alchemisten auch um eine Überführung seelischer Inhalte in materielle Gestalt; dieses Bedürfnis fand in unbewußten Projektionen seinen Ausdruck. Diese verschiedenen Ziele lassen sich als Metaphern (→Metapher) für psychisches Wachstum und Entwicklung verstehen.

Der Alchemist pflegte seine Materialien sorgfältig auszuwählen, wobei er nach einem Schema verfuhr, das in Form von Gegensätzen (→Gegensätze) aufgebaut war. Der Grund für dieses Vorgehen lag darin, daß die wechselseitige Anziehung von Gegensätzen zu ihrer schließlichen Verbindung und letztlich zur Hervorbringung einer neuen Substanz führen würde. Diese entstammte zwar den alten Grundstoffen, war aber von diesen verschieden. Nachdem die neue Substanz mehrmals die unterschiedlichsten Verfahren chemischer Kombinierung und Wiedergewinnung durchlaufen hatte, sollte sie schließlich in reiner Form vorliegen. Da eine solche Substanz in der Natur selbst nicht existiert, meinte Jung, die Alchemie müsse symbolisch verstanden werden und nicht als heutzutage diskreditierte Pseudo-Wissenschaft (→Symbol).

Diese letzte Überlegung ist besonders in bezug auf die alchemistischen Schriften wichtig. Dort können wir nämlich – wie in unseren Träumen (→Träume) – sehen, daß die verschiedenen Elemente entweder als Personen oder Tiere dargestellt sind; sogenannte »chemische« Prozesse (denn die Alchemie war ja auch Vorläufer der modernen Chemie) werden in Bildern geschlechtlicher Vereinigung oder anderer körperlicher Vorgänge veranschaulicht. So wird zum Beispiel die Kombination zweier Elemente etwa durch eine männliche und eine weibliche Figur dargestellt, die einen Geschlechtsverkehr vollziehen, ein Kind hervorbringen, sich zu einem Hermaphroditen (→Hermaphrodit) vereinigen oder ein →Androgyn werden. Männlich und weiblich beeindruckten die Alchemisten als die womöglich elementarsten Gegensätze (oder genauer als elementarste Verkörperung der Existenz psychischer Gegensätze). Als Ergebnis des Geschlechtsverkehrs entsteht ein neues Wesen, das zwar von den Eltern abstammt, aber auch von ihnen unterschieden ist. So sehen wir, daß Menschen und ihre Entwicklungen als *Symbole* verwendet werden, um sich auf intrapsychische Vorgänge zu beziehen und darauf, wie eine individuelle Persönlichkeit sich entwickelt.

Man sollte aber nicht meinen, hier käme der zwischenmenschliche Bereich zu kurz. Der (in der Regel männliche) Alchemist arbeitete in Beziehung zu einem anderen Menschen (der manchmal real, manchmal aber auch nur als Phantasiefigur existierte), den er als seine »soror mystica« oder mystische Schwester bezeichnete (→Anima und Animus). Die Rolle, die der »Andere« für die psychische Veränderung spielt, ist mittlerweile wohlbekannt – Lacans »Stade du miroir« (1949) und Winnicotts nachdrückliche Betonung der mütterlichen Spiegelfunktion für Integrität und Wert des Kleinkinds (1967) sind dafür nur zwei Beispiele. Die Alchemie überbrückt also die Trennung von interpersonal und intrapsychisch. Sie ist eine →Metapher, die beleuchtet, wie die Beziehung zu einem anderen Menschen das innere Wachstum fördert und wie auf der anderen Seite intrapsychische Vorgänge persönliche Beziehungen nähren.

Die Alchemie wird zur einschlägigen Metapher, wenn wir die Beziehung zwischen →Analytiker und Patient betrachten. Der von Jung betonte dialektische Prozeß und die Frage der gegenseitigen Wandlung kann anhand der Alchemie illustriert werden (GW 16, »Die Psychologie der Übertragung«). Durch die Übertragung steht der Analytiker zum Patienten nicht nur als (reale) Person in Beziehung, sondern auch als Projektion eines psychischen Inhaltes, der einen Elternteil, ein Problem oder ein Potential betreffen kann. Aufgabe der →Analyse dabei ist es, die »Seele« (also das Potential) aus ihrem materiellen Gefängnis (das heißt der →Neurose) zu befreien. Der Alchemist sah also in chemischer Form, was ein moderner Psychotherapeut in der menschlichen Psychologie seines Patienten sieht. »Eine Persönlichkeit ist eine spezifische Kombination aus dichtem, depressivem Blei mit entzündlichem, aggressivem

Schwefel, bitter weisem Salz und flüchtigem, schwer faßbarem Quecksilber« (Hillman, 1975, S. 186).

Das Herz der alchemistischen Konzeption liegt in der Unterscheidung von →Psyche und Materie. Inwieweit psychische Faktoren, zum Beispiel →Sinn, Absichten und Gefühle, als in der natürlichen, physikalischen Welt wirkend verstanden werden können, hängt mit der Analyse von Projektionen zusammen und variiert je nach Kontext (→Psychoides Unbewußtes; →Synchronizität; →Unus mundus). Einigen mag Jungs Interesse an der Alchemie fragwürdig, ja anrüchig, und seine Verknüpfung der Alchemie mit einem klinischen Schlüsselkonzept wie der Übertragung unbegreiflich vorkommen. Wie dem auch sei, abgesehen davon, daß Jung aus der Alchemie einen gewissen emotionalen Beistand insofern bezog, als er sich den Alchemisten verwandt fühlte, war es ihm durch die Alchemie möglich, psychisches Wachstum und Veränderung, psychologische Behandlung und die Frage der psychischen Allgegenwart in der Natur von einem einzigen, gleichwohl flexiblen Standpunkt jenseits von Medizin und →Religion zu überblicken.

Jungs Schriften durchziehen Bezugnahmen auf die Alchemie. Im folgenden ist ein kurzes Verzeichnis alchemistischer Begriffe angefügt, in das Gedanken über die Implikationen einzelner Ausdrücke eingearbeitet sind.

Adept: Der Alchemist und seine bewußte Teilnahme am Werk, also symbolisch für Ich und Analytiker.

Coniunctio: Im »Vas« (siehe unten) stattfindende Paarung der verschiedenartigen Elemente, die ursprünglich dort hineingegeben wurden. Bei Anwendung der alchemistischen Metapher auf die Analyse lassen sich unterschiedliche Arten von →Coniunctio beobachten.

- Das bewußte Arbeitsbündnis, das sich zwischen dem Analytiker und seinem analytischen »Gegenüber«, dem Patienten, entwickelt; die Entwicklung eines gemeinsamen Ziels für die Analyse.
- Die Coniunctio zwischen dem Bewußtsein (→Bewußtsein, Bewußtheit) des Patienten und seinem Unbewußten, sobald er seiner selbst bewußter wird.
- Derselbe Vorgang im Analytiker.

- Im Unbewußten des Patienten wachsende Integration der dort anzutreffenden unvereinbaren und sich bekämpfenden Neigungen.
- Derselbe Vorgang im Analytiker.
- Die graduelle Verschmelzung von ehemals ganz sinnlichen oder materiellen mit vorher ausschließlich geistigen Elementen zur Schaffung einer weniger einseitigen Position.

Fermentatio: Stadium im alchemistischen Prozeß; Brauen der Elemente. In der Analyse Entwicklung von Übertragung und Gegenübertragung.

Hierosgamos: Wörtlich »heilige Hochzeit«. Besondere Form der Coniunctio, wobei die Betonung sowohl auf »heilig« wie auf »Hochzeit« liegt; also eine Verbindung des Geistigen mit dem Körperlichen. Im Augustinischen Christentum heißt es, daß zwischen Christus und seiner Kirche ein Hierosgamos besteht, der auf dem Ehebett des Kreuzes Frucht trägt.

Impregnatio: Stadium des alchemistischen Prozesses. Die Seele ist aus ihrem körperlichen (materiellen) Gefängnis befreit und steigt zum Himmel auf. Entspricht in der Analyse Veränderungen im Patienten, gegebenenfalls dem Auftauchen eines »neuen Menschen«.

Lapis: Stein der Weisen, Ziel des Alchemisten. Manchmal betrachten sogar Alchemisten den Stein als Metapher für das Ziel. Daher steht der Lapis für Selbstverwirklichung und →Individuation.

Mercurius: Die Fähigkeit dieses Gottes, unzählige verschiedene Formen anzunehmen und dabei doch er selbst zu bleiben, ist genau das, was für psychische Veränderung erforderlich ist. Hinsichtlich der Analyse wird er von Jung beschrieben als »Dritter im Bunde«; seine aufreizende, koboldhafte Seite wird aufgewogen durch seine Fähigkeit, Wandlung zu initiieren (GW 16, § 348). Für die Alchemisten lag die Bedeutung von Mercurius darin, daß er im selben Moment sowohl böse, gemein, stinkend als auch göttlich war, Gott der Offenbarung und der →Initiation – eine Personifizierung der Coniunctio (→Trickster).

Mortificatio: Stadium im alchemistischen Prozeß. Die ursprünglichen Elemente sind »tot« und existieren nicht mehr in alter Form. In der Analyse: Symptome können einen neuen Sinn erlangen, die analytische Beziehung eine neue Bedeutung.

Nigredo: Stadium im alchemistischen Prozeß. Eine Verdunklung der Elemente, die ein wichtiges Geschehnis ankündigt. In der Analyse kann sie die Form einer Depression kurz vor einer Bewegung oder dem Ende der »analytischen Flitterwochen« annehmen. Bezieht sich im allgemeinen auf die Konfrontation mit dem →Schatten.
Opus: Der alchemistische Prozeß, das alchemistische Werk. Auch das Lebenswerk, das heißt die →Individuation.
Prima materia (massa confusa): Die ursprünglichen Elemente im Zustand des Chaos.
Putrefactio: Stadium im alchemistischen Prozeß. Von den zugrunde gehenden Elementen wird ein Dampf abgegeben, der Vorbote der Wandlung ist.
Soror: Reale oder symbolische Figur, auf die sich der Adept bezieht. In der Analyse übernehmen Patient und Analytiker diese Rollen.
Transmutation: Zentrale Vorstellung in der Alchemie, daß Elemente verwandelt werden und ein neues Element hervorbringen können (→Energie).
Vas: Alchemistisches Gefäß. Bezieht sich auf die haltende Funktion der analytischen Beziehung.

Alte Weise / Alter Weiser
→Mana-Persönlichkeiten

Ambivalenz
Jung benutzte diesen von Bleuler eingeführten Begriff (→Psychoanalyse) mit verschiedenen Bedeutungen, die im folgenden genauer beschrieben und diskutiert werden.
1. Verschmelzung positiver und negativer Gefühle gegenüber derselben Sache (Person, Bild, Idee, Teil des Selbst). Diese verschiedenen Gefühle leiten sich aus ein und derselben Wurzel her und entstammen nicht einer Mischung von Qualitäten bei dem Menschen, auf den sie gerichtet sind. Zum Beispiel rührt die kindliche Ambivalenz gegenüber der Mutter daher, daß das Kind zu Gefühlen von Liebe und Haß fähig ist; sie entsteht nicht durch liebens- und hassenswerte Charakterzüge der Mutter (die gleichwohl die

Ambivalenz ganz sicher verstärken würden). Jung gebraucht »Ambivalenz« oft auch im Sinne von »Bivalenz«, wo positive und negative Polaritäten klar zugeordnet sind. Das entspricht der Tendenz in seinem Denken, aus der Verbindung anscheinend unvereinbarer psychischer Elemente das Entstehen umso größerer Kohärenz wahrzunehmen (→Depressive Position; →Gegensätze).
2. Manchmal können dabei auch mehr als zwei Gefühle einander widerstreiten. Dann steht Jungs Begriffsverwendung für eine (vielleicht die) andere Seite seiner psychologischen Spekulation: für sein Interesse an Fragmentierung, Vielfalt und Fluidität der Psyche. So gesehen ist Ambivalenz quasi eine »condition humaine«.
3. Jung zufolge zieht jede Position ihre eigene Verneinung nach sich; dieses Phänomen wird durch die Ambivalenz beschrieben. Zum Beispiel kann die theoretisch neutrale psychische →Energie als potentiell ambivalent gelten, da sie dem Leben ebenso wie dem Tod dient. In der ersten Lebenshälfte strebt die psychische Energie nach Wachstum, in der zweiten Lebenshälfte steuert sie ein anderes Ziel an (GW 5, § 681) (→Todestrieb; →Lebensstadien).
4. In der Beziehung zu den Elternimagines (→Große Mutter; →Imago) und zu archetypischen Bildern überhaupt (→Archetyp) ist Ambivalenz unvermeidlich.
5. Ambivalenz ist eine tatsächliche Gegebenheit in der Welt: »Die Naturmächte haben immer zwei Seiten«; das gilt auch für Gott, wie Hiob feststellen mußte (GW 5, § 165). Im Leben selbst halten sich »Gut und →Böse, Erfolg und Verderben, Hoffnung und Verzweiflung die Waage« (GW 9/2, § 24). Der mächtigste Repräsentant dieses universellen Themas ist Hermes / Mercurius (→Alchemie; →Mythos).

Amplifikation

Teil von Jungs Methode zur →Deutung (insbesondere von Träumen; →Träume). Durch →Assoziation versuchte Jung, den persönlichen Kontext eines Traumes festzustellen; durch Amplifikation verknüpfte er ihn mit der allgemeingültigen Bildersprache. Zur Amplifikation gehört die Verwendung mythologischer, historischer und kultureller Parallelen, um den metaphorischen Inhalt der Traumsymbolik zu klären und zu erweitern (→Kultur; →Märchen; →Metapher; →Mythos; →Symbol). Dies bezeichnet Jung als »psychologisches Gewebe«, worin das →Bild eingebettet ist.

Die Amplifikation ermöglicht dem Träumer, eine rein persönliche und individuelle Einstellung gegenüber dem Traumbild aufzugeben. Sie hebt die metaphorische (und damit angenäherte) gegenüber einer wörtlichen Übersetzung des Trauminhaltes stärker hervor und bereitet den Träumer darauf vor, eine Auswahl zu treffen. Dies geschieht, indem sich der Träumer zu den ihm ganz unmittelbar als relevant erscheinenden Elementen bekennt. Dadurch wird weitergehendes Verstehen durch →Reflexion ermöglicht. Eine weitere Möglichkeit, die allerdings nicht von Jung ausformuliert wurde, besteht darin, sich selbst durch Amplifikation bewußt im Innern und als Teil archetypischer Energien zu erfahren statt als deren Objekt (siehe letzter Abschnitt unten).

Die Verwendung der Amplifikation birgt auch Gefahren. Eine ist die Überintellektualisierung; eine andere besteht im Wuchern von Bedeutungen mit nachfolgender →Inflation. In Jungs Sicht stellt ein Mensch durch Reflexion und Selektion eine verantwortungs- und bedeutungsvolle Beziehung zum eigenen Unbewußten her (→Unbewußt, das Unbewußte) und fördert durch diesen Dialog den Individuationsprozeß (→Individuation).

Jung begriff Amplifikation als die Grundlage seiner synthetischen Methode (→Reduktive und synthetische Methode). Ihr Ziel sei es, das vom Unbewußten des Träumers freigegebene Material gleichzeitig expliziter zu machen und zu erweitern. Dies ermöglicht dem Träumer, es als zwar einzigartig, aber auch allgemein bedeutsam anzusehen, als Synthese persönlicher und kollektiver Muster (→Kollektiv). In einem seiner frühesten Versuche zur Formulierung einer Archetypentheorie (→Archetyp) und ihrer Verbindung mit der Methode der Amplifikation spricht Jung von der Notwendigkeit, im Verlauf der →Analyse das persönliche psychische System in typische Bestandteile zu zerlegen. »Auch die individuellsten Wahnsysteme sind nicht absolut einmalig und einzigartig«, schreibt er, »sondern bieten auffällige und unverkennbare Analogien mit anderen Systemen« (GW 3, § 413). Hier setzt er die Amplifikation als Erweiterung der Grundlagen, auf denen das Gerüst einer

Deutung ruht. Eine Formulierung wie diese ähnelt modernen Vorstellungen von einer »holographischen« Wirklichkeit insofern, als die Amplifikation voneinander abweichende Perspektiven zur gleichen Zeit ermöglicht (Wilber, 1986).

Analyse
Eine Jungsche Analyse ist eine langdauernde dialektische Beziehung zwischen zwei Menschen, →Analytiker und Patient. Sie zielt auf die Untersuchung der Inhalte und Prozesse im Unbewußten (→Unbewußt, das Unbewußte) des Patienten, um so einen psychischen Zustand zu erleichtern, der als nicht länger erträglich erlebt wird, da er dem bewußten Leben in die Quere kommt. Die Störung kann neurotisch (→Neurose) sein oder aber Manifestation einer tiefer liegenden psychotischen Tendenz (→Psychose). Eine Jungsche Analyse nimmt zwar die Störung zum Ausgangspunkt, in ihrem Verlauf können aber auch Individuationserfahrungen gemacht werden, und zwar sowohl von Kindern und jüngeren Menschen als auch von Menschen in der zweiten Lebenshälfte (→Lebensphasen). Diese Vorgänge sind aber nur gelegentlich so verknüpft, daß man von einem Individuationsprozeß (→Individuation) sprechen kann. Klinisch arbeitende Analytiker haben Analyse und →Psychotherapie voneinander unterschieden hinsichtlich Intensität und Tiefe, Häufigkeit der Sitzungen und Behandlungsdauer, jeweils verbunden mit einer realistischen Einschätzung der psychischen Kapazitäten und Grenzen des Patienten.
In seinen »Definitionen« (GW 6) liefert Jung zwar keine Definition der Analyse, aber ursprünglich war die →Psychoanalyse sein methodisches Modell. Nach dem Bruch mit Freud im Jahre 1913 führte Jung wichtige Änderungen in diese Struktur ein, die seinen eigenen Erfahrungen und von ihm formulierten Konzepten entsprachen. Seine persönliche Sicht prägte seinen Gebrauch der Technik (zum Beispiel seine Vorliebe für Gespräche, bei denen Analytiker und Patient einander gegenübersitzen). Als spätere analytische Psychologen von seiner Technik abwichen, mußten sie einige Vorstellungen umformulieren, um ihr Vorgehen zu rechtfertigen (→Analytische Psychologie).

Analyse

Jung stimmte den Annahmen der Psychoanalyse in mehreren Punkten nicht zu, die sich wie folgt zusammenfassen lassen:

1. Jung begriff viele Geschehnisse als Spiel von Gegensätzen (→Gegensätze); aus dieser Perspektive leitete er sein Konzept von der psychischen →Energie her. Daher beharrte Jung auf einer analytischen Methode, die er »synthetisch« nannte, da sie schließlich auf eine Synthese gegensätzlicher psychischer Prinzipien hinauslief (→Reduktive und synthetische Methode).

2. Jung behauptete zwar, nicht an der Antriebskraft der Triebe für das psychische Leben zu zweifeln; er fand diese aber in ständiger »Kollision« mit etwas anderem, das er in Ermangelung eines besseren Begriffs »Geist« nannte. Er bezeichnete →Geist als archetypische Kraft, der wir persönlich in Form von Bildern begegnen. Jungsche Analyse heißt daher, mit archetypischen Bildern (→Archetyp) zu arbeiten.

3. Jung gab zu, er wolle »den Menschen lieber aus seiner Gesundheit verstehen« als ihn »aus der pathologischen Ecke« zu erklären (GW 4, § 773-4). Das ist der Grund für seine Einbeziehung eines prospektiven oder teleologischen Gesichtspunktes in die Analyse (→Teleologischer Gesichtspunkt).

4. Jung war der →Religion gegenüber positiv eingestellt. Das führt nicht unbedingt zu einer Hervorhebung der Religion selbst, aber den Forderungen des →Selbst wird ebenso Beachtung geschenkt wie denjenigen des →Ich; dazu gehört die Annahme, daß die Erfahrung der Analyse eng verknüpft ist mit Sinnfindung (→Sinn).

Zusätzlich zu diesen von Jung selbst genannten Unterschieden hat Henderson (1982) einige weitere Punkte benannt: Jung stützte sich auf die Mythologie (→Mythos) und allgemeine mythologische Muster; er führte eine dialektische Methode ein im Unterschied zu Freuds Modell einer »Analyse im geschlossenen System«; in Jungs Sicht steht die →Regression nicht nur im Dienste des Ich, sondern kann auch im Dienste des Selbst stehen; Jung verwendete eine vor allem symbolische Methode, in der man durch das Verfahren der →Amplifikation mit archetypischen Quellen der Bildersprache in Verbindung kommt; schließlich die Analyse von Übertragungs- und Gegenübertragungsphänomenen durch die symbolische Methode.

1929 beschrieb Jung vier Aspekte der Analyse, die er als »Stufen« der analytischen Behandlung ansah. Lambert (1981) und M. Stein (1982) haben gezeigt, daß diese vier Stufen nicht unbedingt zeitlich aufeinander folgen, sondern eher verschiedene Aspekte der analytischen Arbeit bezeichnen.

Die erste der vier Stufen ist das *Bekenntnis* oder die Reinigung (→Abreaktion), die Jung als wissenschaftliche Anwendung eines althergebrachten Verfahrens, nämlich der Beichte bezeichnete und zu Initiationsriten und -bräuchen (→Initiation) in Beziehung setzte. Einem anderen Menschen gegenüber sein Herz ausschütten durchbricht die persönliche Abwehr und neurotische Isolierung und bereitet so den Weg für einen neuen Wachstumsabschnitt und einen anderen Status.

Die zweite Stufe nannte Jung *Aufklärung*. Hier werden Bindungen an unbewußte Prozesse aufgedeckt, deren Bewußtwerdung eine markante Einstellungsänderung zur Folge hat. Dadurch muß das Individuum sich mit der zu opfernden (→Opfern, das Opfer) Überlegenheit seines bewußten Intellektes auseinandersetzen.

Die dritte Stufe ist die *Erziehung* oder das »Herauslocken« des Patienten als Antwort auf neue Möglichkeiten, ähnlich der psychoanalytischen Vorstellung vom Durcharbeiten – der oft sehr lange Prozeß der →Integration.

Die vierte Stufe ist die *Verwandlung*. Sie betrifft aber nicht nur den Patienten; auch der Analytiker muß nämlich seine Einstellungen wandeln oder verwandeln (→Wandlung), um zur Interaktion mit seinem sich verändernden Patienten in der Lage zu sein.

Analytiker und Patient

Jung war entschieden dagegen, die analytische Beziehung wie eine medizinische oder technische Prozedur zu betrachten. →Analyse bezeichnete er als »dialektischen Prozeß«, woraus folgt, daß beide Teilnehmer gleichermaßen betroffen sind und eine Interaktion zwischen ihnen stattfindet. Daher kann der Analytiker nicht einfach seine wie auch immer geartete Autorität einsetzen, da er ebenso wie der Patient »in der Analyse« ist; seine Persönlichkeitsentwicklung wird eher den Ausschlag geben als sein Wissen. Aus diesem Grunde forderte Jung als erster eine obligatorische Lehranalyse für zukünftige Analytiker (GW 4, § 536; Freud, 1912). Jungs Betonung der Gleichheit ist etwas idealistisch; man spricht vielleicht besser von analytischer Gegenseitigkeit, um die emotionale Beteiligung des Analytikers zu würdigen – und weiß dabei, daß die Rollen der beiden Personen doch nicht identisch sind.

In Jungs Konzept nimmt der Analytiker eine flexible Einstellung gegenüber dem Fortgang der Behandlung und der Entwicklung der analytischen Beziehung ein. Auch diese idealistische Sicht muß etwas relativiert werden, und Jung selbst trägt dazu durch seine Vorstellung bei, daß es, typischerweise, vier Analyseabschnitte gibt (→Analyse). Gleichwohl wird hervorgehoben, daß es nötig ist, vom Patienten zu lernen und sich seiner psychischen Wirklichkeit anzupassen (→Psychische Wirklichkeit).

Jung betonte also bereits die heute sogenannte Realbeziehung oder therapeutische Allianz von Analytiker und Patient. Das läßt sich abgrenzen von Übertragung und Gegenübertragung, die weiter unten erörtert werden. In der heutigen Psychoanalyse hat eine ähnliche Entwicklung stattgefunden; die »nicht- neurotische, rationale und vernünftige Beziehung eines Patienten zu seinem Analytiker, die ihm zweckmäßiges Arbeiten in der analytischen Situation ermöglicht« wird jetzt gesondert beschrieben (Greenson und Wexler, 1971).

Jungs Einstellung zur →Übertragung zeigt große Schwankungen. Einerseits betrachtet er die Übertragung als das zentrale Thema der Analyse, in jedem Fall unvermeidbar, und erblickt in ihrer Kombination des Erhabenen mit dem Abscheulichen großen therapeutischen Nutzen (GW 16, §§ 283-4, 358, 371). Andererseits wird die Übertragung auch manchmal als ausschließlich erotisch und »Hindernis« begriffen: »Man heilt trotz der Übertragung, nicht wegen ihr« (GW 18, § 349). Diese uneinheitliche Einstellung Jungs findet ihre Entsprechung in den verschiedenen Schulen der Analytischen Psychologie, die sich nach seinem Tod 1961 entwickelt haben. Manche Analytiker sehen in der Übertragungsanalyse eine Ablenkung von der wichtigeren Aufgabe, den symbolischen Gehalt im Material des Patienten zu erhellen. Andere vertreten die Ansicht, in der Analyse der Übertragung träfen sie auf jene Traumata oder Mangelsituationen der Kindheit, die in ihren erwachsenen Patienten weiter wirken. Die letztere Gruppe will also nicht Übertragung zugunsten der »Realität« auflösen, sondern vielmehr ihre Vertiefung und die Arbeit mit und in ihr ermöglichen. Allem Anschein nach verliert diese Meinungsverschiedenheit in letzter Zeit an Schärfe; therapeutisch tätige Analytiker meinen nämlich, daß Inhaltsanalyse (Symbole) und Prozeßanalyse 6 (Übertragung) zwei Seiten derselben Medaille sind.

Die Übertragungskonzepte der Analytischen Psychologie und der Psychoanalyse weichen in wesentlichen Punkten voneinander ab. Jung unterschied bei der Übertragung ganz ähnlich persönliche und archetypische Anteile wie bei seiner Trennung zwischen persönlichem und kollektivem Unbewußten (→Unbewußt, das Unbewußte). Die persönliche Übertragung enthält nicht nur diejenigen Beziehungsaspekte des Patienten zu Figuren der Vergangenheit (etwa den Eltern), die er auf den Analytiker projiziert, sondern auch sein individuelles Potential und seinen →Schatten (→Imago; →Projektion). Der Analytiker repräsentiert und enthält also für den Patienten Teile seiner Psyche, deren Entwicklungsmöglichkeit noch nicht voll ausgeschöpft wurde, aber auch Aspekte der Persönlichkeit des Patienten, mit denen er lieber nichts zu tun hätte.

Archetypische Übertragung meint zweierlei. Zum einen jene Projektionen in der Übertragung, die nicht auf den persönlichen Erfahrungen des Patienten mit der Außenwelt basieren. Der Analytiker kann zum Beispiel aufgrund einer unbewußten Phantasie als magischer Heiler oder bedrohlicher Teufel erlebt werden; die Macht dieses Bildes ist zu groß, als daß sie aus der gewöhnlichen Erfahrung abgeleitet sein könnte (→Archetyp; →Mana-Persönlichkeiten).

Der zweite Aspekt der archetypischen Übertragung bezieht sich auf die in der Analyse im allgemeinen zu erwartenden Ereignisse, darauf, was das Unternehmen an sich mit der Beziehung zwischen Analytiker und Patient macht. Dieses Muster kann als Schema dargestellt werden, das sich an ein Diagramm von Jung anlehnt (GW 16, § 422).

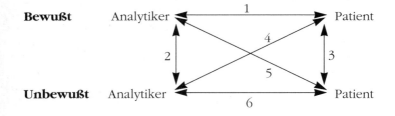

Die Doppelpfeile bezeichnen eine gegenseitige Kommunikation und Bezogenheit: (1) bezieht sich auf das Arbeitsbündnis; (2) gibt wieder, daß der Analytiker sich in der Analyse seinem eigenen Unbewußten annähert, um den Patienten zu verstehen, und daß er dort außerdem dem begegnet, das aus ihm einen »verwundeten Heiler« gemacht hat (→Verwundeter Heiler). Hier dürfte seine eigene Analyse ihre Spuren hinterlassen haben; (3) steht für das Anfangsstadium, in dem der Patient sich seiner Probleme bewußt wird, immer wieder unterbrochen von Widerstand und der Hingabe an seine →Persona; (4) und (5) illustrieren den Einfluß der analytischen Beziehung auf das Unbewußte beider Beteiligter, eine Vermengung von Persönlichkeiten, die jeden der beiden in irgendeiner Form mit der Möglichkeit persönlicher Veränderung konfrontieren wird; (6) postuliert eine direkte Kommunikation zwischen den jeweiligen Unbewußten des Analytikers und des Patienten. Letztere Hypothese stützt verschiedene Vorstellungen zur Gegenübertragung (siehe unten). Jung glaubte, in der →Alchemie eine angemessene und aussagekräftige →Metapher für diesen Aspekt der archetypischen Übertragung gefunden zu haben.

Jung war einer der Pioniere in der therapeutischen Verwendung der Gegenübertragung. Bis in die fünfziger Jahre neigten die Psychoanalytiker in der Nachfolge Freuds zur Annahme, Gegenübertragung sei stets neurotisch, eine Aktivierung der frühkindlichen Konflikte des Analytikers, und stelle eine Behinderung seiner Arbeit dar (Freud 1910; 1913). Jung schrieb 1929: »Dieser Einfluß [des Arztes auf den Patienten] kann [...] nur stattfinden, wenn er [der Arzt] auch vom Patienten affiziert ist. Einfluß haben ist synonym mit Affiziertsein. [...] Unbewußt beeinflußt ihn [den Arzt]

der Patient ja doch [...] Eine der bekanntesten Erscheinungen dieser Art ist die durch die Übertragung bewirkte Gegenübertragung« (GW 16, § 163). Zusammengefaßt betrachtete Jung die Gegenübertragung als »höchst wesentliches Erkenntnisorgan« für den Analytiker (ebd.). Jung war klar, daß manche Arten von Gegenübertragung so gutartig nicht sind; er nannte hier die »psychische Infektion« und die Gefahren einer Identifikation mit dem Patienten (GW 16, §§ 358, 365).
Die heutige Analytische Psychologie hat dies Interesse Jungs an der Gegenübertragung vertieft. Fordham (1957) postulierte, ein Analytiker könne sich so im Gleichklang mit der inneren Welt seines Patienten befinden, daß er an sich selber Gefühle oder Verhaltensweisen bemerkt, die er später als bloße Ausdehnung der auf ihn projizierten intrapsychischen Prozesse des Patienten verstehen kann. Fordham nannte dies die »syntone« Gegenübertragung, die er von der »illusionären« unterschied (welche neurotische Reaktionen seitens des Analytikers auf den Patienten bezeichnet). In seinem Kern gleicht dieser Ansatz dem der heutigen Psychoanalyse: Emotionen und Verhaltensweisen des Analytikers werden genauso zum Gegenstand der Untersuchung wie die des Patienten (vgl. Heimann, 1950; Langs, 1978; Little, 1957; Searles, 1968).
Von Interesse ist noch Jungs Einstellung zur →Regression des Patienten. Er behauptete, die Analyse müsse wohl die Regression auf eine ganz primitive Funktionsweise unterstützen; danach kann wieder psychisches Wachstum einsetzen. Dies läßt sich Freuds stringenterer Haltung gegenüberstellen – die wiederum von späteren Psychoanalytikern relativiert wurde (Balint, 1986).

Analytische Psychologie
Als Jung 1913 die psychoanalytische Bewegung verließ, kennzeichnete er mit dem Begriff »analytische Psychologie« eine nach seinen Worten neue psychologische Wissenschaft, die sich seiner Meinung nach aus der →Psychoanalyse entwickelt hatte. Erst als er später sicher auf eigenen Füßen stand, sprach er von der »psychoanalytischen Methode« Freuds sowie der »Individualpsychologie« Adlers und sagte, er ziehe es vor, seinen eigenen Ansatz »analytische Psy-

chologie« zu nennen; damit meinte er ein allgemeines Konzept, das die beiden genannten und auch andere Ansätze mit einbegreift.

In der Frühzeit der analytischen Forschung, etwa um die Jahrhundertwende, hatte Bleuler die Verwendung des Begriffs →Tiefenpsychologie vorgeschlagen, um darauf hinzuweisen, daß sich diese Psychologie mit den tieferliegenden Regionen der Psyche, das heißt dem Unbewußten beschäftigte (→Unbewußt, das Unbewußte). Jung empfand aber diesen Begriff als einengend; schon damals nämlich hielt er seine Methode für eine symbolische, gleichermaßen befaßt mit dem Bewußtsein wie mit dem Unbewußten (→Symbol). Toni Wolffs Terminus »Komplexe Psychologie« wird heutzutage nicht verwendet, da er nur auf einen begrenzten, wenn auch wesentlichen Ausschnitt von Jungs Konzept abhebt.

Jung betonte immer wieder, seine Psychologie sei eine Wissenschaft und empirisch begründet. Im allgemeinen Gebrauch umfaßt daher der Begriff Analytische Psychologie heutzutage die Theorie, das Schrifttum und die Forschung ebenso wie selbstverständlich die psychotherapeutische Praxis. Die internationale Vereinigung der Jungschen Analytiker heißt Internationale Gesellschaft für Analytische Psychologie (IGfAP) beziehungsweise International Association for Analytical Psychology (IAAP).

Jungs Aussagen zu Theorie und Methode sind mittlerweile in der auf 20 Bände angelegten Ausgabe der »Gesammelten Werke« zusammengestellt und greifbar; außerdem liegen Briefwechsel, persönliche Erinnerungen an und Interviews mit Jung sowie mehrere Biographien vor.

Eine Kurzdefinition oder Übersicht aller Hauptkonzepte der Analytischen Psychologie gab Jung 1921 in seinen »Psychologischen Typen«. Dort findet sich eine Definition der psychischen →Energie, deren Ursprung Jung in den Instinkten sah; im übrigen sei sie der physikalischen Energie vergleichbar und von denselben Gesetzen bestimmt – mit der einen Ausnahme, daß die psychische Energie nicht nur einen Ursprung, sondern auch ein Ziel besitzt. Das Unbewußte (→Unbewußt, das Unbewußte) wurde komplementär zum Bewußtsein (→Bewußtsein, Bewußtheit) gesehen; es funktioniere als Aufbewahrungsort sowohl für frühere persönliche Erfahrungen als auch für allgemeingültige Bilder (→Archetyp, →Symbol).

Es wird ferner dargestellt, wie sich das Unbewußte dem Bewußtsein mitteilt. Die latente Bildersprache wird aufgezeigt, die einem Individuum zugrunde liegt und es durch einen →Komplex motiviert. Das ist anhand von Einstellungen, Handlungen, Entscheidungen und Träumen (→Träume) und auch bei Erkrankungen nachweisbar. Die Anordnung der menschlichen →Psyche in Unterpersönlichkeiten oder archetypische Repräsentanten (→Personifikation) wird dargestellt, die als →Persona, →Ich, →Schatten, Anima, Animus (→Anima und Animus), →Alter Weiser, →Große Mutter und →Selbst abgrenzbar sind. Die →Individuation schließlich sieht Jung als denjenigen Prozeß, der im Laufe des Lebens einen Menschen zur Vereinigung seiner Persönlichkeit führt, die Ausdruck seiner grundlegenden Ganzheit ist. Dies alles sind die Vorgaben, auf denen sich eine Psychotherapie entwickelt hat, die einen synthetischen und hermeneutischen im Gegensatz zu einem reduktiven Ansatz benutzt (→Analyse; →Analytiker und Patient; →Reduktive und synthetische Methode).

Jung äußerte sich auch eingehend zu Problemen der Psychologie der Religion. In verschiedenen Phasen seines Lebens interessierte er sich für paranormale Phänomene, für individuelle →Typologie und für →Alchemie sowie für weitere umfangreiche kulturelle Fragen. So wurde Analytische Psychologie zu einem Terminus, der einerseits weit gefaßt und andererseits fachspezifisch verwendet wird.

Androgyn

Psychische →Personifikation, die männlich und weiblich in bewußter Balance hält. In dieser Figur sind das männliche und das weibliche Prinzip ohne Vermischung der jeweiligen Charakteristika miteinander verbunden. Nach Jung symbolisiert dieses metaphorische Wesen und nicht der undifferenzierte →Hermaphrodit das Endprodukt des alchemistischen Prozesses. Das →Bild des Androgyns ist daher von Bedeutung für die →Analyse, und zwar ganz besonders für die Arbeit mit →Anima und Animus. In alchemistischen Abhandlungen wird auf diese Figur nicht nur Bezug genommen; sie wird auch häufig abgebildet (→Alchemie). Mehr als einmal verwies Jung

auf die historische Person Jesus als Beispiel für einen Menschen, in dem sich die Spannung und Polarität geschlechtlicher →Differenzierung in androgyne Komplementarität und Einheit gelöst hatte. Das bedeutendste Werk über den Androgyn stammt von Singer (1976).
→Coniunctio; →Geschlecht; →Geschlechtsrolle

Angst
Hinsichtlich Jungs Gebrauch dieses Begriffes lassen sich verschiedene Punkte unterscheiden:
– Nicht jede Angst hat eine sexuelle Grundlage (→Psychoanalyse).
– Angst kann eine positive Seite haben, indem sie die Aufmerksamkeit eines Menschen auf eine nicht wünschenswerte Sachlage lenkt.
– Angst kann als Vermeidung der Bewußtwerdung von Leiden gesehen werden.
Es besteht kaum Zweifel daran, daß Jung sich nicht angemessen mit den verschiedenen Abwehrmechanismen beschäftigte, die vom →Ich zur Angstabwehr eingesetzt werden. Teilweise kann man das auf seine Gleichsetzung von »Ich« und »Bewußtsein« (→Bewußtsein, Bewußtheit) zurückführen, aus der heraus er die Möglichkeit nicht in Betracht zog, daß Teile der Ichstruktur selber unbewußt (→Unbewußt, das Unbewußte) sind; aber gerade diese unbewußten Abwehrmechanismen des Ich setzen sich mit Angst auseinander. Weil er darauf bestand, daß der Inhalt eines spezifischen Komplexes (→Komplex) wichtiger sei als der ihm durch uns gegebene Name, gibt es in Jungs Werk auch keine Parallele zu Freuds Diskussion verschiedener Arten von Angst. Für Jung muß Angst immer auf der persönlichen Ebene gedeutet und bewertet werden.

Anima und Animus
Die innere Frauenfigur im Mann und die Männergestalt, die in der Psyche einer Frau wirkt. Obgleich sie sich unterschiedlich äußern, haben Anima und Animus gewisse Charakteristika gemeinsam.

Beides sind psychische Bilder (→Bild), jedes eine aus einer archetypischen Grundstruktur (→Archetyp) entstandene Gestalt. Sie liegen als fundamentale Formen den »weiblichen« Eigenschaften eines Mannes sowie den »männlichen« Eigenschaften einer Frau zugrunde und gelten daher als →Gegensätze. Es handelt sich um psychische Komponenten, die unterhalb der Bewußtseinsschwelle liegen und aus der unbewußten Psyche heraus wirken; sie sind dem Bewußtsein daher hilfreich, können es aber auch durch →Besessenheit gefährden (siehe unten). Sie wirken in Beziehung zum dominanten *psychischen Prinzip* eines Mannes oder einer Frau und nicht nur, wie häufig behauptet wird, als gegengeschlechtliches psychologisches Pendant von Männlichkeit oder Weiblichkeit schlechthin. Sie wirken als Psychopompi (→Psychopompos) oder Seelenführer und können zu notwendigen Bindegliedern werden, die zu schöpferischen Möglichkeiten in Verbindung stehen, und zu Instrumenten der →Individuation.

Da sie mit dem archetypischen Bereich verbunden sind, wurden Anima und Animus in vielen kollektiven (→Kollektiv) Formen und Figuren dargestellt: einerseits als Aphrodite, Athene, Helena von Troja, Maria, Sapientia und Beatrice; andererseits als Hermes, Apollo, Hercules, Alexander der Große und Romeo. In der Projektion ziehen sie als öffentliche Figuren, aber auch als Freunde und Liebhaber, als alltägliche und gewöhnliche Ehefrauen und Ehemänner, Aufmerksamkeit und emotionale Leidenschaft auf sich. Als Gefährten treffen wir sie in unseren Träumen an. Als personifizierte Komponenten der →Psyche verbinden sie uns mit dem Leben und verstricken uns darein (→Personifikation). Die vollständige Verwirklichung und Integration eines dieser Bilder erfordert eine Partnerschaft mit dem anderen Geschlecht. Das Entflechten und Erkennen von Aspekten dieser →Syzygie zwischen →Analytiker und Patient stellt in der →Analyse eine ganz wesentliche Aufgabe dar.

In seinen Definitionen (GW 6) faßte Jung Anima / Animus unter einem Stichwort als »Seelenbild« zusammen. Später erläuterte er diese Feststellung und nannte beide das Nicht-Ich. Nicht-Ich zu sein steht für einen Mann höchstwahrscheinlich im Zusammenhang mit etwas Weiblichem, das sich, weil es Nicht-Ich ist, außerhalb von ihm befindet und zu seiner Seele oder seinem Geist gehört. Die

Anima und Animus

Anima (oder der Animus, je nachdem) ist ein Faktor, der einem geschieht, ein a priori vorhandenes Element von Launen, Reaktionen und Impulsen beim Mann respektive von Engagements, Überzeugungen und Inspirationen bei einer Frau – für beide ein Faktor, der auffordert, alles zur Kenntnis zu nehmen, was im psychischen Leben spontan und sinnvoll ist. Hinter dem Animus, so versicherte Jung, liegt »*der Archetypus des Sinnes, wie die Anima den Archetypus des Lebens* schlechthin darstellt« (GW 9/I, § 66).

Diese aus der Empirie abgeleiteten Konzepte ermöglichen es Jung, eine große Zahl beobachtbarer psychischer Phänomene miteinander in Zusammenhang zu bringen und diese bei der Arbeit mit Analysanden weiter zu differenzieren. In der Analyse ist die Abgrenzung von der Anima oder vom Animus eng verbunden mit der am Beginn stehenden Arbeit, den →Schatten bewußt zu machen. Die ursprünglichen Bilder stellen halbbewußte psychische Komplexe (→Komplex) dar, Personifikationen (→Personifikation), die autonom und weitgehend unabhängig sind, bevor sie durch Begegnung mit dem täglichen Leben eine stabile Struktur, Einfluß und schließlich Bewußtheit erlangen (→Bewußtsein, Bewußtheit). Jung warnte vor ausschließlicher Konzeptualisierung (wodurch die Nähe zu Anima/Animus als lebendigen Kräften verloren geht) und vor einer Arbeitsweise, welche die →psychische Wirklichkeit solcher inneren Figuren verleugnet.

Besessenheit durch Anima oder Animus verändert die Persönlichkeit so, daß Züge hervortreten, die als *psychologisch* charakteristisch für das andere Geschlecht angesehen werden. Jedenfalls verliert eine Person zunächst an Individualität und dann ebenfalls an Reiz und an Wert. Der Mann wird zunehmend durch die Anima und das Prinzip des →Eros beherrscht; dies führt zu Ruhelosigkeit, Promiskuität, Reizbarkeit und Sentimentalität – oder wie sonst man unbeherrschte Emotionalität beschreiben will. Eine Frau, die der Autorität von Animus und →Logos unterworfen ist, wird zum Manager: halsstarrig, ruchlos und beherrschend. Beide werden also einseitig: Er wird verführt durch mittelmäßige Menschen und knüpft sinnlose Beziehungen; sie ist von mittelmäßigem Denken eingenommen und marschiert unter dem Banner beziehungsloser Überzeugungen voran.

Unwissenschaftlich ausgedrückt sprach Jung davon, daß Männer die Anima gerne akzeptieren, wenn sie in einem Roman oder als Filmstar auftaucht. Es sei aber eine ganz andere Sache, wenn es darum gehe, die Rolle der Anima in ihrem eigenen Leben anzusehen.
Hätte er eine entsprechende Bemerkung über den Animus gemacht, hätte er sagen können, daß die Frauen bis vor kurzer Zeit nur allzu bereit und geneigt waren, Männer für sich kämpfen zu lassen in der geheimen Hoffnung, von einem Ritter auf einem weißen Schlachtroß befreit zu werden. Das hat sich geändert: Sie wollen ihren Platz nicht als Männer, sondern an der Seite der Männer einnehmen. Sie wollen den gleichen Status genießen, wünschen sich aber gleichzeitig, zu ihrer Identität als Frauen zu stehen; dazu müssen sie sich darüber einig werden, wer wirklich ihr Leben beherrscht, und die eigenen Ursprünge ihrer Autorität entlarven.
Hillman (1972, 1975) hat die Psychologie der Anima untersucht und erhellt. Er betont, daß sie die Unbewußtheit unserer gesamten westlichen Kultur personifiziert und das Bild sein kann, durch das wir über die Phantasie Befreiung erlangen.
Es gibt kein aktuelles Werk vergleichbarer Tiefe über den Animus. Darüber hinaus wurde aufgrund des unglücklichen Beiklangs von Animus-Besessenheit, die bahnbrechende Frauen in einer von Männern beherrschten Welt gekennzeichnet haben mag, den psychischen Einwirkungen des sogenannten positiven oder natürlichen Animus nur äußerst wenig Aufmerksamkeit gewidmet im Gegensatz zum negativen und erworbenen Animus (Ulanov, 1981; Wheelwright, J.H., 1984).

Anpassung

In Beziehung treten, fertigwerden mit, ausbalancieren innerer und äußerer Faktoren. Muß von Konformismus unterschieden werden und ist ein vitaler Gesichtspunkt der →Individuation.
Nach Jung kann man →Neurose auch als gescheiterte Anpassung definieren. Manchmal findet das seinen Ausdruck in der äußeren, sonst auch in der inneren Realität. In der →Analyse müssen mitunter zuerst Probleme der äußeren Realität abgehandelt werden, damit die Person zur Begegnung mit tiefen und bedrückenden inneren

Themen frei wird. Jung wies darauf hin, daß Anpassung an sich auch eine Ausbalancierung der inneren und äußeren Bedürfnisse bedeute, die sehr unterschiedliche Anforderungen an einen Menschen mit sich bringen können. Anfangs kann es scheinen, als ob die Analyse die Anpassung zerstöre, die ein Patient für sich selbst erreicht hat; später aber wird er dies vielleicht als Notwendigkeit einsehen, da die vorherige Anpassung unecht war und zu teuer bezahlt wurde.

Es gibt viele Arten der Anpassung, von Mensch zu Mensch verschieden und entsprechend der →Typologie. Auch eine übermäßige Abhängigkeit von einem besonderen Anpassungsmodus oder die exzessive Konzentration auf Befriedigung der Forderungen der inneren oder der äußeren Welt kann man als neurotisch bezeichnen.

Der Begriff »Anpassung« bezieht sich auch auf die Spannung zwischen persönlichen und kollektiven (→Kollektiv) Anforderungen. Jung meinte hierzu, dies hänge vom Individuum ab; manche Individuen müßten eher »persönlich« sein, andere mehr »kollektiv« (→Unbewußt, das Unbewußte). Ein gutes Anschauungsbeispiel für die gegenseitige Durchdringung innerer und äußerer, persönlicher und kollektiver Faktoren bieten Beziehungen. Zum Beispiel läßt sich die Anpassung an den Ehepartner auf allen diesen Ebenen betrachten.

Bedeutet Anpassung »Normalität«? Zum »Normalmenschen« bemerkte Jung, das sei »eigentlich ein Idealmensch, dessen glückhafte Charaktermischung ein seltenes Vorkommnis ist« (GW 7, § 80). Dieser Standpunkt ähnelt demjenigen Freuds, der »Normalität« als »Idealfiktion« bezeichnete (1937).

Apperzeption

Vorgang, durch den ein neuer psychischer Inhalt (Erkenntnis, Bewertung, Intuition, Sinneswahrnehmung) in einer Weise artikuliert wird, daß er verstanden, begriffen oder »klar« wird. Es handelt sich um eine innere Fähigkeit, äußere Dinge so darzustellen, wie sie durch die registrierende und reagierende →Psyche wahrgenommen wurden; daher ist das Ergebnis immer eine Mischung aus Realität und Phantasie, eine Kombination von persönlicher Erfahrung und archetypischer →Imago (→Archetyp).

Jung unterschied zwei Arten der Apperzeption, aktive und passive. Erstere, bei der das Subjekt bewußt entscheidet, einen neuen Inhalt zu erfassen, wird durch das →Ich initiiert. Letztere geschieht dem Subjekt, wenn ein Inhalt in das Bewußtsein eindringt und seine Wahrnehmung erzwingt, wie häufig bei Träumen. Aktiv oder passiv: Der Prozeß bleibt jedenfalls derselbe, indem er zur mehr oder weniger freiwilligen Teilnahme des Subjekts führt und nach →Reflexion verlangt. Jung beschrieb auch Zustände *gerichteter* und *ungerichteter* Apperzeption entsprechend dem Grad der rationalen Beteiligung des Ich beziehungsweise der Einbeziehung irrationaler Phantasie in den Prozeß (→Gerichtetes und Phantasiedenken).

Archetyp

Der angeborene Teil der Psyche, der als Muster strukturierend auf die psychologischen Leistungen der Instinkte (→Instinkt) wirkt; eine hypothetische Einheit, die an sich unerkennbar und nur über ihre Manifestationen nachweisbar ist.

Jung entwickelte seine Archetypentheorie in drei Schritten. 1912 sprach er von Urbildern, die er im unbewußten Leben seiner Patienten ebenso antraf wie im Verlauf seiner Selbstanalyse. Diese Bilder ähnelten wiederholt und überall auftretenden Motiven aus allen Zeiten; charakterisiert waren sie aber vor allem durch ihre Numinosität, Unbewußtheit und Autonomie (→Numinosum). Jung stellte sich vor, daß das kollektive Unbewußte (→Unbewußt, das Unbewußte) diese Bilder fördert. 1917 sprach er von unpersönlichen Dominanten oder Knotenpunkten in der Psyche, die Energie anziehen und menschliches Verhalten beeinflussen. 1919 benutzte er zum ersten Mal den Begriff »Archetyp«, um damit zu verdeutlichen, daß das Wesentliche das unbewußte und unanschauliche Muster ist, nicht der Inhalt. Der Archetyp an sich müsse ganz klar unterschieden werden von einem archetypischen →Bild; nur letzteres wird vom Menschen wahrgenommen.

Der Archetyp ist ein psychosomatisches Konzept, das Körper und Psyche, Instinkt und Bild miteinander verbindet. Diese Verbindung war Jung wichtig, denn er sah in Psychologie und Bildersprache keine Entsprechung oder Widerspiegelung biologischer Triebe. Aus

Archetyp

seiner Behauptung, daß Bilder das Ziel der Instinkte hervorrufen, ergibt sich, daß beide gleich wertvoll sind.

Archetypen – insbesondere die, welche um die elementaren und allgemeinen Erfahrungen des Lebens: Geburt, Ehe, Mutterschaft, Tod und Trennung kreisen – sind an äußeren Verhaltensweisen zu erkennen. Sie gehören aber auch zur Struktur der menschlichen Psyche und lassen sich in ihrer Beziehung zum inneren oder psychischen Leben beobachten, wo sie sich als innere Figuren zeigen, zum Beispiel als →Anima, →Schatten, →Persona usw. Die Anzahl der Archetypen ist theoretisch unbegrenzt.

Archetypische Muster warten darauf, in einer Persönlichkeit verwirklicht zu werden; sie sind unendlicher Variationen fähig und auf individuellen Ausdruck angewiesen. Sie üben eine Faszination aus, die durch traditionell und kulturell bedingte Erwartungen verstärkt wird; so sind sie Träger eines starken und möglicherweise überwältigenden Energiebetrages, dem - abhängig vom jeweiligen Entwicklungsstadium und dem Grad an Bewußtheit - schwer zu widerstehen ist (→Bewußtsein, Bewußtheit). Archetypen wecken →Affekt, machen realitätsblind und ergreifen Besitz vom Willen (→Wille). Archetypisch leben heißt, ohne Begrenzung leben (→Inflation). Irgend etwas aber archetypischen Ausdruck zu verleihen, kann eine bewußte Interaktion mit dem kollektiven (→Kollektiv), historischen Bild bedeuten, die dem Spiel elementarer Polaritäten Raum gibt: Vergangenheit und Gegenwart, persönlich und kollektiv, typisch und einzigartig (→Gegensätze).

Jede psychische Bildersprache hat in gewissem Maße etwas Archetypisches an sich. Daher besitzen Träume und viele andere psychische Phänomene Numinosität. Am offensichtlichsten sind archetypische Verhaltensweisen in Krisenzeiten, wenn das →Ich höchst verwundbar ist. Symbole haben archetypische Qualitäten, und das erklärt zumindest partiell ihre Faszination, ihre Verwendbarkeit und ihr wiederholtes Auftreten. Götter sind Metaphern archetypischen Verhaltens, Mythen sind archetypische Inszenierungen. Die Archetypen können weder vollständig integriert noch in menschlicher Form ausgelebt werden. Analyse heißt auch wachsende Wahrnehmung der archetypischen Dimensionen im Leben eines Menschen (→Götter und Göttinnen; →Inszenierung; →Metapher; →Mythos; →Symbol).

Jungs Archetypenkonzept steht in der Tradition Platonischer Ideen, die im Bewußtsein der Götter existieren und als Modelle aller Gegebenheiten des menschlichen Seins dienen. Weitere ideengeschichtliche Vorläufer sind Kants a priori vorhandene Kategorien der Wahrnehmung und Schopenhauers Prototypen.

1934 schrieb Jung:

Die Grundprinzipien, die *archetypoi*, des Unbewußten sind wegen ihres Beziehungsreichtums unbeschreibbar, trotz ihrer Erkennbarkeit. Das intellektuelle Urteil sucht natürlich immer ihre Eindeutigkeit festzustellen und gerät damit am Wesentlichen vorbei, denn, was vor allem als das einzige ihrer Natur Entsprechende festzustellen ist, das ist ihre Vieldeutigkeit, ihre fast unabsehbare Beziehungsfülle, welche jede eindeutige Formulierung verunmöglicht. (GW 9/1, § 80)

Ellenberger (1973) bezeichnete den Archetyp als einen der drei begrifflichen Hauptunterschiede zwischen Jung und Freud hinsichtlich ihrer Bestimmung von Inhalt und Funktionsweise des Unbewußten. Im Gefolge von Jung meinte Neumann (1949), die Archetypen kehrten in jeder Generation wieder; sie würden sich aber aufgrund der Erweiterung des menschlichen Bewußtseins auch ihre eigene Formengeschichte erwerben. Hillman (1975), Gründer der Schule der Archetypischen Psychologie, hält das Archetypenkonzept für das fundamentalste in Jungs Werk und meint, daß diese tiefsten Voraussetzungen psychischen Funktionierens bestimmen, wie wir die Welt wahrnehmen und zu ihr in Beziehung treten. Da die archetypische Struktur ohne Anreicherung durch persönliche Erfahrung ein bloßes Gerüst bleibt, meinte Williams (1963a), die Unterscheidung zwischen persönlichen und kollektiven Erfahrungsdimensionen oder Kategorien des Unbewußten sei vielleicht doch etwas akademisch. Konzepte über angeborene psychische Strukturen gibt es auch in der heutigen Psychoanalyse, und zwar insbesondere in der Kleinschen Schule: bei Isaacs (unbewußte Phantasie), Bion (pre-conception), und Money-Kyrle (1978). Man kann Jungs Archetypentheorie auch mit strukturalistischem Gedankengut vergleichen (Samuels, 1985a).

Mit zunehmender Verwendung des Begriffs werden häufig Phänomene beschrieben wie »eine notwendige Veränderung im väterlichen Archetyp« oder »der sich wandelnde Archetyp der Weiblichkeit«. Der Begriff wurde 1977 in das Fontana »Dictionary of Modern Thought« aufgenommen. Der Biologe Sheldrake sieht wichtige Zusammenhänge zwischen Jungs Ausführungen und seiner eigenen Theorie der »morphogenetischen Felder« (1985).

Assoziation

Spontane Verbindung von Vorstellungen, Wahrnehmungen, Bildern und Phantasien gemäß bestimmter persönlicher und psychologischer Themen, Motive, Ähnlichkeiten, Gegensätze oder Kausalitäten. Das Wort kann die Herstellung solcher Verbindungen (das heißt *durch* Assoziation) oder aber ein Detail in einer solchen Reihe (das heißt *eine* Assoziation) bezeichnen. Jung und Freud verwendeten die Assoziation bei der Traumdeutung unterschiedlich. Jung forschte zu Beginn seiner Karriere ausführlich darüber unter Verwendung des Assoziationsexperimentes (→Assoziationsexperiment).

Assoziationen, wie frei auch immer erlangt, sind immer in psychologisch bedeutungsvoller Folge miteinander verkettet. Diese Entdeckung, die durch Forschungsarbeiten seitens anderer Wissenschaftler Ende des letzten Jahrhunderts gemacht wurde, führte zu Freuds Verwendung der »freien Assoziation« bei der Traumdeutung und zu Jungs angewandten Forschungen unter Verwendung des Assoziationsexperiments. Diese experimentellen Arbeiten bildeten die Grundlage für Jungs Archetypentheorie (→Archetyp). Während seines ganzen Lebens als Analytiker benutzte er bei der Traumdeutung seine eigene Assoziationstechnik (→Träume; →Deutung).

Freuds frühe Arbeiten über Hysterie brachten ihn zu folgenden Schlüssen:

1. Zufällige oder freie Assoziationen greifen stets, bewußt oder unbewußt, auf frühe Erfahrungen zurück; durch diese Verbindung bilden sie Netzwerke der Erinnerung.

2. Diese Netzwerke oder Systeme sind in verschiedenen Vorstellungskomplexen organisiert und vom psychischen Organismus derart abgespalten, daß die bewußte Kenntnis eines Glieds aus einer Assoziationskette nicht notwendigerweise die bewußte Kenntnis des psychischen Sinns der Kette insgesamt bedeutet.

3. Die Kraft oder Energieladung jedes Elementes oder jeder Assoziation sammelt sich um einen zentralen Knotenpunkt herum.
4. Diese Faktoren liegen den Konflikten zugrunde, welche für die *eigene* Psychologie einer Person spezifisch sind.

Jung lernte diese Ideen kennen, und während seiner Zeit am Burghölzli (1900-1909) zielte er mit dem Assoziationsexperiment hauptsächlich auf die Entdeckung und Analysierung des Komplexes (→Komplex); diese Ausrichtung führte zu dem Vorschlag, sein Werk als »Komplexe Psychologie« zu bezeichnen (→Analytische Psychologie). Anfangs erforschte Jung sein Interessengebiet durch Assoziationen. Das wichtigste Resultat dieser Forschung war der Nachweis, daß Assoziation, →Affekt und Energieladung (→Energie) miteinander verknüpft sind.

Obgleich Jung bald die experimentelle Forschung aufgab, arbeitete er weiter mit der Assoziation und verfeinerte sein Konzept; dabei ging es ihm um ein »sorgfältiges, bewußtes Ableuchten derjenigen Assoziationsverbindungen, die objektiv um ein Traumbild gruppiert sind« (GW 16, § 319). Diese Einsichten wurden später angewandt und zu einer integralen Grundlage seiner Methode der Traumdeutung. Er beschrieb das Gewebe der Assoziationen als den psychologischen Kontext, in den ein Traum ganz natürlich eingebettet ist.

Jung hielt daran fest, daß das Vorgehen gemäß den Assoziationen des Patienten das Gegenteil einer theoriegeleiteten Deutung sei, weil es eine sehr sorgfältige und fortgesetzte Aufmerksamkeit gegenüber dem individuellen assoziativen Netzwerk einer Person erfordert. Er verglich diese Deutungsarbeit mit der Übersetzung eines Textes, die den Eintritt in einen geheimen oder wohlbehüteten Bereich (das heißt in das einem Menschen eigene psychische Reich) ermöglicht. Bei Widerstand und Blockierungen kehrte Jung immer wieder zu Assoziationen im Umkreis des Bildes (→Bild) zurück, um das der Patient wußte und doch nicht wußte; er deutete die Blockierung nicht. So suchte er den individuellen emotionalen Kontext der Traumbilder bewußt zu machen (→Imago).

Jungs Arbeiten über die Assoziation waren für den Aufbau seiner Archetypentheorie von größter Bedeutung; er sagte aber, die →Psychotherapie ziele nicht auf archetypisches Wissen, sondern vielmehr auf den individuellen Komplex. In der →Analyse kann die Assoziation erweitert werden, indem sie mittels der →Amplifikation auf universelle Themen angewendet wird. Das läßt sich als Ausweitung des assoziativen Vorgangs sehen, um so den geschichtlichen, kulturellen und mythologischen Kontext mit einzubeziehen. Während des Assoziationsvorgangs werden dadurch sowohl das universelle archetypische Muster als auch der persönliche Komplex deutlich (→Mythos).

Assoziationsexperiment

Experimentelle Methode zur Identifizierung persönlicher Komplexe durch Untersuchung von Assoziationen oder scheinbar zufälligen psychischen Verknüpfungen (→Assoziation). Jung konzentrierte sich während einiger Jahre zu Beginn der ersten Dekade dieses Jahrhunderts auf Forschungen mit dem Assoziationsexperiment; er arbeitete damals als junger Psychiater am Burghölzli (einer Nervenheilanstalt in Zürich), wo das Experiment zur klinischen Beurteilung von Patienten benutzt wurde, nachdem Bleuler es eingeführt hatte (→Psychoanalyse).

Von Galton erfunden, wurde das Experiment dann von Wundt übernommen und verändert; er wollte die Gesetzmäßigkeiten entdecken und formulieren, die den Assoziationen von Vorstellungen zugrunde liegen. Aschaffenburg und Kraepelin führten die Unterscheidungen zwischen verbalen oder Klangreaktionen und inneren Assoziationen ein. Sie beobachteten die Auswirkung von Müdigkeit auf die Reaktionen. Fiebernde Patienten, Alkoholiker und Geisteskranke wurden untersucht. Dann stellte Ziehan eine Verlängerung der Reaktionszeiten fest, sobald das Reizwort in Beziehung zu etwas stand, das dem Patienten unangenehm war. Es wurde entdeckt, daß Verlängerungen der Reaktionszeit mit einer »allgemein zugrunde liegenden Vorstellung« oder einem »gefühlsbetonten Komplex von Vorstellungen« zusammenhingen. Damals wurde das Experiment im Burghölzli eingeführt, und Jung wurde mit der Forschung betraut, die sich vor allem mit der Auflockerung oder dem Wegfall der Spannung im Umfeld von Assoziationen beim Ausbruch einer →Schizophrenie befaßten.

Jung vervollständigte das Experiment, wobei er hauptsächlich daran interessiert war, Komplexe zu entdecken und zu analysieren. Bei den Untersuchungen gewann er die Überzeugung, der Patient könne kuriert werden, wenn er nur Hilfe bei der Bekämpfung und Überwindung seines Komplexes bekäme (→Komplex). Zu Jungs ersten Ergebnissen (1907 veröffentlicht unter dem Titel »Über die Psychologie der Dementia Praecox«, GW 3) zählt die Unterscheidung verschiedener Komplexarten, je nachdem ob sie sich auf einmalige, fortwährende oder wiederholte Ereignisse bezogen; er unterschied weiter bewußte, teilbewußte und unbewußte Komplexe sowie jene, bei denen sich eine starke affektive (→Affekt) Aufladung nachweisen ließ. Jungs Untersuchungen führten zu einer Differenz mit Bleuler hinsichtlich der Hypothesen zur Schizophreniegenese; dabei stellte Jung seine zukunftsweisende Hypothese auf, die Wahnvorstellungen der Psychotiker seien Versuche, eine neue Vision der Welt zu erschaffen (GW 3, §§ 153-178).

Während seiner Arbeiten über das Assoziationsexperiment betrachtete Jung Freud noch als die Autorität. Freud selbst waren die Forschungen über den Assoziationsvorgang durchaus bekannt; er benutzte eine Reihe von Begriffen wie Assoziationskette, -faden, -zug oder -linie, um die Wege der sogenannten »freien Assoziation« zu beschreiben. Nach Jungs Ansicht bestätigten seine Forschungen über Komplexe und Komplexindikatoren die Konstellationen unbewußter, verdrängter Inhalte und unterstützten Freuds Entdeckungen traumatischer Reminiszenzen. Während aber Freud seine Methode der freien Assoziation weiterhin vor allem auf Inhalte des (in Jungs Terminus) persönlichen Unbewußten des Patienten anwendete, führte Jungs Interesse an Komplexen ihn zur Untersuchung von Archetypen, die im kollektiven Unbewußten (auch dies Jungs Begriff) wohnen. (→Archetyp; →Kollektiv; →Unbewußt, das Unbewußte)

Für kurze Zeit spekulierte Jung, das Assoziationsexperiment könne ein Werkzeug von sozialem Nutzen sein und zur Aufklärung von Verbrechen, aber auch zur Therapie verwendet werden. Nach einigen Jahren intensiver Arbeit an den damit verbundenen Problemen verwendete er das Assoziationsexperiment jedoch überhaupt nicht mehr und gab jegliche weitere Bemühungen in experimenteller Psychologie auf.

B

Besessenheit

Psychologisch heißt »Besessenheit«, daß das →Ich von einem →Komplex oder einem anderen archetypischen Inhalt (→Archetyp) besessen, übernommen oder besetzt ist. Da Besessenheit gleichbedeutend ist mit Sklaverei, ist das Ich Gegenstand eines Staatsstreichs. Durch die Stärke und Hartnäckigkeit des neurotischen oder psychotischen Symptoms ist ein Mensch seiner Entscheidungsfähigkeit beraubt und außerstande, über seinen Willen zu verfügen (→Wille). Das Bewußtsein (→Bewußtsein, Bewußtheit) wird entsprechend der Stärke des eindringenden autonomen psychischen Inhaltes unterdrückt, woraus eine ausgeprägte Einseitigkeit resultiert (→Kompensation; →Neurose). Das gefährdet nicht nur die bewußte Freiheit, sondern auch das psychische Gleichgewicht. Individuelle Ziele werden verfälscht zugunsten des besitzergreifenden psychischen Agens, zum Beispiel eines Mutterkomplexes oder der →Identifikation mit der →Persona oder mit Animus / Anima (→Anima und Animus).

In einem Artikel für eine Basler Zeitung (GW 15) erläuterte Jung nach dem Tode Freuds ausführlich die Entwicklung der Analytischen Psychologie (→Analytische Psychologie). Er stellte eine historische Verbindung her zu Charcots Erkenntnis, »daß die hysterischen Symptome Folgen gewisser Vorstellungen sind, welche vom ›Gehirn‹ der Kranken Besitz ergriffen hatten« (GW 15, §62). Zu dieser Feststellung steuerte – so Jung weiter – Breuer einen Fall als Beleg bei, »um darauf eine Theorie zu gründen, von der Freud sagt, daß sie sich mit der Auffassung des Mittelalters [von der Besessenheit] decke, nachdem sie den ›Dämon‹ der priesterlichen Phantasie durch eine psychologische Formel ersetzt habe« (ebd.). Jung sah in dem Bemühen, erst nach dem die Besessenheit verursachenden Faktor zu suchen, um den Patienten dann davon zu kurieren, eine Analogie zu mittelalterlichen Bestrebungen, die bösen (→Böse) Geister ein für allemal auszutreiben (→Ätiologie [der Neurose]; →Hysterie; →Pathologie).

Bei der Weiterentwicklung seines Werkes ging Jung von dieser Analogie aus. In der Nachfolge von Freuds Erkenntnis, daß die Charakteristika der Neurose des modernen Menschen der mittelalterlichen Besessenheit entsprechen, versuchte die Freudsche Traumdeutung, die Wurzeln dieser Besessenheit zu untersuchen. Nach Jung zielte dieses Verständnis der besessenen Seele jedoch auf eine Enteignung des Besitzergreifers oder des unterdrückenden Agens. Er fand diesen Ansatz zwar bewundernswert, aber zu begrenzt. Er berichtet, wie er in einer entscheidenden Unterredung mit Freud einmal die Frage aufwarf, ob es nicht zu persönlichen Schlußfolgerungen führen und eventuell einen →Sinn haben könne, einer neurotischen Besessenheit zum Opfer zu fallen. Hier liegt der Kern von Jungs teleologischem Gesichtspunkt (→Teleologischer Gesichtspunkt).

Bewußtsein, Bewußtheit

Eines der wichtigsten Konzepte für das Verständnis der Jungschen Psychologie. Auf die Unterscheidung von Bewußtem und Unbewußtem (→Unbewußt, das Unbewußte) hatte sich bereits die Forschung in der Frühzeit der Psychoanalyse konzentriert. Jung aber erweiterte und verfeinerte die Theorie
1. durch Postulierung der Existenz eines kollektiven und eines persönlichen Unbewußten;
2. indem er dem Unbewußten eine kompensatorische Funktion in bezug auf das Bewußtsein zuschrieb (→Kompensation);
3. durch seine Erkenntnis, daß das Bewußtsein eine Vorbedingung für das Menschsein und die Entwicklung zum Individuum ist. Das Bewußte und das Unbewußte kennzeichnete er als die primären →Gegensätze psychischen Lebens.
Jungs Definition des Bewußtseins unterstrich die Dichotomie zwischen Bewußtem und Unbewußtem und betonte die Rolle des →Ich für die bewußte Wahrnehmung:

Unter Bewußtsein verstehe ich die Bezogenheit psychischer Inhalte auf das Ich, soweit sie als solche vom Ich empfunden wird. Beziehungen zum Ich, soweit sie von diesem nicht als solche empfunden werden, sind *unbewußt*. Das Bewußtsein ist die Funktion oder Tätigkeit, welche die Beziehung psychischer Inhalte zum Ich unterhält. (GW 6, § 758)

Bewußtsein, Bewußtheit

Als Arbeitshypothese hat Bewußtsein breite Anwendung gefunden und lädt daher zu Mißverständnissen geradezu ein. Wahrnehmung in diesem Sinn ist kein Ergebnis von Intellektualisierung und kann vom Verstand allein nicht vollbracht werden. Sie ist das Ergebnis eines psychischen Vorgangs im Unterschied zu einem Denkvorgang. Verschiedentlich setzte Jung Bewußtsein mit Aufmerksamkeit, Intuition und →Apperzeption gleich und hob dabei die Funktion der →Reflexion für dessen Erlangung hervor. Erlangung von Bewußtheit ist offenbar das Ergebnis von Erkenntnis sowie Reflexion über und Erinnerung an psychische Erfahrung. Das ermöglicht dem einzelnen, diese Erfahrung mit dem zu verbinden, was er gelernt hat, und ihre Bedeutung sowie ihren Sinn für sein Leben emotional zu empfinden. Im Gegensatz dazu sind unbewußte Inhalte undifferenziert, und es läßt sich nicht klären, welche Inhalte zur eigenen Person gehören und welche nicht. »Unterscheidung ist das Wesen und die conditio sine qua non des Bewußtseins« (GW 7, § 329) (→Differenzierung). Symbole (→Symbol) gelten als unbewußte Produkte, die sich auf bewußtseinsfähige Inhalte beziehen.

Jung meinte, der natürliche Geist sei undifferenziert, der bewußte könne hingegen unterscheiden. Daher steht am Anfang des Bewußtseins die Triebbeherrschung (→Trieb), die dem Menschen ordnungsgemäße Anpassung ermöglicht. Aber →Anpassung birgt wie die Kontrolle natürlichen und triebhaften Verhaltens die Gefahr in sich, daß das Bewußtsein einseitig wird und den Kontakt zu den dunkleren und irrationaleren Anteilen verliert (→Schatten).

Alle abgespaltenen Anteile werden autonom und unkontrollierbar und setzen sich aus dem Hinterhalt des Schattens negativ durch. Jung meinte daher, der westliche Mensch sei gegenwärtig durch eine Einseitigkeit des Bewußtseins geprägt, die er bei seinen neurotischen Patienten ebenso beobachtete wie bei kollektiven (→Kollektiv) psychischen Epidemien: Kriegen, Verfolgungen und anderen Formen von Unterdrückung der Massen (→Neurose). Das sogenannte Zeitalter der Aufklärung, das ja ganz besonders die rationale Einstellung eines bewußten Geistes unterstrich und intellektuelle Aufklärung als höchste Form von Einsicht und also von größtem Wert beurteilte, hat das menschliche Dasein insgesamt ernsthaft in Gefahr gebracht. »Ein aufgeblasenes Bewußtsein ist

immer egozentrisch und nur seiner eigenen Gegenwart bewußt« (GW 12, § 563). Das führt paradoxerweise zur →Regression des Bewußtseins in Unbewußtheit. Das Gleichgewicht kann nur wiederhergestellt werden, indem dann das Bewußtsein das Unbewußte berücksichtigt (→Kompensation).
Trotz des Risikos kann und darf das Bewußtsein davon keinesfalls entbunden werden. Das würde nämlich zu einer Überschwemmung durch unbewußte Kräfte und damit zur Unterminierung und Verkümmerung des zivilisierten Ich führen (→Enantiodromie). Das Merkmal des Bewußtseins ist Unterscheidung; um Dinge wahrzunehmen, muß es die in der Natur miteinander vermengten →Gegensätze trennen. Einmal getrennt, müssen beide dann bewußt zueinander in Beziehung gesetzt werden.
Jung war in seiner Psychologie zu dem Ergebnis gekommen, daß das Bewußtsein das individuellste am Menschen ist; sie gründete zudem auf der Annahme, daß →Individuation eine psychische Notwendigkeit ist. Daher wurde Jungs Psychologie mit erweitertem Bewußtsein gleichgesetzt. Grundannahme in der →Analyse war, daß das Bewußtsein sich von Ich-Zentriertheit auf eine mehr der Totalität der Persönlichkeit gerecht werdende Sicht verlagert (→Selbst). Dadurch kollidierte das »Bewußtsein« der Jungschen Psychologie mit allen Gefahren, welche die Ziele des Ich-Bewußtseins in sich bergen: Einseitigkeit, Überschwemmung, Desintegration, →Inflation, →Regression, Distanzierung, →Dissoziation, Spaltung (→Paranoid-schizoide Position), Egozentrizität und →Narzißmus sowie Intellektualisierung. Die Weiterentwicklungen und Spaltungen der Analytischen Psychologie lassen sich in diesem Kontext lesen (Samuels, 1985a).
Neumanns »Ursprungsgeschichte des Bewußtseins« (1949) war ein Versuch, Parallelen zwischen individueller und kollektiver Bewußtseinsentwicklung aufzuzeigen. Singer (1972) hat dazu eine klassische Abhandlung vorgelegt. Hillman (1975) hat das Bewußtsein definiert als »psychische Widerspiegelung der *psychischen* Welt um uns und [als] Teil der Anpassung an deren Wirklichkeit«. Er kritisiert, die Analytische Psychologie beschränke sich auf eine viel zu enge Sicht des Bewußtseins.

Bild

Jungs Definition des Symbols (→Symbol) läßt sich einer bestimmten Zeit und bestimmten Umständen zuordnen. Eine Beschreibung dessen, wie sich seine Vorstellungen über das Bild entwickelt haben, gestaltet sich hingegen schwieriger. Vielleicht stimmt es, daß die Weiterentwicklung von der Beschäftigung mit dem Symbol hin zur Konzentration auf das Bild ein Phänomen der Analytischen Psychologie in der Zeit nach Jung ist (vgl. Samuels, 1985a); eine genaue Lektüre von Jungs eigenen Schriften stützt aber offensichtlich die Definition, daß das Bild das Symbol enthält oder amplifiziert und den Kontext bildet, in den letzteres – sei es persönlich oder kollektiv – eingebettet ist.

Jungs Leben ist wie sein Schreiben offenbar von gewissen psychischen Konstellationen bestimmt, die er in →Zirkumambulation umfährt, wodurch er immer tiefer und klarer sieht und somit eine Grundform ausfüllen oder gestalten kann. So vermengte er zwar die Begriffe Symbol und Bild verschiedentlich oder benutzte sie fast synonym. Insgesamt hielt er aber wohl das Bild für älter und umfassender als die Summe seiner symbolischen Komponenten. In seinen eigenen Worten: »Das Bild ist ein konzentrierter *Ausdruck der psychischen Gesamtsituation*, nicht etwa bloß oder vorwiegend der unbewußten Inhalte schlechthin« (GW 6, § 761).

Jungs Sicht des Bildes änderte sich im Laufe seines Lebens. Ursprünglich als Konzept formuliert, erlebte er später das Bild als begleitende psychische Gegenwart. Jungs eindrucksvollste Entdeckung, empirisch verifiziert, mag die sein, daß die Psyche nicht »wissenschaftlich« – das heißt mit Hilfe von Hypothesen und Modellen – vorgeht, sondern bildhaft, mit Mythen und Metaphern (→Mythos; →Metapher). Jung sagt aber vom Bild:

Es ist zwar ein Ausdruck unbewußter Inhalte, aber nicht aller Inhalte überhaupt, sondern bloß der momentan konstellierten. Diese Konstellation erfolgt einerseits durch die Eigentätigkeit des Unbewußten, andererseits durch die momentane Bewußtseinslage [...] Die Deutung seines Sinnes kann also weder vom Bewußtsein allein noch vom Unbewußten allein ausgehen, sondern nur von ihrer *wechselseitigen Beziehung*. (GW 6, § 761) (→Unbewußt, das Unbewußte; →Deutung) (Hervorhebg.d.Verf.)

Damit wird die Rolle von Emotion und →Affekt für die Bildersprache unterstrichen, die zwar aus kausaler, theoretischer oder wissenschaftlicher Sicht objektiv zu sein scheint, tatsächlich aber ganz eigentlich auch höchst subjektiv ist (→Reduktive und synthetische Methode). Das Bild ist ein Gegensatz*behälter*, das Symbol aber *Vermittler* zwischen Gegensätzen; daher ist das Bild an keine Position gebunden, vielmehr lassen sich Elemente von ihm in beiden Positionen finden. Zum Beispiel ist das Bild der Anima (→Anima und Animus) gleichzeitig eine innere und eine äußere Erfahrung; ähnliches gilt für »Mutter« oder »Königin«. Die Arbeit der Analyse besteht partiell in einer Unterscheidung der Gegensätze als Vorbereitung zu deren Wieder-Vereinigung als Teil einer erneuerten und bewußteren Bildersprache. Ist Leben also wirklich, dann ist es ebenso psychologisch.

Das Bild ist immer Ausdruck alles vom Individuum Wahrgenommenen und Wahrnehmbaren, Erfaßten und Erfaßbaren. Insbesondere in seinen späteren Jahren unterschied Jung zwar zwischen archetypischem Bild und dem →Archetyp per se. Die Bilder aber erschüttern den Betrachter (das heißt den Träumer) so sehr, daß er das Wahrgenommene gestalten oder realisieren (bewußt machen) kann. Nach Jung besitzt das Bild Zeugungskraft; es soll aufrütteln und stellt eine psychische Herausforderung dar.

Es läßt sich zusammenfassen: Bilder können ihresgleichen erzeugen; die Entwicklung von Bildern zu ihrer Verwirklichung ist ein psychischer Prozeß, der uns persönlich geschieht; wir schauen von außen zu und sind auch selber handelnde und erleidende Figur in diesem Drama. »Es ist nämlich eine psychische Tatsache«, so Jung, »daß sich diese Phantasie ereignet. Sie ist so wirklich, wie man als psychisches Wesen wirklich ist. Vollzieht man diese entscheidende Operation nicht, dann überläßt man alle Wandlungen seinen Bildern, und man selber bleibt ungewandelt« (GW 14/2, § 407) (→Phantasie). Psychologisches Leben erfordert vor allem eine subjektive Antwort auf die Bildersprache, wodurch eine Beziehung, ein Dialog, eine Verwicklung oder ein Geben und Nehmen entstehen, was gegebenenfalls in eine →Coniunctio mündet, die auf Mensch und Bild wirkt (→Aktive Imagination; →Ich; →Transzendente Funktion). Diese Beziehung ist derzeit Gegenstand des Interesses der analytischen Psychologen, symbolisiert durch den Schwerpunkt auf Empathie, Bezogenheit und →Eros.

Obwohl den individuellen Symbolen große Aufmerksamkeit gewidmet wurde, hat sich Hillman (1975) auch um weitere Klärung des Konzepts vom Bild bemüht. Die angemessene Beziehung zwischen Individuum und Bild wurde vom Islam-Gelehrten Corbin (1983) so formuliert: »Das Bild eröffnet selbst den Weg zu dem, was jenseits von ihm liegt und was es symbolisiert.« Als Bestätigung dafür haben wir Jungs Äußerung: »Wenn aber das Bewußtsein aktiv Anteil nimmt und jede Stufe des Prozesses erlebt und wenigstens ahnungsweise versteht, so setzt das nächste Bild jeweils auf der dadurch gewonnenen höheren Stufe an, und so entsteht Zielrichtung« (GW 7, § 386). (→Imago; →Psychische Wirklichkeit; → Teleologischer Gesichtspunkt)

Böse

Dem Bösen gegenüber war Jung pragmatisch eingestellt. Wiederholt äußerte er, daran nicht aus philosophischer Perspektive interessiert zu sein, sondern vielmehr vom Standpunkt der →Empirie aus. Er meinte, als Psychotherapeut habe er es in erster Linie mit dem subjektiven Urteil eines Menschen darüber zu tun, was das Gute und das Böse ausmache. Dinge, die irgendwann einmal als schlecht oder mindestens sinn- und wertlos erscheinen, können auf höherer Bewußtseinsstufe (→Bewußtsein, Bewußtheit) als Quelle des Guten auftreten.

Als Knabe sah Jung sich der dunklen, schmutzigen und (damals) unstatthaften Seite Gottes in einer →Vision gegenüber (1986). Später konzeptualisierte er diese Vision und bewertete sie psychologisch, indem er das von ihm Gesehene als →Schatten des christlichen Gottes bezeichnete. In seinem empirisch gefundenen Konzept vom →Selbst, das er mit einem →Gottesbild gleichsetzte, hielt er daran fest, daß Licht und Schatten (Gut und Böse) eine paradoxe Einheit bilden.

»Gut und Böse sind principia unseres ethischen *Urteils*,« schrieb Jung, »aber auf die letzte *ontische* Wurzel zurückgeführt, sind es ›Anfänge‹, Aspekte Gottes, Gottesnamen« (GW 10, § 846). Ein

Prinzip ist ein übergeordnetes Etwas, mächtiger als das Urteil eines Menschen, Attribut des archetypischen Gottesbildes (→Archetyp). Deswegen läßt sich nach Jungs Meinung das Problem nicht relativieren. Die Menschen müssen sich mit dem Bösen als solchem auseinandersetzen und seine Macht und dämonische Ambivalenz anerkennen.

Mehrmals während seiner Laufbahn wurde Jung von Theologen scharf kritisiert, weil er an der Realität des Bösen und der paradoxen Natur des Gottesbildes festhielt. Er bestand darauf, daß wir nicht wissen können, was Gut und Böse an sich sind; aber als Beurteilungen und in bezug auf die Erfahrung bemerken wir diese Prinzipien. Jung hielt sie nicht für Gegebenheiten, sondern für menschliche Antworten auf Gegebenheiten; daher kann seiner Meinung nach keines von beiden als Verminderung oder Abwesenheit des anderen betrachtet werden. Psychologisch hielt er beide für »gleich wirklich«. Das Böse hat seinen Platz als wirksame und bedrohliche Realität im Gegensatz zum Guten; es ist eine psychische Wirklichkeit, die sich symbolisch sowohl in der religiösen Tradition (als Teufel) wie auch in der persönlichen Erfahrung ausdrückt (→Gegensätze).

Diese Sicht vom Bösen wurde in Jungs Briefwechsel mit dem englischen Priester Victor White eingehend untersucht; die beiden Freunde hielten ihre Ansichten aber schließlich für unvereinbar (vgl. Heisig, 1979).

→Religion; →Schuld

C

Coniunctio
Alchemistisches Symbol der Vereinigung ungleicher Substanzen; Vermählung der →Gegensätze in einer geschlechtlichen Vereinigung, die als Frucht ein neues Element gebiert. Dieses wird durch ein Kind symbolisiert, das die Möglichkeit einer umfassenderen

Coniunctio

Ganzheit durch Neukombination von Eigenschaften der beiden einander entgegengesetzten Charaktere darstellt (→Alchemie).

Aus Jungs Sicht war die Coniunctio der zentrale Gedanke des alchemistischen Prozesses. Er selbst begriff sie als →Archetyp des psychischen Funktionierens, da sie ein Beziehungsmuster zwischen zwei oder mehreren unbewußten Faktoren symbolisiere (→Unbewußt, das Unbewußte). Da solche Beziehungen zunächst einmal dem wahrnehmenden Verstand unbegreiflich sind, kann die Coniunctio in zahllosen Projektionen erscheinen (zum Beispiel als Mann und Frau, König und Königin, Hund und Hündin, Hahn und Henne, Sol und Luna).

Da die Coniunctio psychische Prozesse symbolisiert, finden die nachfolgenden →Wiedergeburt und →Wandlung innerhalb der Psyche statt. Wie alle Archetypen steht die Coniunctio für zwei mögliche Pole, einen positiven und einen negativen. Zu dieser Erfahrung gehören also ebenso Tod und Verlust wie Wiedergeburt. Ihre Bewußtmachung führt zur Erlösung eines vorher unbewußten Teils der Persönlichkeit. Aber Jung warnt: »Welche Wirkung es hat, hängt […] in hohem Maße von der Einstellung des Bewußtseins ab« (GW 16, § 501). Durch das Wort »Einstellung« gibt er zu verstehen, daß es um die Erneuerung einer Position des Ich geht und nicht um äußere Taten angesichts des symbolischen Geschehens.

Die Alchemisten, so Jung, suchten letztlich nach einer »Vereinigung von Form und Materie« (GW 14/2, § 320). Jede mögliche Coniunctio verbindet diese Elemente. Die Unfähigkeit der Alchemisten, zwischen »corpus« und »spiritus« zu unterscheiden, führte zur Entstehung einer Bilderwelt von der Coniunctio, derzufolge der Körper geistige Form annehmen oder →Geist in sich ziehen kann. Innerhalb des Kontextes einer →Analyse kann ersteres zu der Inflation führen, die Beziehung sei ein Hierosgamos oder eine Vermählung der Götter; letzteres kann auf sexuelles →Agieren (acting out) hinauslaufen (→Inzest).

Symbole wie die Coniunctio besitzen eine ganz besondere Faszination, da sie sich auf geheimnisvolle intrapsychische Prozesse beziehen. Sie verhexen die logische Erklärung und Deutung und verführen Therapeut und Patient dazu, sie wörtlich zu nehmen. Dennoch erscheint die Coniunctio als Symbol eines Ziels; *als Ziel* selbst ist sie aber gar nicht erreichbar. Bilder der Coniunctio sind als Leitlinien für →Analytiker und Patient nützlich, können aber nicht als Bestimmungsziele der inneren Reise angesehen werden.

D

Deintegration und Reintegration
→Selbst

Dementia praecox
→Schizophrenie; →Assoziationsexperiment

Depression
Jung konzentriert sich bei seinem Verständnis der Depression darauf, was mit der psychischen →Energie geschieht; Objektbeziehungen (→Objektbeziehungen, Objektbeziehungspsychologie), Objektverlust oder Trennung bleiben außer Betracht. In letzterem Bereich übernehmen die Jungschen Analytiker häufig ungeniert psychoanalytische Positionen. Jung zufolge liegt bei der Depression ein Energiestau vor, nach dessen Auflösung die Energie sich in eine positivere Richtung wenden kann. Die Energie wird aufgrund eines neurotischen oder psychotischen Konflikts eingeschlossen; wenn sie befreit ist, hilft sie bei der Überwindung des Problems. Nach Jung sollte man sich in einen depressiven Zustand so weit wie möglich hineinbegeben, damit die beteiligten Gefühle klarer werden können. Damit ist die Verwandlung eines vagen Gefühls in eine präzisere →Idee oder ein →Bild gemeint, auf das sich der depressive Mensch dann beziehen kann.

Die Depression ist mit der →Regression verwandt, und zwar im Hinblick auf ihre regenerativen und bereichernden Aspekte. Insbesondere kann sie auch auftreten als »Stille und Leere, welche neuen schöpferischen Gestaltungen vorausgeht« (GW 16, § 373). Hier hat die neue Entwicklung dem Bewußtsein Energie entzogen (→Bewußtsein, Bewußtheit); das führt zur Depression.

Jung wies warnend darauf hin, daß eine Depression auch im Rahmen einer →Psychose auftreten kann – und ebenso umgekehrt (→Pathologie).

Depressive Position

Von Melanie Klein eingeführter Begriff, der ein Stadium in der Entwicklung von Objektbeziehungen bezeichnet (→Objektbeziehungen, Objektbeziehungstheorie). An diesem Punkt erkennt das Kind, daß die Bilder (→Bild) von der guten und der bösen Mutter, auf die es sich bezogen hatte, ein und denselben Menschen betreffen (wird der zweiten Hälfte des ersten Lebensjahres zugeordnet). Die Konfrontation des Kindes mit seiner Mutter als ganzer Person erzwingt eine Verhaltensänderung (→Große Mutter): Vorher wurden die schlechten Gefühle der bösen Mutter zugeschrieben und auch auf sie gelenkt – wodurch die gute Mutter vor diesen Gefühlen geschützt wurde (→Paranoid-schizoide Position). Jetzt aber sieht sich das Kind in der Situation, daß seine feindseligen, aggressiven Regungen und auch seine liebevollen Gefühle dieselbe Mutter umfassen, die es vordem als ausschließlich gut erlebt hatte (das heißt seine Gefühle sind jetzt ambivalent). Deshalb befürchtet es den Verlust der Mutter aufgrund seiner eigenen Destruktivität, erlebt Schuldgefühle, wenn es ihr Schaden zufügt und wachsende Besorgnis um ihr Wohlergehen (→Frühe Kindheit und Kindheit). In der letztgenannten Hinsicht ist die depressive Position deshalb der Vorläufer des Gewissens schlechthin und insbesondere der Sorge um andere Menschen. Winnicott nannte daher die depressive Position das »Stadium der Besorgnis«. (→Ambivalenz)

Zugleich mit diesem Zusammenfügen eines gespaltenen Objekts findet auch eine Integration von Persönlichkeitsaspekten statt, die vorher als gut oder schlecht erlebt wurden. Zum Beispiel können gute Teile der Persönlichkeit abgespalten worden sein, um sie vor schlechten Teilen oder einer ihnen übel gesonnenen Umwelt zu schützen.

Depressive Position

Die depressive Position heißt so, weil hier zum ersten Mal das Kind sich auf persönlicher Ebene mit Phantasien vom Verlust der Mutter auseinandersetzen muß; das ist ein dem Trauern analoger Vorgang, der daher auch zur Depression führen kann. In der Phase der depressiven Position bekommt die Angst eine andere Qualität: Anfangs wird ein Angriff von außen befürchtet, später der Verlust von allem, was das Leben lebenswert macht und erhält. Vor dieser Phase können Verlusterfahrungen noch durch Omnipotenzillusionen wegphantasiert werden. So gesehen läßt sich eine →Depression im Erwachsenenalter auf den gescheiterten Versuch zurückführen, in der frühen Kindheit mit depressiver Angst fertigzuwerden. Die depressive Position stellt eine Hürde in der Entwicklung dar; sie zu erreichen, ist ein Meilenstein in der Entwicklung.

Die depressive Position wird der paranoid-schizoiden Position (→Paranoid-schizoide Position, während der sowohl die Persönlichkeit als auch die Objekte gespalten sind) zwar gegenübergestellt; in gewissem Ausmaß finden aber Entwicklungen in beide Richtungen statt, und im Erwachsenenleben lassen sich normalerweise beide Positionen nachweisen.

Die →Analytische Psychologie (und hier insbesondere die entwicklungspsychologische Schule; siehe Samuels 1985a) fügt der Bedeutung der depressiven Position noch eine weitere Nuance hinzu: Man kann nämlich das Erreichen dieser Position gegen Ende des ersten Lebensjahres als eine der ersten Gegensatzvereinigungen (→Gegensätze) werten, die geleistet werden müssen (→Coniunctio). Diese Sicht hat den Vorteil, daß sie den entwicklungspsychologischen Standpunkt mit einer Perspektive verknüpft, die von der Phänomenologie des →Selbst abgeleitet ist. Viele psychische Funktionen sind zielgerichtet (→Teleologischer Gesichtspunkt; →Unbewußt; das Unbewußte); daher kann man sagen, daß die Aggression des Kleinkindes im Dienst der →Individuation steht. Zur depressiven Position gehört wesentlich, daß die Unvermeidbarkeit aggressiver Gefühle akzeptiert wird; hier findet also eine Schattenintegration (→Schatten) statt. Darüber hinaus läßt sich auch das Beißen bei der oralen Aggression als früher Versuch zur Unterscheidung von Gegensätzen (Kleinkind und Mutter, Mutter und Vater) verstehen. Eine solche →Differenzierung hält Jung für eine Vorbedingung nachfolgender Gegensatzvereinigungen.

Deutung
In einer Sprache erklären, was in einer anderen ausgedrückt wurde. Jeder Übersetzer kennt die Schwierigkeiten bei der Auslegung der Feinheiten und Nuancen einer anderen Sprache, die ja Ausdruck einer anderen Kultur und ihrer Lebensweise, ihrer Werte und ihres Gefühls für Zeit und Rechtzeitigkeit ist. Noch schwieriger ist der Versuch, eine psychische Äußerung zu »übersetzen«, deren Ursprung, Sinn und Absicht dunkel sind. Aber genau das versuchen Ärzte, Psychiater, Analytiker und andere Psychotherapeuten: →Träume sind nämlich ebenso Metaphern (→Metapher) wie Visionen (→Vision) und Phantasien (→Phantasie). Sie werden in symbolischer Sprache ausgedrückt und teilen sich in Bildersprache mit (→Bild; →Symbol).
Obwohl der größte Teil seines Werkes aus Deutungen besteht, gibt es von Jung nur ganz selten direkte Kommentare zur Deutungstechnik. Hinsichtlich seiner Methode der Traumdeutung lassen sich folgende Punkte festhalten:
1. Eine Deutung sollte etwas Neues zu Bewußtsein bringen und weder Bekanntes wiederholen noch moralisieren. Sie wird nur dann der kompensatorischen psychologischen Absicht des Traumvorgangs gerecht (→Kompensation), wenn sie einen unvertrauten, unerwarteten oder ganz fremden Inhalt aufdeckt.
2. Deutungen müssen den persönlichen Lebenskontext des Träumers und seine psycho-biographische Erfahrung mit einbeziehen, die ebenso wie der Einfluß seines sozialen Milieus (der manchmal als kollektives Bewußtsein bezeichnet wird) durch den Assoziationsvorgang (→Assoziation) zugänglich werden. (→Kollektiv)
3. Entsprechend wird, wo das von Bedeutung ist, der symbolische Inhalt eines Traums durch Vergleiche mit typischen Motiven aus Kultur, Geschichte und Mythologie angereichert. Diese erweitern den persönlichen Kontext des Traums, der dadurch mit dem »kollektiven Unbewußten« verknüpft wird. Derartige Vergleiche setzen

sorgfältige →Amplifikation voraus (→Märchen; →Mythos; →Unbewußt, das Unbewußte).
4. Deuter werden ermahnt, »bleib' am Traumbild«, also so dicht wie möglich am tatsächlich geträumten Inhalt. Assoziation und Amplifikation gelten als Mittel, um das ursprüngliche Bild lebendiger, verfügbarer und bedeutungsvoll zu machen. Gleichwohl gehört das Traumbild dem Träumer und erfordert den Rückbezug auf sein eigenes psychisches Leben.
5. Der letztlich entscheidende Prüfstein für eine Deutung ist, ob sie »wirkt«, das heißt eine Veränderung der Bewußtseinseinstellung (→Bewußtsein, Bewußtheit) des Träumers ermöglicht.
In Traumseminaren (1928-30, veröffentlicht 1984) sprach Jung von zwei Deutungsstufen, die er Subjektstufe und Objektstufe nannte. Diese Begriffe sind verwirrend. Mit »Subjektstufe« meinte er nämlich »tief« oder auf der Ebene intrapsychischer Veränderungen im Menschen. Sein Gebrauch des Worts »Objektstufe« deutet auf die Oberflächenebene und meint die aktuelle, reale Lebensumwelt, die ein Mensch bewohnt und die ihn bewegt. Jung meinte, die meisten Träume könnten auf beiden Stufen gedeutet werden, wenn auch manche ganz klar die eine oder die andere ansprechen.
Der Patient muß wissen, wie er sich zu symbolischem Material in Beziehung setzen kann. Terminologie nützt ihm dabei wenig, und man kann nicht erwarten, daß er den theoretischen Pfaden des Psychotherapeuten folgt. Der Therapeut muß das Material psychologisch deuten, um psychische und archetypische Phänomene zu analysieren. Gibt er jedoch tiefgehende Deutungen zu rasch, läuft er Gefahr, die potentielle Beteiligung des Individuums am eigenen Prozeß zu übergehen. Angezogen durch die Numinosität archetypischer Figuren oder auch beeindruckt vom Können des Analytikers, ist der Patient versucht, unbewußte Inhalte zu erklären und die Notwendigkeit ihrer Integration nicht ernst zu nehmen (siehe oben, Punkt 5). Sein Zugang zur Bildersprache mag dann bloß intellektuell und ohne jegliche psychische oder persönliche Relevanz bleiben; eine dialektische Beziehung zwischen ihm und seinen inneren Prozessen wird dann nicht hergestellt. In der Förderung und Aufrechterhaltung dieser dialektischen Beziehung besteht aber die Funktion der Deutung.

Dialektischer Prozeß
→Analyse; →Analytiker und Patient

Differenzierung
Jung verwandte diesen Begriff häufig und meinte damit das Unterscheiden der Teile von einem Ganzen, das Entwirren, Auseinanderbringen und Lösen vordem im Unbewußten miteinander verknüpfter Elemente. Man kann also sagen, daß einige Teile der Persönlichkeit differenzierter sind als andere; gemeint ist damit, daß diese Teile vergleichsweise sicherer abgegrenzt und in das Bewußtsein eingebettet sind. (→Bewußtsein, Bewußtheit; →Typologie)
Differenzierung ist sowohl ein natürlicher Wachstumsprozeß als auch ein bewußtes psychologisches Unterfangen. Sie betrifft beispielsweise ebenso neurotische Zustände übermäßiger und wechselseitiger Abhängigkeit von Elternfiguren und Ehepartnern wie innere Konstellationen, in denen eine oder mehrere psychische Funktionen durch andere kontaminiert oder in denen das Ich und der Schatten »undifferenziert« sind. Im Urzustand sind die →Gegensätze miteinander verschmolzen oder vereinigt. Die bewußte Synthese hat die vorherige Unterscheidung der Gegensätze zur Voraussetzung.
Der Prozeß der →Individuation erfordert Differenzierung; ein Mensch, der von seinen Projektionen abhängt, erkennt nämlich kaum oder überhaupt nicht, was und wer er selbst ist. Da Unterscheidung und Differenzierung für den rationalen Intellekt wichtiger seien als →Ganzheit, postulierte Jung allerdings, es bedürfe im modernen Menschen einer kompensatorischen Symbolik, die auf die Bedeutung seiner Ganzheit (→Selbst) verstärkt Gewicht lege. Die Annahme, alles »frühere« sei automatisch weniger differenziert, ist verkehrt. Jung gab sich zum Beispiel viel Mühe, um aufzuzeigen, daß Stammesangehörige, die bislang nicht an die Industriegesellschaft angepaßt sind, noch über hoch differenzierte Wahrnehmungsmöglichkeiten verfügen, die dem westlichen Menschen nicht mehr zugänglich sind (→Primitiv, die »Primitiven«).

Dissoziation

Unbewußtes Fragmentieren eines Bereiches, der mit der Persönlichkeit vereint sein sollte, eine Art »Uneinssein mit sich selber« (GW 8, § 61). (→Unbewußt, das Unbewußte). Dies weist darauf hin, daß das Potential eines Menschen, →Ganzheit zu verkörpern, zusammengebrochen ist. Andererseits läßt sich mit Dissoziation ein mehr oder weniger bewußter Ansatz beschreiben, der zum Zwecke der »Analyse« fragmentiert, wo eine ganzheitliche und übergreifende Einstellung produktiver wäre. Die Abhängigkeit der westlichen Gesellschaft von Wissenschaft, Technologie und einem bestimmten »rationalen« Denkstil illustriert diese Sichtweise. Ein speziell bedeutsames Beispiel dafür ist die Psychiatrie, und zwar insbesondere dann, wenn die Dynamik der Arzt-Patient-Beziehung nicht angemessen berücksichtigt wird.

Die Dissoziation ist ein wichtiger Aspekt der →Neurose; dort kann sie als »Diskrepanz zwischen der bewußten Haltung und der unbewußten Tendenz« (GW 16, § 26) gesehen werden. Die Verdrängung ist ein Spezialfall dieser Diskrepanz; man kann zum Beispiel die Unfähigkeit, mit Impulsen seitens des Körpers oder mit dem →Schatten überhaupt zurecht zu kommen, als Dissoziation sehen (→Körper). Erkennen zu können, daß die Psyche verschiedene Teile und Subsysteme besitzt, oder die Fähigkeit zu entwickeln, mit inneren Figuren in Dialog zu treten, ist etwas anderes als eine Dissoziation durch das →Ich (→Aktive Imagination); solche Aktivitäten erfordern nämlich die Aufrechterhaltung einer starken und bewußten Position des Ich.

Jung beschrieb →Analyse oft als Heilung von Dissoziationen. Er betonte nachdrücklich, hier sei weder technisches Können noch →Abreaktion entscheidend. Von grundsätzlicherer Bedeutung sind in Wirklichkeit die Übertragungs- / Gegenübertragungsaspekte in der Beziehung zwischen →Analytiker und Patient. In der Analyse will man die Assimilation unbewußter Inhalte ans Bewußtsein erleichtern, um die Dissoziationen zu überwinden. Dabei muß, so Jung, jedoch berücksichtigt werden, daß bei manchen Psychosen das Maß der Dissoziation zu groß ist, um dieses Ziel erreichen zu können (→Pathologie; →Psychose).

Dominante
→Archetyp

E

Ehe, Hochzeit
In der Regel läßt sich aus dem Kontext ersehen, ob Jung mit Ehe eine längere *Beziehung* zwischen einem Mann und einer Frau meint oder eine *innere* Vermählung von männlichen und weiblichen Teilen der Psyche eines Menschen, ob er die →*Coniunctio* meint oder schließlich den *Hierosgamos* (Heilige Hochzeit; →Alchemie).

Jung glaubte, daß →Gegensätze einander anziehen; daher meinte er, daß sich in Ehen (in äußerem Sinne) eher Menschen verschiedenen Schlages verbinden. Insbesondere entwickelte er ein Modell (GW 17, §§ 324-45), in dem angenommen wird, daß der eine Ehepartner eine kompliziertere Psychologie besitzt als der andere. Das Geschlecht der beteiligten Partner spielt dabei keine Rolle. Die kompliziertere Persönlichkeit mag dann die einfachere enthalten, und eine Zeitlang kann das auch gutgehen. Aber der komplizierte Partner fühlt sich durch den einfacheren nicht angeregt und sucht dann anderswo nach etwas, was er / sie sich als Erfüllung vorstellt (→Projektion). Dadurch wird die enthaltene, einfachere Persönlichkeit noch abhängiger, so daß sie leicht alles Erdenkliche in die Partnerschaft investiert. Jung beobachtete, daß der enthaltende Partner insgeheim selbst enthalten sein will und danach durch Experimentieren mit anderen Menschen sucht. Dieser Partner müßte seine Abhängigkeitswünsche erkennen, und der enthaltene Partner muß lernen, daß er nicht durch den anderen Partner erlöst werden kann.

Eine Bewertung dieses Modells ist schwierig. Wenn man der Erfahrung glauben will, handelt es sich hier nicht um Anziehung von Gegensätzen und auch nicht von Gleichartigen. Vielmehr scheint die Partnerwahl für die Ehe von der Wahrnehmung eines handhabbaren Gleichgewichts zwischen Verschiedenheit und Ähnlichkeit abzuhängen. Jungs Modell vom Enthaltenden und Enthaltenen versucht ein Phänomen zu beschreiben, das heute mit dem Begriff »Kollusion« bezeichnet wird. Hilfreich ist auch die Sicht, daß Partner in einer Ehe gelegentlich unter der Ägide einer gemeinsamen Phantasie stehen. Beide Partner können in ihrem jeweiligen Hintergrund Anteile besitzen, die eine solche gemeinsame Phantasie fördern. Jung bot keine vollständige Analyse der Ehedynamik; er war aber an den beteiligten psychologischen Faktoren interessiert.

Man sollte das Modell vom Enthaltenden und Enthaltenen nicht isoliert von den Aktivitäten von →Anima und Animus betrachten. Diese archetypischen Strukturen haben Einfluß auf Beziehungen, und man kann daher diejenigen Eigenschaften des Gegenübers, welche die Partnerwahl bestimmen, in einem gewissen Ausmaß als Anima- und Animus-Projektionen begreifen (→Archetyp). Diese Personifikationen (→Personifikation) sind ziemlich stark durch die Beziehung zum gegengeschlechtlichen Elternteil in der Kindheit beeinflußt; daher zeigen sich in der Wahl des Ehepartners oft die psychischen Eigenschaften des Elternteils, an den das Kind unbewußt gebunden ist (→Inzest).

Die Vorstellung von einer *inneren* Ehe beruht auf Jungs Überzeugung, daß jedermann das ganze Spektrum aller psychischen Möglichkeiten zur Verfügung steht (→Geschlechtsrolle; →Geschlecht). Deswegen läßt sich eine Persönlichkeit durch Darstellung des Gleichgewichts zwischen männlichen und weiblichen Faktoren beschreiben. Davon ist die äußere Geschlechtsrolle nicht direkt berührt, solange mit »männlich« und »weiblich« innere Neigungen bezeichnet werden. Jung übersah dies allerdings oft, daher trifft man bei ihm mitunter auf offensichtliche Verwechslungen zwischen Geschlechtsrolle und Geschlecht.

In letzter Zeit wurde die Frage diskutiert, wie viel →Individuation innerhalb der Ehe möglich ist. »Individuationsehen« orientieren sich nicht am Kollektivstandard (→Kollektiv), sondern dienen den tiefsten Interessen der Partner, indem sie einen Beziehungsstil fördern, der für zwei Menschen spezifisch ist (Guggenbühl-Craig, 1981).

Zum Thema »Ehe« in der Analyse siehe →Analytiker und Patient.

Empirie

Jung sah seine Psychologie als empirisch an, womit er meinte, daß sie auf Beobachtungen und Versuchen beruhe, nicht auf →Theorien. Empirie hielt er für das Gegenteil von Spekulation oder Ideologie und schrieb ihr den Vorteil zu, Tatsachen möglichst genau zu beschreiben; andererseits sei sie freilich beschränkt durch die fehlende Würdigung des *Werts* von Ideen. Empirisches Denken hielt er für genauso rational wie ideologisches Denken und diskutierte beide Ansätze in bezug zur Introversion, die Empirie ausdrücke, und zur Extraversion, die bei Ideologiegebundenheit vorliege (→Typologie).

Außerdem war Jungs Ansatz relevant für das Konzept vom →Archetyp, der in Form eines Bildes (→Bild) beobachtet wurde und daher ein empirisches Konzept darstellt. Fordham (1974) und andere bestanden auf einer Verifizierung durch Beobachtung persönlichen Verhaltens. Hillman und andere Vertreter der »Archetypischen Psychologie« haben stattdessen das Funktionieren des Bildes beobachtet (1975). Beide Gruppen verfolgten einen empirischen Ansatz, der aber zu einer jeweils verschiedenen Sicht auf klinisches Material führte (siehe Samuels, 1985a).

Enantiodromie

»Entgegenlaufen«, ein psychologisches »Gesetz«, das zuerst von Heraklit beschrieben wurde und bedeutet, daß alles, was ist, früher oder später in sein Gegenteil übergeht. Jung meinte, dies sei »die Norm, welche alle Kreise des Naturlebens, die kleinsten wie die größten, umspannt« (GW 6, § 793). Er schrieb: »Dem grausamen Gesetz der Enantiodromie entrinnt nur der, der sich vom Unbewußten zu unterscheiden weiß.« (GW 7, § 112). Ohne diese Unterscheidung besteht eine übermäßige Abhängigkeit von einem selbstregulierenden Mechanismus, die in der Folge zur Vernachlässigung und Schwächung der Kontrolle durch das →Ich führt.

Die Ubiquität seiner Bezugnahmen auf die Enantiodromie (sowohl klinisch wie symbolisch wie auch theoretisch) unterstreicht, daß sie für Jung keine bloße Formel war, sondern eine Realität nicht nur bei der persönlichen psychischen Entwicklung, sondern auch des kollektiven Lebens (→Kollektiv). Ihre Überbetonung im Rahmen einer Therapie kann natürlich dazu führen, immer nur auf die lichte Seite der Dinge zu blicken oder umgekehrt stets das Schlimmste zu erwarten. Jungs Wissen um die Unausweichlichkeit enantiodromischer Veränderung half ihm bei der Antizipation psychischer Entwicklung. Er glaubte, man könne sie voraussehen und zu ihr in Beziehung treten; diese Einstellung liege im Wesen des Bewußtseins (→Bewußtsein, Bewußtheit).

Jung bezeichnete mit Enantiodromie »das Hervortreten des unbewußten Gegensatzes« (GW 6, § 798) (→Gegensätze) bezüglich der vom Bewußtsein eingenommenen oder ausgedrückten Positionen. Wenn eine extreme, einseitige Tendenz das bewußte Leben beherrscht, wird nach einiger Zeit in der →Psyche eine gleich starke Gegenposition aufgebaut. Diese behindert zunächst die bewußte Leistung und durchbricht dann die Gehemmtheiten und die bewußte Kontrolle des Ich. Das Gesetz der Enantiodromie liegt Jungs Prinzip der →Kompensation zugrunde (→Wille).

Energie

In Jungs Verwendung ist dieser Begriff austauschbar mit »Libido« (GW 6, § 850). Erwähnenswert ist, daß psychische Energie als quantitativ begrenzt und unzerstörbar begriffen wird. Hier gleichen Jungs Vorstellungen der Freudschen Libidotheorie. Allerdings bestritt er die ausschließlich sexuelle Natur, die Freud der Libido oder psychischen Energie zuschrieb. Jungs Konzept steht der Vorstellung einer neutralen Lebensenergie näher (→Inzest; →Psychoanalyse). Er führte aus, daß die psychische Energie sich während der präödipalen Entwicklungsphasen unter anderem in Ernährung, Verdauung usw. manifestiert. Die psychische Energie kann als überbrückendes Konzept zwischen der Entwicklung der Körperzonen und den Objektbeziehungen benutzt werden (→Objektbeziehungen, Objektbeziehungstheorie; →Frühe Kindheit und Kindheit).

Hier wird zwar anscheinend die Terminologie der Physik vereinnahmt, tatsächlich aber ist das Konzept von der psychischen Energie, psychologisch angewandt, eine komplizierte →Metapher: 1. Es ist wünschenswert, die Intensität jeglicher einzelnen psychischen Aktivität zu beschreiben. Dadurch können wir den Wert und die Wichtigkeit dieser Aktivität für das Individuum einschätzen. Dies kann ganz allgemein geschehen, indem der Betrag an eingesetzter psychischer Energie bezeichnet wird, auch wenn es keine objektiven Methoden zur Messung dieses Energiebetrages gibt.

2. Es ist auch wünschenswert, eine Veränderung des Schwerpunkts von Interesse und Engagement demonstrieren zu können. Das läßt sich erreichen, indem man verschiedene Kanäle annimmt, in denen psychische Energie fließen kann. Jung postuliert hier biologische, psychische, geistige und moralische Kanäle. Die Hypothese lautet nun folgendermaßen: Die psychische Energie fließt in einen anderen Kanal, wenn ihr Fluß in einem Kanal blockiert ist. Dabei erfährt die Energie selbst keine Änderung, sie nimmt nur eine andere Richtung an.

3. Die Flußrichtung ändert sich nicht rein zufällig, das heißt die Kanäle selbst haben eine vorgegebene Struktur (→Archetyp). Insbesondere wird durch Blockierung einer Flußrichtung die Energie in den entgegengesetzten Kanal umgeleitet; dies läßt sich anhand von inzestuösen, triebhaften Impulsen illustrieren, die eine geistige Dimension annehmen, wenn sie durch das Inzesttabu frustriert werden (→Enantiodromie; →Gegensätze). Jung zufolge ist dies ein Beispiel für die natürliche Tendenz der Psyche zur Aufrechterhaltung eines Gleichgewichts. Daher ändert die psychische Energie ihre Richtung und Intensität auch dann, wenn ein Ungleichgewicht auftritt und nicht nur bei einer Blockierung (→Kompensation). Eine Veränderung im Energiefluß läßt sich an ihrem Ergebnis ablesen, gerade so als ob diese Veränderung zielgerichtet wäre (→Teleologischer Gesichtspunkt). Jungs energetischer Ansatz interessiert sich für Muster und den →Sinn; besondere Aufmerksamkeit schenkte er Symbolen (→Symbol), die sowohl vor als auch nach Wandlungen von psychischer Energie auftreten.

4. Man kann einen psychischen Konflikt als Störung im Fluß der psychischen Energie beschreiben. Dadurch wird der Konflikt selbst als etwas Natürliches anerkannt. Beim Erörtern des Todes- und des Lebenstriebes (→Todestrieb; →Lebenstrieb) kann man beide als Manifestationen begreifen, die von einer einzigen energetischen Quelle ausgehen, auch wenn sie einerseits zum Ende, andererseits zum Anfang streben.

Eros
Das Prinzip psychischer Bezogenheit. Jung nahm manchmal an, es liege der Psychologie der Frau zugrunde. Er erkannte selbst, daß das eine intuitive Formulierung ist, die nicht präzise zu bestimmen oder wissenschaftlich beweisbar ist. So gesehen ist →Logos das entsprechende Prinzip in der Psychologie des Mannes. Jung weist aber häufig darauf hin, daß Eros und Logos auch in *einem* Individuum, gleich welchen Geschlechts, nebeneinander vorkommen können.

Die Vieldeutigkeit des Eros im Gegensatz zur Gerichtetheit des Logos macht das Konzept schwer greifbar. Als psychische Prinzipien sind Eros und Logos sehr unterschiedlich gedeutet worden. Die trügerische Gleichsetzung des Eros mit »Fühlen« plagt die →Analytische Psychologie schon lange (→Typologie). Quantitativ bewerten läßt er sich nicht; ebensowenig ist er eine passende Bezeichnung für das eine Ende eines Gegensatzspektrums (→Gegensätze), da er sich positiv wie negativ manifestieren kann. Guggenbühl-Craig (1980) nennt ihn die Eigenschaft, die eigentlich erst Götter (→Götter und Göttinnen) und Menschen liebend, schöpferisch und an weltlichen Dingen interessiert sein läßt. Man muß ihn als unbewußte Macht anerkennen, deren Stärke proportional zum Grad ihrer Unbewußtheit zunimmt (→Unbewußt, das Unbewußte).

Jung vermutete, das Bedürfnis einer Frau nach psychischer Bezogenheit präge und überwiege ihr Bedürfnis nach einer rein sexuellen Beziehung. Er warnte aber vor einer absoluten Sicht und bemühte sich darum, stets analytisch zu beachten, wo und wie das Prinzip Anwendung findet. Bei seinen schriftlichen Äußerungen zum Thema fällt – wie überall, wenn er sich kontroversen Themen von öffentlichem Interesse widmete – die Abwägung schwer, inwieweit der Psychologe oder Jung als Mensch spricht. Jedenfalls folgerte er, Eros sei nicht synonym mit Sex, andererseits aber auch nicht davon zu trennen. Er »nimmt teil« am Sex oder ist davon ein Teilaspekt wie alle anderen psychischen Aktivitäten von Paaren oder Gruppen auf menschlichem, ästhetischem oder geistigem Gebiet.

Freud gelangte auf die Dauer zur Ansicht, es gäbe zwei grundlegende Triebe: den →Lebenstrieb, den er als Eros bezeichnete, und den →Todestrieb. Ersterem schrieb er die Errichtung und Aufrechterhaltung fundamentaler Beziehungen zu, letzterem das Ungeschehenmachen und die Zerstörung dieser Verbindungen. Jung beschäftigte sich sehr intensiv mit der Widerlegung dieser Gegenüberstellung. »Der logische Gegensatz zu Liebe ist Haß«, schrieb er, »oder zu Eros Phobos (die Furcht); psychologisch ist es aber der Wille zur Macht« (GW 7, § 78).

Dieser Hintergrund spielt bei Jungs Deutung der Werke von Freud und Adler eine Rolle und hilft zum Verständnis seiner eigenen Verwendung des Eros als Prinzip. Er wies nämlich immer wieder darauf hin, daß unbewußter Eros sich unausweichlich als Wille zur Macht äußert. Unter der Voraussetzung, daß die Animus-besessene Frau den Eros verleugnet oder keinen Kontakt mit ihm hat, sind ihre Handlungen weniger »logisch« als vielmehr machtbesessen (→Anima und Animus; →Besessenheit). Wo Logos als »ewige Vernunft« gilt, wird Macht als Rationalität getarnt.

Über das Prinzip des Eros bei Frauen und das entsprechende Logos-Prinzip bei Männern gibt es nur wenige klinische Beobachtungen; deshalb ist dieses Konzept auch kaum erforscht oder erweitert worden. Der soziale Durchbruch von Frauen in der heutigen Zeit mit entsprechenden Änderungen in Sexualverhalten, Geschlechtsrolle und Selbstverständnis hat dazu geführt, daß Analytikerinnen die ursprünglichen Quellen der weiblichen Bildersprache neu untersucht haben, um ein Spiegelbild oder den Nachweis dessen zu finden, wie eine moderne Frau sich von ihrer Eros-Tendenz losreißt oder sie neu und schöpferisch kundtut. Es überrascht wohl nicht, daß mittlerweile immer mehr Aufmerksamkeit der Vater-Tochter-Beziehung und Jungs fünf Stufen des Ausdrucks von Eros gilt: biologisch, sexuell, ästhetisch, geistig und in Form von Weisheit (sapientia).

→Geschlechtsrolle; →Reflexion; →Syzygie

Ethik

System sittlicher Forderungen. Neumann (1980) widmete sich den ethischen Implikationen der Tiefenpsychologie. Jung schrieb das

Vorwort zu dem Buch und wiederholte dort seinen Standpunkt, daß die ethischen Grundsätze eines Menschen ein psychisches Faktum zum Ausdruck bringen, das mehr oder weniger der →Reflexion und dem Schiedsspruch seines eigenen unbewußten Urteils unterworfen ist (→Unbewußt, das Unbewußte). Die Entwicklung des Bewußtseins muß sorgsam berücksichtigt werden; dazu gehört auch eine religiöse Betrachtung in dem Sinne, die Dinge aus einer universellen ebenso wie aus einer persönlichen Perspektive zu sehen. Dies war für Jung ein ethisches Unterfangen (→Moral; →Religion).

Extraversion
→Typologie

F

Feminin
→Geschlechtsrolle

Fixierung
Das Konzept der Fixierung setzt voraus, daß es eine allgemein anerkannte Linie und einen entsprechenden Zeitplan der psychischen →Entwicklung gibt, auf die dann jedes spezielle Phänomen bezogen werden kann; daher taucht es in der Analytischen Psychologie nur selten auf (→Analytische Psychologie). Entsprechend bedeutet Jungs Aufgabe des rein reduktiven Deutungsansatzes (→Deutung), daß auch auf die Vorstellung von »Fixierungsstufen« kein besonderer Wert gelegt wird. Möglicherweise zeigen selbst die drei großen Entwicklungen in der →Psychoanalyse nach Freuds Strukturtheorie (Ich-Psychologie, Objektbeziehungspsychologie und Selbst-Psy-

chologie) eine Abkehr von der Idee der Fixierung (→Objektbeziehungen, Objektbeziehungstheorie). Aus Sicht der Psychoanalyse gilt das spezielle Interesse heute mehr der Analyse von Abwehrmechanismen (Ich-Psychologie), Beziehungen (Objektbeziehungspsychologie) und →Sinn (Selbst-Psychologie).

Frühe Kindheit und Kindheit
Jung hielt sich mit einer Zusammenfassung seiner Vorstellungen über die frühe Kindheit und Kindheit zurück. Das entsprang wohl einem Zögern, sich in theoretische Gebiete zu begeben, die Freud als seine eigenen abgesteckt hatte. Jung interessierte sich erklärtermaßen für die zweite Lebenshälfte. Er war auch um Ausgewogenheit zwischen reduktivem und synthetischem Zugang bemüht (→Reduktive und synthetische Methode). Gleichwohl läßt sich ein integrativer Ansatz ausmachen.

Jungs Überlegungen drehen sich um eine zentrale Frage: müssen wir ein Kleinkind begreifen als Erweiterung der Psychologie seiner Eltern und als deren Einfluß unterworfen, oder müssen wir es vielmehr als Wesen sehen, bei dem sich von Anfang an erkennen läßt, daß es im Besitz einer eigenen Persönlichkeit und intrapsychischen Organisation ist? Gelegentlich widerspricht Jung sich hier selbst, aber der Vorteil seines Schwankens besteht darin, daß die Spannung zwischen den als »real« erscheinenden Elternfiguren einerseits und den aus der Wechselwirkung von →Archetyp und Erfahrung entstandenen Bildern andererseits hervorgehoben wird. Während nämlich nicht bestritten wird, daß Charakter und Lebenserfahrung der Eltern für die Entwicklung des Kindes wichtig sind, sind die Eltern gleichzeitig auch »nicht sie selber, sondern nur ihre imagines [...], nämlich diejenigen Vorstellungen, welche aus dem Zusammentreffen der Elterneigenart mit der individuellen Disposition des Kindes entstanden sind« (GW 5, § 505). (→Imago)

Das bedeutet für die →Analyse: Alle Ereignisse der Kindheit, innere wie äußere, können als »wirklich« gelten, ohne allzu große Sorge darum, ob das Material auf Tatsachen beruht (→Psychische Wirklichkeit).

Jung stellte als einer der ersten die primäre Bedeutung der Mutter-Kind-Beziehung in Begriffen dar, die erst heutzutage anerkannt werden. Das muß man Freuds Dogma gegenüberstellen, demzufolge sich meistens die Atmosphäre und die Fährnisse des ödipalen Dreiecks späteren Beziehungsmustern aufzwingen. Jung schrieb 1927: »Die Beziehung Mutter-Kind ist jedenfalls die tiefste und am meisten einschneidende, die wir kennen[...] Es ist das absolute Erlebnis der Ahnenreihe, eine schlechthin organische Wahrheit[...] So liegt natürlich auch im Archetypus[...] jene außerordentliche Intensität der Beziehung, die zunächst das Kind instinktiv zur Anklammerung an seine Mutter veranlaßt« (GW 8, § 723).

Jung hob drei Aspekte der Beziehung des Kindes zu seiner Mutter hervor: Erstens, daß während der Reifung →Regression zu ihr oder ihrem →Bild stattfindet; zweitens, daß Trennung von der Mutter Kampf bedeutet (→Held); drittens, daß dem Ernähren primäre Bedeutung zukommt (→Objektbeziehungen, Objektbeziehungstheorie).

Mit Blick auf die Psychopathologie der Mutter-Kind-Beziehung beschreibt Jung, was daraus resultiert, wenn archetypischen Erwartungen nicht entsprochen wird. Entspricht die persönliche Erfahrung nicht der Erwartung, dann kann das Kind nur eine direkte Verbindung zu der archetypischen Struktur herzustellen suchen, die der Erwartung zugrunde liegt, und versuchen, lediglich auf der Basis eines archetypischen Bildes zu leben. Auch die durch Erfahrung vermittelte Bestätigung nur eines Pols von negativen oder positiven Möglichkeiten führt zu einem pathologischen Resultat (→Pathologie). Herrschen schlechte Erfahrungen in der Kindheit vor, wird der Pol »schlechte Mutter« des Erwartungsspektrums aktiviert, ohne ein Gegengewicht zu besitzen. Entsprechend kann das idealisierte Bild der Mutter-Kind-Beziehung dazu führen, daß nur das »gute« Ende des Spektrums erlebt wird und daß der einzelne mit den Enttäuschungen und Realitäten des Lebens niemals zurechtkommt (→Paranoid-schizoide Position).

Zum Vater finden sich in Jungs Werk folgende Themen:
- Der Vater als Gegensatz zur Mutter, Verkörperung anderer Werte und Eigenschaften.

- Der Vater als »lehrender Geist« (GW 12, § 159), als Repräsentant des geistigen Prinzips und persönlicher Gegenspieler der Vatergottheit (→Geschlechtsrolle; →Logos; →Geschlecht).
- Der Vater als Modell-Persona für seinen Sohn (→Persona).
- Der Vater als dasjenige, von dem sich der Sohn unterscheiden muß.
- Der Vater als erster »Geliebter« und Animus-Bild für seine Tochter (→Anima und Animus; →Inzest).
- Der Vater, wie er in der Übertragung im Rahmen der Analyse erscheint (→Analytiker und Patient).

Auch die →Urszene kann man kombiniert empirisch und symbolisch betrachten. Die Internalisierungen des Kindes von der Ehe seiner Eltern und ihrer Einstellung zueinander beeinflussen seine späteren Erfahrungen in erwachsenen Beziehungen. Symbolisch gesehen stellt aber das Bild, welches es von der Ehe seiner Eltern entwickelt, auch die Situation seiner eigenen inneren Welt dar – wobei die Eltern für gegensätzliche oder einander widerstreitende Tendenzen in ihm selbst stehen (→Gegensätze; →Symbol).

Die Anwendung der Vorstellungen Jungs über →Individuation auf die Kindheit hat die Sicht der Individuation als lebenslanger Prozeß unterstützt (Fordham, 1974, 1976). Am Ende des zweiten Lebensjahres liegen alle wesentlichen Bestandteile vor: Gegensätze, zum Beispiel gute und schlechte Mutterbilder, sind zusammengebracht worden; Symbole werden im Spiel verwendet; die Grundlagen der →Moral sind wirksam; das Kind hat sich von anderen unterschieden (→Depressive Position).

Das Konzept vom →Komplex verbindet die Ereignisse der frühen Kindheit und Kindheit mit dem Erwachsenenleben.

In der Analyse können Bilder von Babys oder Kindern die Entwicklung vorher unbewußter Potentiale bedeuten (→Initiation).

G

Ganzheit

Der Ausdruck aller Aspekte der Persönlichkeit in größtmöglicher Vollständigkeit, sowohl was die Persönlichkeit selbst betrifft als auch in Beziehung zu anderen Menschen und der Umwelt.

Ganzheit ist nach Jung gleichbedeutend mit Gesundheit. Daher ist sie Potential und Fähigkeit zugleich. Bei der Geburt besitzen wir wohl eine elementare Ganzheit, die aber um der Entwicklung willen zerbricht, um dann in differenzierterer Form neue Gestalt zu gewinnen (→Selbst). Das Erreichen bewußter Ganzheit läßt sich so als Lebensziel oder -zweck begreifen. Interaktion mit anderen und der Umgebung kann diesen Prozeß je nachdem fördern oder auch nicht. Ganzheit ist jedenfalls in all ihren Aspekten bedeutsam für das Indviduum; daher ist sie eine qualitative Errungenschaft, keine quantitative.

Ganzheit an sich kann man nicht aktiv suchen oder anstreben; man kann aber beobachten, wie oft den Lebenserfahrungen dieses Ziel als geheimer Zweck innewohnt. Die Verknüpfung mit der Kreativität unterstreicht, daß Ganzheit (und Gesundheit) relative Begriffe sind, nicht zu verwechseln mit Normalität oder Konformismus (→Anpassung; →Heilen, Heilung; →Individuation). Jung verwendete den Begriff »Ganzheit« mehr im Sinne von »Vollständigkeit« als von »Perfektion«.

Die Idee von der Ganzheit ist mit dem Konzept der →Gegensätze verknüpft. Wenn zwei miteinander in Konflikt stehende Gegensätze zusammengeraten und daraus eine Synthese entsteht, hat das Ergebnis an einer größeren Ganzheit teil (→Coniunctio; →Mandala). Jung war besorgt darüber, daß die westliche Kultur im allgemeinen und speziell das Christentum zwei für die Ganzheit unabdingbare Elemente ignoriert haben: nämlich das Weibliche, das Feminine (→Anima und Animus; →Himmelfahrt der Jungfrau Maria; →Geschlechtsrolle) und das →Böse oder die Destruktivität des Menschen (→Schatten).

Jung wußte, daß man sich eine unechte Ganzheitspolitur zulegen kann (GW 7, § 188) und daß ein allzu eifriger Fanatiker seinen

Wunsch mit seinem tatsächlichen Zustand verwechseln wird. Gier nach Ganzheit kann tatsächlich auch Flucht vor einem psychischen Konflikt sein.

Jungs Vorstellungen stehen im Einklang mit vielen Entwicklungen im Denken des zwanzigsten Jahrhunderts und zeigen eine holistische Geisteshaltung (auch wenn Jung dieses Wort nicht verwendet). →Pleroma; →Psychische Wirklichkeit; →Psychoides Unbewußtes; →Synchronizität; →Unus mundus

Gegensätze

»Die Gegensätze [sind] unausrottbare und unerläßliche Bedingungen unseres seelischen Lebens an sich«, schrieb Jung in einem seiner letzten Werke (GW 14/1, § 200). Um seine Perspektive zu verstehen, muß man sich mit dem Gegensatzprinzip vertraut machen, das zu den Grundlagen seiner wissenschaftlichen Arbeit gehört und vielen seiner Hypothesen zugrunde liegt. Jung beschrieb die Dynamik der Psyche entsprechend dem ersten Hauptsatz der Thermodynamik, der für das Entstehen von Energie das Vorliegen zweier einander entgegengesetzter Kräfte fordert. Verschiedentlich bezog er sich auch auf philosophische Quellen seiner These, von denen aber keine speziell im Vordergrund stand.

Nachdem er die Rolle des Unbewußten (→Unbewußt, das Unbewußte) als Gegenpol zum Bewußtsein (und dadurch fähig, kompensatorisch zu funktionieren) theoretisch beschrieben hatte, wendete Jung das Konzept der inneren Dualität auf ein sich stets erweiterndes Gebiet psychologischer Forschung, Beobachtung und Einsicht an (→Kompensation). Er bemühte sich weniger um Erörterung und Verifizierung als um Anwendung der Theorie. Von Anfang an haben sich die analytischen Psychologen auf das Gegensatzkonzept gestützt – ohne sich allerdings dessen stets gewahr zu sein.

Angewandt besagt Jungs Theorie, daß Gegensatzpaare ihrer Natur nach unversöhnlich sind. Im Naturzustand existieren die Gegensätze undifferenziert nebeneinander. Die Möglichkeiten und Bedürfnisse des in einen lebendigen →Körper gefaßten Menschenlebens bedingen eigene Regeln und Beschränkungen, die übermäßigen psychischen Mißverhältnissen vorbeugen; im »ausgeglichenen

Menschen« harmonieren bewußtes und unbewußtes Leben. Aber die Auflösung eines zwischen den zwei Hälften eines Paares geschlossenen »Kompromisses« läßt die gegensätzliche Aktivität umso stärker wieder aufleben und führt zu einer Störung des psychischen Gleichgewichts, wie man es beispielsweise während neurotischer Störungen beobachten kann. Das Alternieren, die Erfahrung, sich einmal in der Gewalt der einen, dann wieder der anderen Hälfte des Gegensatzpaares zu befinden, ist kennzeichnend für ein erwachendes Bewußtsein. Wenn die Spannung unerträglich wird, muß eine Lösung gefunden werden, und dann besteht die einzig lebensfähige Entlastung in der Aussöhnung der zwei gegensätzlichen Pole auf einer anderen und befriedigenderen Ebene.

Glücklicherweise tendiert die unbewußte Psyche dazu, aus der Kollision zweier gegensätzlicher Kräfte eine dritte Möglichkeit zu erschaffen, die irrational, unerwartet und dem Bewußtsein unverständlich ist. Das Dritte präsentiert sich nicht als bloßes Ja oder Nein und ist daher für keinen der gegensätzlichen Standpunkte sofort akzeptabel. Das Bewußtsein versteht nichts, das Subjekt fühlt nichts außer den Gegensätzen und weiß deshalb nicht, was sie vereinen könnte. Der Konflikt ohne rationalen Ausweg aus dem Dilemma ist die Situation, wo der Gegensatz der »Zwei« ein irrationales »Drittes« hervorbringt: das →Symbol. Das doppeldeutige und paradoxe Symbol vermag die Aufmerksamkeit auf sich zu ziehen und schließlich die beiden zu versöhnen.

»An den Grenzen der Logik hört zwar die Wissenschaft auf, nicht aber die Natur[...] [Sie] macht nicht Halt beim Gegensatz, sondern sie bedient sich desselben, um aus dem Gegensätzlichen eine neue Geburt zu formieren« (GW 16, § 524). Jung beschreibt hier die problematische Lösung der Übertragung, die →Analytiker und Patient in anscheinend unvereinbare Beziehungswünsche verwickelt. Die Lösung dieses Konflikts zwischen den Gegensätzen mag vor allem durch Vereinigung (→Coniunctio), dann aber auch durch das Auftauchen eines versöhnenden Motivs symbolisiert werden, wie zum Beispiel das des Waisen oder des verlassenen Kindes. Statt eines Gegensatzes erscheint dann eine neu geborene Konfiguration, die ein aufkommendes Ganzes symbolisiert; eine Figur mit Fähigkeiten jenseits dessen, was das Bewußtsein bis hierher begreifen konnte.

Gegensätze

Wie alle Vereinigungssymbole hat dieses Motiv eine erlösende Wirkung, das heißt es erlöst das Subjekt aus der durch den Konflikt bedingten Entzweiung. Entsprechend kann man von allen Symbolen sagen, daß sie insofern potentiell erlösend sind, als sie den sklavischen Gehorsam an entzweite Gegensätze transzendieren (→Transzendente Funktion). Symbole, welche die condition humaine vermittels der Vereinigung der Gegensätze Geist und Materie übersteigen, lassen sich jedenfalls als Teil des Gottesbildes (→Gottesbild) oder des →Selbst begreifen.

Von der Logik her sind die Gegensätze immer gespalten und dauernd miteinander im Konflikt (zum Beispiel Gut gegen →Böse und umgekehrt); jenseits der Logik aber sind sie in der unbewußten →Psyche miteinander vereint. In Jungs Sicht enthält der →Archetyp eine Dualität von Gegensätzen, die man als Spektrum darstellen kann (an dessen einem Ende, beispielsweise bei der großen Mutter, die gute oder nährende Mutter, am anderen die böse oder verschlingende Mutter steht) (→Große Mutter). Analytisch gesehen kann ein archetypischer Inhalt erst dann als integriert gelten, wenn die ganze Breite seines Spektrums bewußt gemacht ist.

Sich selbst überlassen, führt das Zusammentreffen unbewußter Gegensätze zu deren Selbstauslöschung; die Folge ist Stillstand. Aber das Prinzip der Koinzidenz der Gegensätze wird durch das Prinzip des absoluten Gegensatzes, der →Enantiodromie ausgeglichen. Paradoxerweise wendet sich das, was am einen Ende des Spektrums steht, im Moment der größten Fülle in sein eigenes Gegenteil: Dadurch ergibt sich die Möglichkeit einer neuen Synthese. Die psychische →Energie wird dann auf die Lösung des Konfliktes konzentriert, und es kommt zu einem Versöhnungsversuch. Daher muß man jede psychische Verbindung oder Synthese als bloß vorübergehend begreifen; anhaltende Vereinigung ist unmöglich. Jung glaubte, daß uns nur die Entdeckung von →Sinn in der menschlichen Existenz dazu befähigt, den wechselnden Anforderungen der Gegensätze standzuhalten (→Individuation; →Wandlung; →Ganzheit).

Jung wurde wegen der Implikationen seiner Theorie häufig kritisiert, sowohl von wissenschaftlichen Kollegen als auch von Kirchenleuten, die das Konzept einer dunklen und einer lichten Seite als Teil des christlichen Gottesbildes unzulässig fanden. Auf diesem theoretischen Grund ist wiederum ein ganzes Spektrum von Ansätzen, Gegensätzen und Verlagerungen unter den analytischen Psychologen selbst entstanden.

Gegenübertragung
→Analytiker und Patient

Gehirn
→Körper

Geist
Jung verwendete den Begriff »Geist« einerseits für den immateriellen Teil eines lebenden Menschen (Gedanken, Absichten, Ideale), andererseits für ein körperloses, vom menschlichen Körper gelöstes Wesen (Geist, Schatten, Ahnenseele). Zu beiden Themen hat er sich umfassend geäußert, und das Interesse am letzteren veranlaßte ihn zu einigen seiner frühesten Forschungsarbeiten über psychische Zusammenhänge. In beiden Fällen wird der Geist als Gegensatz der Materie gedacht (→Gegensätze). Das erklärt zum Beispiel, warum die →Phantasie nicht zu greifen ist und sich verflüchtigt; aus demselben Grund sind Erscheinungen durchsichtig.
Der Geist, der nicht-materielle Aspekt des Menschen, läßt sich weder beschreiben noch definieren. Er hat weder Grenzen noch Raum, weder Form noch Bild. Er lebt aus sich selbst, ist weder unseren menschlichen Erwartungen noch den Forderungen des Willens unterworfen. Er ist aus einer anderen Welt oder nicht-weltlich; er kommt ungebeten, und die Reaktion darauf ist in der Regel ein positiver oder negativer →Affekt.
Für Jung hat der Geist jedoch Absicht, eine Art intuitiver Kraft, die auseinanderliegende Ereignisse und Bemühungen zusammenbringt und beeinflußt (→Synchronizität). Jung fragt sich, ob es Gesetzmäßigkeiten des Geistes gibt. Sein ausgedehntes Studium und Interesse am »I Ging« war durch die geistige Weisheit angeregt, die es seiner Meinung nach enthält, und durch die Relevanz dieser Weisheit für das menschliche Leben, die, wie er versicherte, sich über

Jahrtausende hinweg in China hinreichend erwiesen habe. So schenkte er wohl dem Geist Glauben, ohne dies jedoch zu einem Glaubensbekenntnis zu machen (→Gottesbild). Jungs Konzept vom →Selbst ist allerdings nicht weit davon entfernt, einen universalen →Archetyp des Geistes zum Ausdruck zu bringen; Jung gestand auch zu, daß geistige Ziele konkrete Gestalt annehmen müssen, um erlangt werden zu können. Dadurch gibt es eine Wechselwirkung zwischen den Gegensätzen Geist und Materie.

Man kann zwar Jungs Werke als psychologische Einschätzung von Beweisen für den Geisterglauben lesen, ganz konkret widmete er sich diesem Thema aber in seiner Arbeit »Die psychologischen Grundlagen des Geisterglaubens« (GW 8, § 1948). Die Arbeit basiert auf empirischen Beobachtungen der Präsenz von und des Glaubens an körperlose Wesen – Gespenster, Ahnengeister und dergleichen. Kurz gesagt: In seiner Arbeit über die psychologischen Grundlagen des menschlichen Geisterglaubens stellte Jung die Notwendigkeit einer bewußten Beziehung des Menschen zum Geist heraus.

Jung erklärt, das Phänomen der Geister sei ein Nachweis für die Existenz einer geistigen Welt. Einer der wichtigsten Belege für einen nicht-körperlichen Bereich besteht in der Existenz von Träumen (→Träume) oder →Visionen – gleichgültig, ob sogenannte »Primitiven« oder moderne westliche Menschen darüber berichten. Jung kümmert sich nicht um die Frage, ob der Geist in und an sich existiert – er meint, dies sei eine metaphysische Fragestellung. Er interessiert sich vielmehr dafür, wie Menschen die Erscheinung des Geistes wahrnehmen und darauf reagieren; dies allein sei die psychologische Fragestellung.

Der Glaube an die Seele ist nicht notwendigerweise eine Entsprechung zum Geisterglauben. Von der →Seele wird im allgemeinen angenommen, daß sie in einem bestimmten Individuum zu Hause sei, wohingegen Geister in einem jenseitigen Ort leben, getrennt vom →Ich. Jung beobachtet, daß Geister dann erscheinen, wenn ein Mensch seine Anpassungsmöglichkeiten verloren hat, oder daß er sie durch ihr Erscheinen verliert. Geister werden meistens wegen der Verwirrung gefürchtet, die sie stiften. Jung schließt daraus, daß Geister also entweder pathologische Phantasien sind oder aber neue, jedoch noch unbekannte und herausfordernde Ideen. »Die

Geister sind also«, so Jung, »vom psychologischen Standpunkt aus betrachtet, *unbewußte autonome Komplexe, welche projiziert erscheinen*, da sie sonst keine direkte Assoziation mit dem Ich haben« (GW 8, § 585) (→Unbewußt, das Unbewußte; →Komplex; →Projektion). Außerdem können sie Manifestationen von Komplexen sein, die zum →Kollektiv gehören und die Einstellung eines ganzen Volkes verändern oder ersetzen können, wodurch die Verwirklichung einer neuen möglich wird. Die Interventionen sogenannter Geister verlangen offenbar eine Erweiterung des Bewußtseins (→Bewußtsein, Bewußtheit).

Letzteres deutet darauf hin, warum der Geist in seinen Manifestationen, psychologisch gesehen, dem Ich überlegen ist und mächtiger als es. Man stellt ihn sich vielleicht als Idee vor, als Überzeugung oder Ahnung; er ist aber meistens personifiziert in einem Menschen mit klarem Einblick, einem Propheten oder Hellseher etwa (→Mana-Persönlichkeiten; →Held). Man spricht verschiedentlich von Geistern: so zum Beispiel vom »Geist der Vergangenheit«, der also zu unseren verstorbenen Ahnen gehört; oder vom Geist, der in einem Individuum, das heißt in einem hochgeistigen Menschen, personifiziert ist. Wir sprechen auch davon, daß eine Idee den Geist einer Nation gefangengenommen hat oder daß sie den Geist eines Zeitalters repräsentiert; ein anderer Ton klingt im Wort vom »Geist des Bösen draußen in der Welt« an. Symbolisiert wird dadurch, was für die Anziehungskraft und Zurückweisung von Geistern verantwortlich ist, nämlich ihre numinose Kraft und die Wirksamkeit ihrer Interventionen.

Das Erscheinen von Geistern symbolisiert eine erhöhte Spannung zwischen der materiellen und der nicht-materiellen Welt. Sie sind Grenz- oder Schwellenphänomene, die irgendwie lebendig gemacht werden wollen.

→Transzendente Funktion

Geisteskrankheit

Jung war – im Gefolge seines Lehrers Janet in Frankreich und zusammen mit Forel in der Schweiz und Freud in Österreich – einer der Pioniere, die die Erkenntnis, daß die →Neurose letztlich eine psychogene Ursache hat, ins öffentliche Bewußtsein brachten. Bis zum Ersten Weltkrieg herrschte in der Medizin insgesamt und auch in der Psychiatrie die Auffassung, diese Erkrankung und alle sogenannten Geisteskrankheiten seien Gehirnkrankheiten.

Jung wandte sich vom Anfang seiner Karriere an gegen die vornehmlich anatomische Erforschung der Geisteskrankheiten; stattdessen widmete er sich dem *Inhalt* der →Psychose (und der Neurose). Er eignete sich einen Standpunkt an, der die Rolle der Psychogenese für die →Schizophrenie bekräftigt, und bewies durch Analyse der damit einhergehenden Wahnbildungen und Halluzinationen, daß es sich dabei um bedeutsame psychische Produkte handelt (→Symbol). Somit konnte er sich weiter mit der Psychologie dieser Erkrankung beschäftigen und einen psychotherapeutischen Ansatz zu ihrer Behandlung vertreten. Es ist aber wichtig zu wissen, daß dieser Ansatz wohl dem Patienten Erleichterung verschafft, Jung ihn aber nicht als für eine →Kur ausreichend hielt (→Psychotherapie). Während seines ganzen Lebens beschäftigte sich Jung mit der Interaktion zwischen einer Erkrankung und ihren psychischen Manifestationen (siehe GW 3, §§ 553-84).

Gerichtetes und Phantasiedenken

Jung führte diese Begriffe ein, um verschiedene Formen psychischer Aktivität und die unterschiedlichen Wege, wie die →Psyche sich ausdrückt, voneinander abzugrenzen (GW 5, §§ 4-46).

Das *gerichtete Denken* betrifft den bewußten Gebrauch von Sprache und Konzepten. Es ist auf Realitätsbezug gegründet oder aufgebaut. Im wesentlichen ist das gerichtete Denken kommunikativ, ein Denken nach außen, zu anderen und für andere. Es ist die Sprache des Intellektes, der wissenschaftlichen Darstellung (wenn auch – vielleicht – nicht die Sprache der wissenschaftlichen Entdeckung), und des gesunden Menschenverstandes.

Das *Phantasiedenken* andererseits benutzt einzelne oder thematisch zusammengehörige Bilder, Emotionen und Intuitionen (→Bild). Die Regeln von Logik und Physik gelten hier genausowenig wie moralische Vorschriften (→Moral; →Psychische Wirklichkeit; →Synchronizität; →Über-Ich). Dieses Denken kann man metaphorisch, symbolisch oder imaginativ nennen (→Metapher; →Symbol). Jung legte dar, daß das Phantasiedenken wohl bewußt sein kann, in der Regel aber vor- oder unbewußt arbeitet (→Unbewußt, das Unbewußte).

Phantasiedenken und gerichtetes Denken kann man mit Freuds Primär- beziehungsweise Sekundärprozeß vergleichen. Die Tätigkeit des Primärprozesses ist unbewußt; einzelne Bilder können große Konfliktbereiche zusammenfassen oder sich auf andere Elemente beziehen; die Kategorien von Raum und Zeit haben keine Gültigkeit. Der Primärprozeß ist in der Hauptsache Ausdruck der Triebaktivität (und somit amoralisch, wenn nicht gar unmoralisch); er ist durch Wünsche charakterisiert und wird vom Lustprinzip regiert. Der Sekundärprozeß wird vom Realitätsprinzip regiert, er ist in sich logisch und verbal. Er bildet die Grundlage des Denkens und ist die Ausdrucksform des →Ich. Das Ich kann nur bei gleichzeitiger Verdrängung der Tätigkeit des Primärprozesses funktionieren; daher schließen sich Primär- und Sekundärprozeß gegenseitig aus. Manche schöpferischen Tätigkeiten können zwar mit einer Mischung beider Ebenen einhergehen, gleichwohl sind beide fundamental gegensätzlich.

Jung sah keinen Grund, warum das Phantasiedenken unbedingt das Ich bedrohen sollte; er meinte, dieser Kontakt sei gewinnbringend für das Ich. Eine außer Kontrolle geratene Phantasie gehört jedoch freilich zu Zuständen von →Inflation oder →Besessenheit. Das gerichtete und das Phantasiedenken werden als zwei Gesichtspunkte beschrieben, die getrennt und gleichwertig nebeneinander bestehen – wenn auch die letztgenannte den archetypischen Schichten der Psyche näher ist (→Archetyp).

In dieser Gleichstellung nähern sich Jungs Ideen stark unserer heutigen Kenntnis von den Funktionen der zwei Hirnhemisphären an, deren Interaktion essentiell für die Arbeitsweise der menschlichen Psyche ist. In der linken Hemisphäre ist die Gehirnaktivität lokalisiert, die mit sprachlichen Fähigkeiten, Logik und zielgerichteter Handlung zu tun hat und den Gesetzen von Zeit und Raum gehorcht; diese Aktivität läßt sich als analytisch, rational und als detailliert vorgehend kennzeichnen. In der rechten Hirnhemisphäre sind Emotionen lokalisiert, Gefühle und Phantasien, ein allgemei-

nes Spüren des eigenen Ortes in bezug auf alles andere sowie die ganzheitliche Fähigkeit, eine komplexe Situation als Verbund zu begreifen (im Gegensatz zum eher auf Teile gerichteten Ansatz der linken Hemisphäre). Auf dieser Ebene ist die →Transzendente Funktion als Kommunikationsorgan zwischen den beiden Hemisphären – physiologischerseits das »corpus callosum« – beschrieben worden (Rossi, 1977). →Körper
→Träume kann man als typische Äußerungen von Phantasiedenken oder rechtshemisphärischem Funktionieren sehen – auch wenn in Träumen gelegentlich Elemente eines logischen Standpunkts auftauchen. Die Traumdeutung (→Deutung) wird manchmal als Einbringen von gerichtetem Denken beschrieben. Eine genauere Zusammenfassung wäre hier aber, daß Deutung tatsächlich eine Kombination aus gerichtetem und Phantasiedenken ist, da ja daran auch die Vorstellungskraft beteiligt ist (→Reduktive und synthetische Methode).

Jung sah in der Mythologie den Ausdruck des Phantasiedenkens schlechthin und bemerkte, daß wir uns heute Wissenschaft und Technologie mit derselben Anstrengung und Aufmerksamkeit widmen, die die Griechen seinerzeit auf die Entwicklung ihrer Mythen verwandten. Im →Mythos drückt sich eine metaphorische Sicht der persönlichen und physikalischen Welt aus; daher läßt er sich nicht mit dem gerichteten Denken begreifen. Nur wenige Jungsche Analytiker würden Jungs heute überholter Einschätzung zustimmen, derzufolge das Denken von »Primitiven« (→Primitiv, die »Primitiven«) vor allem von der Phantasie bestimmt sei. Dennoch ist seine Beobachtung nach wie vor gültig, daß sich Phantasiedenken eindeutig beobachten läßt bei Aktivitäten von Kindern (obgleich auch dabei Logik eine Rolle spielt).

Jungs soeben beschriebener Gebrauch des Begriffes »Denken«, wirft Probleme auf. Zum Beispiel verwendet er ihn im Rahmen seiner →Typologie anders, und man kann sich auch fragen, ob er in seinen Beschreibungen von gerichtetem und Phantasiedenken nicht lediglich einen Unterschied zwischen dem Bewußtsein und dem Unbewußten spezifiziert. Anders betrachtet weist die Idee vom Phantasiedenken darauf hin, daß das Unbewußte (→Unbewußt, das Unbewußte) seine eigene Struktur, Sprache und Logik (Psyche-

Logik) besitzt; dadurch wird jeglicher Versuch gedämpft, dem Rationalismus allzu große Bedeutung beizumessen (→Psyche; →Psychische Wirklichkeit). In gleicher Weise dient Jungs Ansicht, das gerichtete und das Phantasiedenken seien gleichwertige Zwillinge, als Warnung an alle, die rationale Gedanken überhaupt verwerfen wollen, indem sie »Intellektuellen« vorwerfen, schizoid oder »kopflastig« zu sein.

Es besteht kaum ein Zweifel daran, daß für die Entscheidung, welche Art von Denken einem Menschen mehr liegt, persönliche Vorlieben eine Rolle spielen, die auf dem psychologischen Typus beruhen (→Typologie). Familiäre und soziale Anforderungen während früher Kindheit und Kindheit können hier Verzerrungen verursachen. Klinisch zeigt sich dies in der Regel dort, wo von häuslicher Verhinderung des Phantasiedenkens berichtet wird; daher ist wahrscheinlich auch ein kultureller Faktor mit am Werke. Tatsächlich hat die westliche Gesellschaft dazu geneigt, das gerichtete Denken mehr zu verwenden und höher zu bewerten als das Phantasiedenken.

Geschlecht

Die angeborenen biologischen Eigenschaften von Männern und Frauen, auf die sich also die Unterschiede zwischen männlich und weiblich gründen. Jung neigte dazu, das biologische Geschlecht und die →Geschlechtsrolle nicht präzise auseinanderzuhalten. Er war mit Freuds Vorstellung einer elementaren, angeborenen Bisexualität des Menschen nicht einverstanden, gestand aber zu, daß wirkliche Heterosexualität ein Entwicklungsresultat ist und nicht bereits beim Kind in ihrer beim Erwachsenen anzutreffenden Form vorliegt (→Frühe Kindheit und Kindheit; →Homosexualität).

Jung legte den Nachdruck auf die von ihm für angeboren gehaltenen Unterschiede in den Geschlechtsrollen, nicht auf die Sexualität an sich. Darin unterschied er sich von Freud, und nach dem Bruch mit Freud konzentrierte er sich zweifellos verstärkt darauf. Er beklagte die Reduzierung der individuellen Entwicklungsmöglichkeiten auf allgemeine Prinzipien wie die Sexualität und setzte dem das Konzept der →Ganzheit entgegen; diese stehe im Einklang mit der →Individuation, die er als Ziel und Zweck des psychischen Lebens ansah (→Archetyp; →Körper; →Psychoanalyse; →Teleologischer Gesichtspunkt).

Geschlechtsrolle

Eine menschliche und daher kulturell beeinflußte Klassifizierung der Geschlechter als maskulin und feminin. Jung redete und schrieb oft so, als ob er sich des Unterschieds zwischen einer Geschlechtsrolle und dem →Geschlecht nicht bewußt sei; letzteres ist biologisch determiniert.

Sowohl Carl Gustav als auch Emma Jung (1967) waren sich der kulturbedingten Änderungen bewußt, die die Männer wie die Frauen ihrer Zeit betrafen (man beachte dazu C.G. Jungs beifällige Begrüßung des Dogmas von der Himmelfahrt der Jungfrau Maria und Emma Jungs intuitive Wahrnehmung der mit der modernen Empfängnisverhütung einhergehenden Veränderungen im Selbstbild der Frau) (→Himmelfahrt der Jungfrau Maria). Beide interessierten sich aber mehr für die Auswirkungen dieser Veränderungen auf Individuen und die sich daraus ergebenden Zusammenhänge mit der Psychologie der Männlichkeit und der Weiblichkeit. In gewisser Weise antizipierten sie die heutigen Veränderungen in den Geschlechtsidentitäten, und vielleicht bahnten sie dafür sogar etwas den Weg. Im wesentlichen standen ihre diesbezüglichen Einstellungen im Einklang mit den kulturellen Sitten ihrer Zeit; aber keiner von beiden äußerte eine bewußte Bevorzugung einer der beiden Geschlechtsrollen / Geschlechter als angeblich der anderen überlegen.

Ihre gemeinsame Arbeit über die →Syzygie wollte sich an der Geschlechtsrolle orientieren; dies wird jedoch heute bezweifelt (Samuels, 1985a). Die derzeitige Forschungsarbeit in der Analytischen Psychologie (→Analytische Psychologie) bewegt sich entlang verschiedener Fragestellungen: Wie weit sind Unterschiede in den Geschlechtsrollen an das Geschlecht gebunden; welche psychischen Auswirkungen haben Änderungen in Stellung und Status der Geschlechtsrollen; zeitigt eine Untersuchung der traditionellen Bildersprache irgendwelche Ergebnisse über kulturelle Formen, die insbesondere die weibliche Psyche stärker widerspiegeln; gibt es möglicherweise Verkopplungen zwischen der Definition der Geschlechtsrollen und Kreativität?

Gesellschaft
Jung hielt das →Kollektiv für das Reservoir des psychischen Potentials der Menschheit. Im Gegensatz dazu weist sein Gebrauch des Worts »Gesellschaft« darauf hin, daß hier ein zivilisierender Einfluß vorhanden ist; dieser ist das Ergebnis einer Interaktion zwischen individuellen Personen und der Menschheit als Ganzes, eine durch das Bewußtsein (→Bewußtsein, Bewußtheit) ermöglichte Entwicklung. Jung stellt fest, daß die kollektive →Psyche zur persönlichen Psyche im selben Verhältnis steht wie die Gesellschaft zum Individuum.
→Anpassung; →Kultur

Gottesbild
Psychologisch gesprochen postulierte Jung die Wirklichkeit eines Gottesbildes als vereinigendes und transzendentes →Symbol, das heterogene psychische Fragmente zusammenziehen oder polarisierte →Gegensätze vereinigen kann. Wie jedes →Bild ist das Gottesbild ein Produkt der Psyche, das verschieden ist vom Objekt, welches es darzustellen versucht und auf das es weist. Das Gottesbild weist auf eine Wirklichkeit, die das Bewußtsein (→Bewußtsein, Bewußtheit) übersteigt und von außerordentlicher Numinosität ist (→Numinosum); es erzwingt Aufmerksamkeit, zieht →Energie an und entspricht einer Vorstellung, die sich zu jeder Zeit und überall der Menschheit aufgedrängt hat. Also ist es ein Bild für Ganzheit, und zudem: »Als höchster Wert und als supreme Dominante der seelischen Hierarchie ist das Gottesbild in unmittelbarer Verbindung beziehungsweise identisch mit dem Selbst« (GW 9/2, § 170) (→Selbst). Als Bild der Ganzheit hat das Gottesbild jedoch zwei Seiten, eine gute und eine böse (→Böse).
Zur Klärung und Unterscheidung zwischen Gott und Gottesbild schrieb Jung:

Es liegt natürlich an der ewigen Vermischung von Objekt und Imago, daß man sich keinen Unterschied denken kann zwischen »Gott« und »Gottesimago« und daher meint, man spreche von Gott, erkläre »theologisch«, wenn man von »Gottesbild« spricht. Es steht der Psychologie als Wissenschaft nicht zu, eine Hypostasierung der Gottesimago zu fordern. Sie hat aber, den Tatsachen entsprechend, mit dem Vorhandensein eines Gottesbildes zu rechnen[...] So ist es[...] klar, daß[...] das Gottesbild einem bestimmten psychologischen Tatsachenkomplex entspricht und so eine bestimmte Größe darstellt, mit der sich operieren läßt; es bleibt aber eine Frage jenseits aller Psychologie, was Gott an sich sei. (GW 8, § 528) (→Komplex)

Psychotherapeutisch gesehen, fungiert das Gottesbild sozusagen als innere Kirche; nämlich als psychisches Gefäß, Bezugsrahmen, Wertsystem und moralischer Schiedsrichter. Jung anerkannte nicht nur alles das als Gottesbild, was ein Individuum als Gott zu erfahren behauptete, weil eben das – bewußt oder unbewußt ausgedrückt – den höchsten Wert für einen Menschen repräsentiere, sondern außerdem auch typische religiöse Motive, die wiederholt in der Ideengeschichte, in Dogma, →Mythos, im →Ritual und in der Kunst auftreten.
→Religion

Götter und Göttinnen
→Mythos

Große Mutter
Jungs Archetypentheorie führte ihn zu der Hypothese, daß der Einfluß, den eine Mutter auf ihre Kinder übt, nicht unbedingt von der Mutter selbst als Person und ihren wirklichen Charakterzügen stammt. Hinzu kommen Eigenschaften, welche die Mutter zu besitzen scheint, die tatsächlich aber der »Mutter« umgebenden archetypischen Struktur entspringen und vom Kind auf sie projiziert werden (→Archetyp; →Projektion).
Die Große Mutter bezeichnet das der kollektiven (→Kollektiv) kulturellen Erfahrung entnommene allgemeine →Bild. Als Bild läßt sie archetypische Fülle erkennen, aber auch positive und negative Po-

larität. Ein Kleinkind neigt dazu, seine Erfahrungen mit früher Verletzung und Abhängigkeit von der Mutter um positive und negative Pole herum zu organisieren. Der positive Pol versammelt Eigenschaften wie die folgenden in sich: »das ›Mütterliche‹: schlechthin die magische Autorität des Weiblichen; die Weisheit und die geistige Höhe jenseits des Verstandes; das Gütige, Hegende, Tragende, Wachstum-, Fruchtbarkeit- und Nahrungspendende; die Stätte der magischen Verwandlung, der Wiedergeburt; der hilfreiche Instinkt oder Impuls«. Kurz: die gute Mutter. Der negative Pol weist auf die böse Mutter: »das Geheime, Verborgene, das Finstere, der Abgrund, die Totenwelt, das Verschlingende, Verführende und Vergiftende, das Angsterregende und Unentrinnbare« (GW 9/1, § 158).

Aus Sicht der Entwicklungspsychologie folgt daraus eine Spaltung der Mutter-Imago (→Imago; →Objektbeziehungen, Objektbeziehungstheorie). Jung macht darauf aufmerksam, daß solche Gegensätze in der kulturellen Bildersprache aller Menschen weitverbreitet sind; die ganze Menschheit findet eine Spaltung der Mutter also nicht merkwürdig oder unerträglich. Ein Kleinkind muß aber schließlich mit seiner Mutter als Person zurechtkommen und gegensätzliche Wahrnehmungen von ihr zusammenbringen, um sich voll und ganz auf sie zu beziehen (→Coniunctio; →Depressive Position; →Frühe Kindheit und Kindheit).

Zu den Dualitäten persönlich / archetypisch und gut / böse müssen wir noch eine weitere hinzufügen, nämlich erdhaft / geistig: hier erscheint die Große Mutter in ihrer chthonischen, erdverbundenen Gestalt und in ihrer göttlichen, ätherischen, jungfräulichen Form. Auch das findet seinen Niederschlag in den Mutterbildern, die ein Kleinkind normalerweise entwickelt.

Es ist wichtig, einen Begriff wie die Große Mutter im Rahmen der Entwicklungspsychologie metaphorisch und nicht wörtlich zu verstehen. Ganz sicher weiß ein Kleinkind, daß seine Mutter keine Fruchtbarkeitsgöttin oder destruktive »Königin der Nacht« ist; es kann sich jedoch zu ihr verhalten, *als ob* sie eine solche Figur wäre.

Jung glaubte, daß das Bild der Großen Mutter für Männer anders ist als für Frauen. Da alles Weibliche einem Mann fremd ist, wird es sich eher ins Unbewußte (→Unbewußt, das Unbewußte) begeben und so einen aufgrund seiner Verborgenheit umso größeren Einfluß ausüben. Eine Frau hingegen hat an demselben bewußten Leben teil wie ihre Mutter; daher ist für sie das Mutterbild nicht so furchtbar und auch nicht so anziehend wie für einen Mann (→Androgyn; →Anima und Animus; →Himmelfahrt der Jungfrau Maria; →Geschlechtsrolle; →Geschlecht). Hier idealisiert Jung wohl die Mutter-Tochter-Beziehung, übersieht deren Konkurrenzaspekte und betrachtet sie aus der Sicht seiner Zeit. Entsprechend postuliert Jung einen qualitativen Unterschied zwischen Mutter- und Vaterarchetyp, und man darf wohl annehmen, daß auch hierin sich sein kultureller Hintergrund spiegelt.

Die grundlegende Natur der Mutter-Kind-Beziehung hat zur Folge, daß die Große Mutter als kulturelles und historisches Phänomen viele anregende Gesichtspunkte für Forschungsarbeiten bietet (vgl. etwa Neumann, 1956). Zu manchen dieser Aspekte werden erst jetzt Untersuchungen durch Frauen angestellt.

Gruppe

Jungs Einstellung zur Gruppenpsychologie (und Gruppenpsychotherapie) zeigt eine gewisse →Ambivalenz. Die Gruppe »kann dem Einzelnen Mut, Haltung und Würde geben, die ihm in der Isolierung leicht verlorengehen könnten«; dabei besteht jedoch die Gefahr, daß die Vorteile des Lebens in der Gruppe so verführerisch die Entwicklung behindern, daß die Individualität verloren geht (GW 8, § 228).

In der Analytischen Psychologie herrscht Verwirrung hinsichtlich der Beziehung eines Menschen zum →Kollektiv, zur →Gesellschaft, seiner eigenen →Kultur, zur Masse oder zu einer Gruppe. Das hat seine Ursache vielleicht in Jungs Neigung, einen Menschen vor allem in seiner Beziehung zur inneren Welt zu sehen; im Gegensatz dazu steht das Interesse an seinen persönlichen Beziehungen und sozialen Interessen.

Jungs theoretischer Hauptbeitrag zur Psychologie der Gruppe liegt in seiner Behauptung, daß Massenphänomene wie der Faschismus durch den Einfluß mangelhaft integrierter archetypischer Tendenzen entstehen. Für Beobachtungen zu Jungs politischer Einstellung siehe Jaffé (1968) und Odajnyk (1975).

H

Hauptfunktion
→Typologie

Heilen, Heilung
Jung benutzt diesen Begriff oft, um die Absicht der →Analyse zu erläutern und meint damit etwas anderes als eine objektive →»Kur« (siehe Gordon, 1978). Das heißt das Ziel oder Endprodukt wird vom betreffenden Individuum her bestimmt und von der Form, die seine potentielle →Ganzheit annehmen mag (→Individuation). Entsprechend führten Jungs Wunsch, die Analyse von der Medizin insgesamt abzugrenzen, und seine Betonung der Persönlichkeit des Analytikers (im Unterschied zu der seiner Meinung nach besonderen Ergebenheit Freuds an die Technik) dazu, daß er das Heilen als Kunst bezeichnete, manchmal als »praktische Kunst«. Auch Heilung und Mitgefühl verknüpfte er miteinander, und diese Sicht findet ihren Widerhall in modernen Bemühungen, wo Wärme, Bezogenheit, Echtheit und Empathie des Therapeuten als die wirksamen Elemente der therapeutischen Beziehung gelten. Symptome können von einem psychopathologischen Standpunkt aus betrachtet werden; man kann sie aber auch als natürliche Heilungsversuche sehen (→Pathologie; →Selbstregulatorische Funktion der Psyche).
Manchmal wird das Bild des »verwundeten Heilers« eingeführt, um verschiedene Aspekte der Analyse zu beleuchten. Meier (1949) zog Parallelen zwischen den antiken Heilverfahren in den Tempeln des Asklepios und der analytischen Behandlung. Die Heilverfahren fanden in einem geschlossenen Setting statt, dem →Temenos oder Tempelbezirk, und förderten den Schlaf in der Hoffnung, daß der »Patient« heilsame Träume habe. Vom Lehrer der Heilkunst, Chiron dem Kentauren, wird gesagt, daß er an einer unheilbaren Wunde litt. Der Analytiker läßt sich als der verwundete Heiler sehen; das analytische Setting, das Regression und das Aufgeben übermäßiger Bewußtseinsorientiertheit erlaubt, fungiert als Temenos (→Analyse; →Analytiker und Patient; →Regression).

Guggenbühl-Craig (1983) entwickelte diese Sicht weiter. Das Motiv des verwundeten Heilers ist ein symbolisches →Bild von etwas Archetypischem. Daher kann es zwei anscheinend widersprüchliche Elemente enthalten. In unserer Kultur neigen wir jedoch zu einer Spaltung des Bildes, so daß die Figur des Analytikers in jeder helfenden Beziehung allmächtig wird: stark, gesund und tüchtig. So bleibt der Patient nur Patient: passiv, abhängig und hospitalisiert. Wenn jedoch jeder Analytiker innerlich verwundet ist, dann versperrt er sich gegen einen Teil seiner inneren Welt, falls er sich als »gesund« präsentiert. Ebenso wird der Patient von seiner inneren Gesundheit oder seiner Fähigkeit zur Selbstheilung abgeschnitten, wenn er nur als »krank« angesehen wird. Idealerweise wird der Patient seine Selbstheilungskräfte, die er anfangs vielleicht auf den Analytiker projiziert, später zurücknehmen. Der Analytiker projiziert seine eigene Erfahrung des Verwundetseins auf den Patienten, um ihn in emotionalem Sinne kennenzulernen (siehe Kohuts Definition der Empathie als »stellvertretende Introspektion«).

Die Einführung der Lehranalyse trägt der Tatsache Rechnung, daß die Analyse als Beruf »verwundete Heiler« anzieht. Die Anzeichen mehren sich, daß dies für alle therapeutischen Berufe gilt und eventuell sogar für diese Arbeit qualifizieren kann (Ford, 1983). Jung betonte, daß ein Analytiker einen Menschen nur so weit bringen kann, wie er selbst gegangen ist.

Jung machte einige weitere kulturelle Beobachtungen über das Heilen:
— Initiation weist auf Heilung;
— die Religionen fungieren als »die großen psychischen Heilssysteme« (GW 13, § 478) (→Religion);
— zur Heilung bedarf es eines Opfers (→Opfer), sei dieses konkret oder symbolisch, körperlich oder finanziell – nichts läßt sich gewinnen, bevor nicht etwas aufgegeben wird;
— es besteht überall Bedürfnis nach und Interesse an Heilung.

Held
Mythologisches Motiv, das dem unbewußten →Selbst des Menschen entspricht; nach Jung eine »menschen*ähnliche* Wesenheit,

die jene Ideen, Formen und Kräfte ausdrückt, welche die Seele ergreifen und gestalten« (GW 5, § 259) (→Seele; →Mythos). Im Bild des Helden sind die mächtigsten Ambitionen der Menschen verkörpert; es zeigt, wie diese in idealer Weise verwirklicht werden.

Der Held ist ein Übergangswesen, eine Mana-Persönlichkeit (→Mana-Persönlichkeiten). In menschlicher Form kommt ihm der Priester am nächsten. Intrapsychisch steht er für den Willen (→Wille) und die Fähigkeit, zur Erlangung von →Ganzheit oder →Sinn nach wiederholten Wandlungen zu suchen und sich ihnen auszusetzen. Manchmal scheint er daher das →Ich zu sein, dann wieder das Selbst. Er ist die personifizierte →Ich- Selbst-Achse.

Die Ganzheit eines Helden umfaßt nicht nur die Fähigkeit, der erheblichen Spannung der →Gegensätze standzuhalten, sondern diese auch im Bewußtsein zu halten. Nach Jung wird dies erreicht, indem man →Regression riskiert und sich absichtlich der Gefahr aussetzt, »vom mütterlichen Ungeheuer verschlungen« zu werden, und dies nicht nur einmal, sondern oft; das ist ein lebenslanger Prozeß, der in der frühen Kindheit beginnt. Das mütterliche Ungeheuer setzte Jung in eins mit der kollektiven Psyche (→Kollektiv).

Wenn Jung über das Helden-Motiv sprach, war er sehr darauf bedacht, auf Gefahren hinzuweisen. Eine Figur dieser Größenordnung läßt sich nicht vollständig inkorporieren; sie verlangt vielmehr sorgfältigste analytische Abgrenzung und →Differenzierung (→Analyse). Der Wert des Bildes liegt in seiner intrapsychischen Funktion. Die Absurdität einer →Identifikation mit dem →Bild des Helden liegt zwar auf der Hand, aber im Moment der Konfrontation mit dem →Archetyp fehlen oft Humor und Sinn für die Proportionen. Wo das Ziel Vorrang vor der Reise hat, wird dem Bild des Helden ernstlich nachgeeifert; das führt zur Überintellektualisierung und einem künstlich bewußten Streben nach Zielen, die nur allmählich und über den Dialog mit dem eigenen Unbewußten zu realisieren sind (→Unbewußt, das Unbewußte; →Analytiker und Patient; →Träume; →Individuation).

Wie Jung ganz richtig vorhersah, findet ein Archetyp mit so weitverbreiteter kollektiver Anziehungskraft unweigerlich kollektiven Ausdruck und zieht Projektionen an (→Projektion). Die Analytische Psychologie mußte sich diesem Problem stellen, da sie eine Profession von jugendlichem Alter ist und schwungvolle frühe Interpreten hatte. Wegen seiner numinosen Anziehung und seiner Infektiosität wurde das Motiv in den letzten Jahren eher heruntergespielt.

Hermaphrodit
Ursprüngliche Einheit, in welcher männlich und weiblich unbewußt miteinander verschmolzen sind. Neben vielen anderen Bildern symbolisiert besonders eindrucksvoll der →Uroboros einen solchen undifferenzierten Zustand.

Der Begriff wird zwar auf einen bisexuellen Zustand angewendet und in der Alchemie häufig als »das, wofür das Opus unternommen wird«, bezeichnet; die letzte Wandlung jedoch, obschon hermaphroditisch, läßt sich passender als androgyn charakterisieren (→Androgyn). Da in der von den Alchemisten als »prima materia« bezeichneten Anfangssubstanz maskulin-geistige und feminin-körperliche Aspekte miteinander vermengt sind, enthält auch das Endprodukt des Prozesses, der Lapis, diese beiden Aspekte nebeneinander und gleichberechtigt, allerdings in differenzierter Form (→Alchemie).

Jung fand die Figur des Hermaphroditen gräßlich und meinte, sie werde in keiner Weise dem Ideal und Ziel der alchemistischen Kunst gerecht. Die Darstellung eines so erhabenen geistigen Ziels durch dieses rohe →Symbol war seiner Meinung nach nur möglich, weil der Alchemist – von jeglichem psychologischen oder religiösen Bezugsrahmen getrennt – außerstande war, sich aus den Fängen unbewußter und instinktiver Sexualität zu befreien. Betrachten wir jedoch die Alchemie als Projektion der modernen Vorgänge im Unbewußten, so liefern die außergewöhnliche Faszination und die dauernde Betonung der Symbolik des Hermaphroditen eine Parallele zu den während der Initialphasen der →Analyse auftretenden Schwierigkeiten bei der Arbeit mit diesem besonderen Gegensatzpaar: männlich und weiblich (→Unbewußt, das Unbewußte; →Gegensätze).

Himmelfahrt der Jungfrau Maria, Verkündigung des Dogmas
1950 proklamierte Papst Pius XII als Dogma, die Heilige Jungfrau Maria sei nach Vollendung ihres Erdenlebens mit Leib und Seele zum Himmel aufgefahren.

Jung begrüßte diese Proklamation. Er sah darin die Erhöhung der christlichen Version des Mutterarchetyps (→Archetyp) in den Rang einer dogmatischen Wahrheit (GW 9/I, § 195). Das sei in der populären Vorstellungswelt vorbereitet und durch einzelne Visionen (→Vision) und sogenannte Offenbarungen verstärkt worden, die seit dem Mittelalter und insbesondere im Jahrhundert vor der Proklamation stattgefunden hatten. Diese Phänomene repräsentierten für ihn den Drang des Archetyps zur Selbstverwirklichung, der hier in der bewußten und unanfechtbaren Veröffentlichung der päpstlichen Bulle kulminierte.

Diese Proklamation geschah zu einer Zeit, als das geistige und psychische Erbe der Menschheit durch völlige Vernichtung bedroht war; daher meinte Jung, man könne darin eine Anerkennung und Würdigung der →Materie sehen. Symbolisch wurde dadurch ein viertes, feminines Prinzip der seiner Meinung nach im wesentlichen männlichen Trinität hinzugefügt. Da sie nicht von Anfang an göttlich ist, steht die Jungfrau Maria für den →Körper; ihre Gegenwart heilt daher die Spaltung zwischen den Gegensätzen Materie und →Geist (→Gegensätze). Sie gilt als Vermittlerin, die im göttlichen →Bild die Rolle ausfüllt, welche in der menschlichen Psyche die →Anima übernimmt. Ihre Gegenwart, sagte Jung, vereinigt heterogene und unvereinbare Faktoren in einem einzigen Bild von →Ganzheit.

Homosexualität
Jung bezweifelte zwar die Bewertung der Homosexualität als sexuelle Perversion, hielt sie aber wohl doch für eine unreife oder unvollständige Form erotischen Ausdrucks. Er beschrieb eine unbewußte Fixierung der →Libido auf der hermaphroditischen Stufe des Kind-Archetyps (bei Männern und Frauen) (→Unbewußt, das Unbewußte; →Archetyp). Für Männer postulierte er außerdem die unvollständige Lösung der Anima vom Archetyp der Großen Mutter, für Frauen

die entsprechende Bindung einer unreifen weiblichen Persönlichkeit an die Große Mutter nach dem Modell von Demeter und Persephone (→Anima und Animus; →Große Mutter; →Feminin).

Vom entwicklungspsychologischen Standpunkt aus sah Jung die Homosexualität als Ausdruck einer ganz bestimmten Beziehung zum gegengeschlechtlichen Elternteil. Er führte hier als besondere Faktoren auf: übermäßiges Engagement, eine außergewöhnlich starke Bindung oder auch einen überentwickelten Mutter- oder Vaterkomplex (→Komplex). Da das Inzesttabu die Realisierung heterosexueller Impulse verhindert, sei die Homosexualität die einzige Möglichkeit zur Abfuhr der sexuellen Energie, wobei die ganze emotionale Lebendigkeit in der Beziehung des Kindes zum gleichgeschlechtlichen Elternteil verbleibt.

Jung erkannte der Homosexualität während Adoleszenz und Studentenzeit eine erzieherische und initiatorische Funktion zu, äußerte sich aber kaum oder gar nicht zugunsten körperlicher Beziehungen zwischen erwachsenen Menschen desselben Geschlechts. Jung schreibt, ein Mann mit positivem Mutter-Komplex und homosexuellen Neigungen besitze möglicherweise

eine Entwicklung des Geschmacks und der Ästhetik, denen ein gewisses feminines Element keineswegs Abbruch tut; des ferneren erzieherische Qualitäten, denen ein weibliches Einfühlungsvermögen oft höchste Vollendung gibt; ein historischer Geist, der konservativ im besten Sinne ist und alle Werte der Vergangenheit aufs treueste bewahrt; ein Sinn für Freundschaft, die erstaunlich zarte Bande zwischen Männerseelen flicht und sogar die Freundschaft zwischen den Geschlechtern aus der Verdammnis der Unmöglichkeit erlöst; ein Reichtum religiösen Gefühls, welcher eine ecclesia spiritualis zur Wahrheit macht, und endlich eine geistige Rezeptivität, die der Offenbarung williges Gefäß ist. (GW 9/I, § 164)

Jung schrieb diese Zeilen zwar aus der Sicht eines Mannes, doch innerhalb des breiten Raums, der der weiblichen Homosexualität gewidmet ist, findet sich kein Hinweis darauf, daß es dort nicht auch eine entsprechende Möglichkeit gäbe.

Man kann noch unterscheiden zwischen
- »narzißtischer« Homosexualität, die frühe Ursprünge hat und Teil einer narzißtischen Persönlichkeitsstörung ist. In ihr zeigt sich eine zwanghafte Suche nach Kontrolle und eine Furcht vor An-

derssein (deswegen *homo*sexuell), die Sexualität ist dabei aber nebensächlich;
- »ödipaler« Homosexualität, die eine selbständige Variante der Geschlechtsidentität ist und derselben Dynamik folgt wie der heterosexuelle →Ödipuskomplex.

Die erste Kategorie ist psychologisch wohl problematischer als die zweite. Viele der Schwierigkeiten des ödipal homosexuellen Patienten sind kultureller oder familiärer Natur.

Jung spekulierte, die weite Verbreitung der Homosexualität heutzutage könne eine unbewußte →Kompensation für die Überbevölkerung sein; ein Gedanke, den nach Jung die Soziobiologie aufgriff.

Hysterie

Obwohl Jung gewöhnlich seinen Kommentar zu Freuds Überbewertung der Sexualität abgab, stimmte er doch mit vielen Ansichten Freuds zur Hysterie überein (→Psychoanalyse). Dies sind: In den hysterischen Symptomen kehren verdrängte Erinnerungen in veränderter Form wieder; die Symptome sind symbolisch und können mit Hilfe der →Analyse aufgeklärt werden (→Symbol); es besteht ein problematischer Überschuß an psychischer (in der Regel sexueller) →Energie; die Ätiologie der Hysterie läßt sich in der persönlichen Geschichte des Patienten finden. Es fällt auf, daß Jung die sonst regelmäßige Hinzusetzung des kollektiven zum persönlichen Unbewußten (→Unbewußt, das Unbewußte) unterläßt, wo er über Hysterie spricht. Möglicherweise hängt das damit zusammen, daß die meisten seiner schriftlichen Äußerungen zu diesem Thema aus seiner frühesten psychiatrischen Zeit stammen, in der er oft Freuds Theorien demonstrierte oder diskutierte. Jungs früheste psychiatrische Interessen waren Zustände von Bewußtseinsveränderung oder Halbbewußtsein (»okkulte« Phänomene, Somnambulismus, Hysterie). →Geist.

Jungs Beitrag zum Thema Hysterie kann folgendermaßen zusammengefaßt werden:

1. Das →Assoziationsexperiment (→Assoziation) bewies die zentrale Rolle des Geheimnisses bei der Hysterie (das heißt dabei wird die verbotene und also sexuelle Natur der Phantasien der Hysteriker aufgedeckt).

2. In der Hysterie ist die natürliche Tendenz der →Psyche, sich in relativ autonome Komplexe aufzuteilen, außer Kontrolle geraten; ein oder mehrere Komplexe sind in den Körper eingedrungen und haben von ihm Besitz ergriffen (→Komplex; →Besessenheit), wodurch eine Desintegration der Persönlichkeit stattgefunden hat. Die somatischen Symptome der Hysterie können als die symbolischen Repräsentanten solcher pathologischen Komplexe angesehen werden (→Dissoziation).

3. Unter Verwendung seiner →Typologie schloß Jung, es handele sich bei der Hysterie um eine extravertierte Störung (die →Schizophrenie hingegen wäre introvertiert). Der Grund für das typische Bedürfnis der Hysteriker, andere Menschen in ihre Schwierigkeiten hineinzuziehen, liegt darin, daß sie diese Schwierigkeiten auf die Außenwelt projiziert haben (daher extravertiert). Die Wirkung, die ein Hysteriker auf seine unmittelbare Umgebung hat, ist ein Hinweis auf seinen eigenen inneren Zustand. Ein einfaches Beispiel dafür ist eine hysterische Beinlähmung, die den Patienten zwingt, beim Gehen die Hilfe anderer zu beanspruchen. Könnte der Patient seinen regredierten Zustand und seine unerfüllten kindlichen Bedürfnisse deutlicher demonstrieren?

4. Aufgrund des eben Ausgeführten treten Hysteriker oft als Führerfiguren in Erscheinung. Dies traf nach Jungs Ansicht beispielsweise auf Hitler zu. Hinsichtlich des Nationalsozialismus schrieb Jung von einer »Kollektivhysterie« (→Schuld), in der eine große Masse einen Teil von sich abspaltet, der dann außer Kontrolle weiter funktioniert. Damals koinzidierten die Dissoziationen Hitlers mit denen der Deutschen.

I

Ich
Jung bemühte sich, auf seiner Landkarte der →Psyche dem Ich einen anderen Ort zu geben als Freud. Er sah das Ich als Zentrum des Bewußtseins (→Bewußtsein, Bewußtheit), unterstrich aber auch die

Beschränkungen und die Unvollständigkeit des Ich, das weniger sei als die ganze Persönlichkeit. Das Ich ist zwar mit solchen Themen befaßt wie persönliche Identität, Aufrechterhaltung der Persönlichkeit, Kontinuität über die Zeit, Vermittlung zwischen der bewußten und der unbewußten Ebene (→Unbewußt, das Unbewußte), Wahrnehmung und Realitätsprüfung; man muß es aber auch als Instanz begreifen, die auf die Forderungen von etwas ihm Überlegenem reagiert. Dabei handelt es sich um das →Selbst, das anordnende Prinzip der ganzen Persönlichkeit. Die Beziehung des Selbst zum Ich vergleicht Jung mit der von »agens zu patiens«.

Anfangs ist das Ich mit dem Selbst vermischt, später aber unterscheidet es sich von ihm. Jung beschreibt eine Interdependenz der beiden Instanzen: das Selbst sorgt für die mehr ganzheitliche Sicht und ist daher überlegen; aber die Aufgabe des Ich besteht darin, die Anforderungen dieser überlegenen Instanz in Frage zu stellen oder ihnen gerecht zu werden. Die Konfrontation von Ich und Selbst fand Jung charakteristisch für die zweite Lebenshälfte (→Ich-Selbst-Achse; →Lebensphasen).

Nach Jung entsteht das Ich auch aus dem Aufeinanderprallen der körperlichen Begrenzungen des Kindes mit der Realität der Umgebung. Die Frustration erzeugt Bewußtseinsinseln, die zum eigentlichen Ich zusammenwachsen. Hier wird deutlich, daß Jungs Vorstellungen über den Zeitpunkt der Entstehung des Ich sich noch an den frühen Konzepten Freuds orientieren. So behauptet Jung, das Ich sei im Laufe des dritten oder vierten Lebensjahres voll entwickelt. Psychoanalytiker und analytische Psychologen sind sich heute jedoch darüber einig, daß spätestens ab der Geburt eine partielle Organisation der Wahrnehmung und bereits vor dem Ende des ersten Lebensjahres eine relativ differenzierte Ich-Struktur vorhanden ist.

Aufgrund von Jungs Neigung zur Gleichsetzung von Ich und Bewußtsein ist die Berücksichtigung unbewußter Anteile der Ich-Struktur, das heißt von Abwehrmechanismen, in diesem Konzept schwierig. Das Bewußtsein ist zwar das Unterscheidungsmerkmal des Ich, es ist aber proportional zur Unbewußtheit. Tatsächlich wächst mit dem Grad an Ich-Bewußtsein auch die Fähigkeit zur Einschätzung des Nicht-Gewußten. Aufgabe des Ich hinsichtlich des

Schattens (→Schatten) ist es, ihn zu erkennen und dann zu integrieren, statt ihn durch →Projektion abzuspalten.

Jung betrachtete die →Analytische Psychologie als Reaktion auf einen übermäßig rationalen und bewußtseinsorientierten Ansatz, der den Menschen von seiner natürlichen Welt und auch seiner eigenen Natur isoliert und also einschränkt. Andererseits bestand er darauf, daß Traum- und Phantasiebilder nicht direkt zur Anreicherung des Lebens verwendet werden können (→Träume; →Phantasie). Sie sind vielmehr eine Art Rohmaterial, eine Quelle von Symbolen, die in die Sprache des Bewußtseins übersetzt und in das Ich integriert werden müssen. Bei dieser Arbeit verbindet die →transzendente Funktion Gegensätzlichkeiten. Die Aufgabe des Ich besteht darin, →Gegensätze zu unterscheiden, ihren Spannungen standzuhalten und ihre Lösung zuzulassen; schließlich soll es das daraus entstehende Ergebnis schützen, welches die vorherigen Ich-Grenzen erweitert und ausdehnt.

Mit Blick auf die Psychopathologie sind eine Reihe möglicher Gefahren zu nennen:

1. Das Ich entwächst nicht seiner primären Identität mit dem Selbst und kann daher nicht den Anforderungen der Außenwelt gerecht werden.

2. Das Ich wird mit dem Selbst gleichgesetzt mit der Folge einer →Inflation des Bewußtseins.

3. Das Ich nimmt eine rigide und extreme Einstellung an, gibt den Bezug zum Selbst auf und ignoriert die Veränderungsmöglichkeiten durch die transzendente Funktion.

4. Das Ich ist aufgrund der entstehenden Spannung außerstande, sich auf einen bestimmten →Komplex zu beziehen. Dadurch wird dieser Komplex abgespalten und beherrscht das Leben des Individuums.

5. Das Ich wird von einem Inhalt überwältigt, der aus dem Unbewußten aufsteigt.

6. Die →inferiore Funktion bleibt unintegriert und für das Ich unerreichbar mit der Folge grob unbewußten Verhaltens und einer generellen Verarmung der Persönlichkeit (→Typologie).

Ich-Selbst-Achse

Jung schreibt zwar: »Das Ich steht zum Selbst, wie das patiens zum agens, oder wie das Objekt zum Subjekt« (GW 11, § 391); er sieht aber auch, daß diese beiden großen psychischen Systeme sich gegenseitig brauchen. Denn das →Selbst hat in der Alltagswelt keine Präsenz ohne die analytischen Kräfte des →Ich und dessen Fähigkeit, ein unabhängiges Leben jenseits von infantilen und sonstigen Abhängigkeiten zu erleichtern. Mit Hilfe des Ich werden für Mann oder Frau die wertvollen Tendenzen des Selbst zur Förderung eines Lebens zugänglich, das mit mehr Tiefe und auf einer größeren Integrationsstufe gelebt wird (vgl. Edinger, 1972).

Aus entwicklungspsychologischer Sicht entsteht eine starke und lebensfähige Ich-Selbst-Achse im Individuum aus einer bestimmten Qualität der Beziehung zwischen Mutter und Kleinkind, einem Gleichgewicht zwischen Zusammen- und Getrenntsein, zwischen Entwicklung und Wertschätzung spezifischer Fähigkeiten und der Annahme des Babys als Ganzem, zwischen äußerer Erforschung einerseits und Widerspiegelung des Selbst andererseits. Aber auch das Umgekehrte gilt, und so werden Teile der zur Ich-Selbst-Achse gehörenden Dynamik auf die Beziehung zwischen Baby und Mutter projiziert (→Psychogenese; →Frühe Kindheit und Kindheit).

Idee

Dieser Begriff hat bei Jung zwei Bedeutungen. Zum einen bezeichnet er den formulierten →Sinn eines urtümlichen Bildes (→Bild); hier erscheint die Idee als etwas Sekundäres. Auf der anderen Seite steht der Begriff für eine a priori gegebene psychologische Größe, ohne die kein Gefühl und auch keine Konzeptualisierung möglich ist.

Erstere Verwendung wurde eingeführt, um den Eindruck zu vermeiden, die Sprache der Bilder habe nur visuelle Eigenschaften. Letztere Verwendung spiegelt Jungs Herkunft aus der Denktradition nach Plato und sein Interesse an Kant wider.

Jungs Begriffsverwendung hat den Vorteil, daß sie eine rigide Trennung von Produkten des Intellekts und solchen der Vorstellungs-

kraft überflüssig macht; so können beide als Beleg für unterschiedliche Arten des Denkens gelten. Jung nimmt hier – wie an anderen Stellen auch – den Post-Cartesianischen Paradigmenwechsel in der wissenschaftlichen Methodologie vorweg (GW 6, § 1921).
→Gerichtetes und Phantasiedenken

Identifizierung
Eine unbewußte (→Unbewußt, das Unbewußte) →Projektion eigener Persönlichkeitsanteile auf eine andere Person, Sache, einen Ort oder eine sonstige Figur, die dem Subjekt eine Daseinsberechtigung oder eine Lebensweise an die Hand geben kann. Die Identifizierung ist ein wesentlicher Teil der normalen Entwicklung (→Psychogenese). In extremer Ausprägung kann sie zu einer Form von →Identität oder auch zur →Inflation führen. Die Identifizierung mit einem anderen Menschen, zum Beispiel einem Analytiker, schließt Individuation per definitionem aus. Glücklicherweise können sich aber Identifizierungs- und Desidentifizierungsvorgänge sogar beim Erwachsenen auf verschiedenen Entwicklungsebenen zur gleichen Zeit nebeneinander abspielen.
→Objektbeziehungen, Objektbeziehungstheorie

Identität
Unbewußte Tendenz, sich so zu verhalten, als ob zwei verschiedene Gebilde tatsächlich identisch wären; dabei können beide innerpsychisch, beide außen, oder eins innerpsychisch und das andere außen sein. (Jung verwendet den Begriff nicht im Sinn von »persönlicher Identität«; →Ich).
Zur Psychologie des Kleinkindes meinte Jung, es befinde sich in einem Zustand der Identität mit seinen Eltern, insbesondere mit der Mutter. Es nehme also am psychischen Leben seiner Eltern teil und besitze nichts oder kaum Eigenes. Dies stimmt so sicher nicht (und Jung widersprach dem auch selbst durch die Beobachtung, daß das Neugeborene eine komplizierte Psychologie besitzt; →Frühe Kind-

heit und Kindheit). Daher haben spätere analytische Psychologen diese Idee nur in modifizierter Form beibehalten.

Heutzutage wird Identität als Oberbegriff für das ganze Spektrum der Phänomene in der frühen Kindheit benutzt, wo es noch keine klare bewußte Unterscheidung zwischen Subjekt und Objekt gibt. Metaphorisch werden damit die positiven und negativen Bilder, Phantasien und Gefühle des Kleinkinds hinsichtlich seines (in eins) Verschmolzenseins mit der Mutter bezeichnet. Identität wird gewissermaßen als Errungenschaft angesehen; in dieses Stadium muß die Mutter-Kind-Dyade durch aktive Annäherung des Kleinkindes erst gelangen, bevor Bindungs- und Trennungsprozesse stattfinden können (Fordham, 1976). (→Participation mystique, ein Zustand unvollständiger Identität)

Jungs Beharren auf der Identität als prä-existierendem Zustand (»ursprüngliche« Identität) paßt auch zum Hinweis auf angeborene, archetypische Fähigkeiten, in einen Zustand von Identität einzutreten (→Archetyp). Grob gesagt kann sich ohne vorherige große Nähe keine persönliche Bindung entwickeln – und genauso gibt es keine Trennung ohne vorangegangene Bindung. Die Reihenfolge ist:

– Bei der Geburt sind Mutter und Kind psychisch getrennt. Beide haben die angeborene Fähigkeit, in einen Identitätszustand einzutreten.
– Es wird ein Identitätszustand erreicht.
– Daraus entwickelt sich eine persönliche Bindung.
– Aus dieser Bindung heraus beginnt die Trennung.

Jungs Konzept einer a priori bestehenden Identität wurde in Verbindung mit seiner Theorie der →Gegensätze beibehalten. Diese Identität stützt nämlich unsere Wahrnehmung von Gegensätzen (Hillman, 1983a).

Jung verwendete den Begriff auch, um das Ergebnis seiner Spekulationen über die letztlich bestehenden Verbindungen zwischen Psyche und Materie zusammenzufassen (→Psychische Wirklichkeit; →Psychoides Unbewußtes; →Synchronizität; →Unus mundus).

Imago

Von Jung 1911/1912 (GW 5) eingeführter Begriff, der von der Psychoanalyse übernommen wurde. Wird »Imago« statt »Bild« verwendet, soll damit unterstrichen werden, daß Bilder subjektiv geschaffen werden, insbesondere die von anderen Menschen. Das Objekt wird also gemäß dem inneren Zustand und der inneren Dynamik des Subjekts wahrgenommen. Zudem gilt spezifisch, daß viele Bilder (zum Beispiel die der Eltern) nicht aus tatsächlichen persönlichen Erfahrungen mit Eltern entstehen, die spezielle Eigenschaften haben, sondern auf unbewußten Phantasien basieren oder den Aktivitäten des Archetyps entstammen (→Archetyp; →Bild; →Gottesbild; →Große Mutter; →Komplex;→Phantasie; →Symbol).

Individuation

Die Selbstwerdung eines Menschen zu einem ganzen, unteilbaren und von anderen Menschen und der Kollektivpsychologie unterschiedenen (wiewohl in Beziehung zu diesen stehenden) Individuum.

Dies ist das Schlüsselkonzept in Jungs Beitrag zu den Theorien der Persönlichkeitsentwicklung. Als solches ist es unlösbar verwoben mit anderen Konzepten, insbesondere denen von →Selbst, →Ich und →Archetyp und auch mit dem der Synthese des Bewußtseins mit unbewußten Elementen (→Bewußtsein, Bewußtheit; →Unbewußt, das Unbewußte). Vereinfachend kann man die Beziehung der wichtigsten beteiligten Konzepte zueinander folgendermaßen charakterisieren: Für die →Integration (die sozial als →Anpassung erscheint) ist das Ich, was für die Individuation (Selbsterfahrung und -verwirklichung) das Selbst ist. Das Bewußtsein wird durch die Analyse der Abwehrmechanismen (zum Beispiel →Projektion des Schattens) erweitert (→Schatten); dagegen besteht der Vorgang der Individuation in einer →Zirkumambulation um das Selbst als Zentrum der Persönlichkeit, die dadurch vereint wird. Anders ausgedrückt: Der Mensch wird sich bewußt, in welcher Hinsicht er ein einzigartiges menschliches Wesen ist und in welcher er andererseits zugleich auch nicht mehr ist als ein gewöhnlicher Mann oder eine gewöhnliche Frau.

Aufgrund dieses der Individuation inhärenten Paradoxes gibt es Definitionen im Überfluß, sowohl in Jungs Werk wie auch in den Arbeiten der »Post-Jungianer« (Samuels, 1985a). Den Begriff »Individuation« hat Jung von Arthur Schopenhauer übernommen; er geht aber zurück auf Gerhard Dorn, einen Alchemisten des 16. Jahrhunderts. Beide sprechen von einem »principium individuationis«. Jung wandte dieses Prinzip auf die Psychologie an. Die früheste Definition findet sich in seinem 1921 erschienenen Buch »Psychologische Typen«, an dem er seit 1913 geschrieben hatte (GW 6, §§ 825-828). Dort sind folgende Eigenschaften besonders hervorgehoben:
1. Das Ziel des Prozesses ist die Entwicklung der Persönlichkeit;
2. der Prozeß setzt kollektive (→Kollektiv) Beziehungen voraus und umfaßt diese, das heißt er findet nicht in der Isolation statt;
3. die Individuation befindet sich stets mehr oder weniger im Gegensatz zur Kollektivnorm, die keine absolute Gültigkeit besitzt: »Je stärker die kollektive Normierung des Menschen, desto größer ist seine individuelle Immoralität« (ebd.). →Moral
Der vereinigende Aspekt der Individuation wird durch die Etymologie des Begriffs unterstützt. »*Ich gebrauche den Ausdruck ›Individuation‹ im Sinne jenes Prozesses, welcher ein psychologisches ›Individuum‹, das heißt eine gesonderte, unteilbare Einheit, ein Ganzes, erzeugt*« (GW 9/1, § 490). Die Phänomene, die Jung in unterschiedlichem Kontext beschreibt, stehen immer in dichtem Zusammenhang mit seinen eigenen persönlichen Erfahrungen, seiner Arbeit mit Patienten und seinen Forschungen insbesondere im Bereich der →Alchemie und der Psyche der Alchemisten. Daher variieren die Definitionen und Beschreibungen der Individuation in ihrem Schwerpunkt entsprechend dem Material, das Jung jeweils gerade am wichtigsten war.
In einem wesentlich späteren Buch (GW 8, § 432) nimmt Jung auf die offenbar fortbestehende Schwierigkeit Bezug, zwischen Individuation und Integration zu unterscheiden: »Ich sehe[…] immer wieder, daß der Individuationsprozeß mit der Bewußtwerdung des Ich verwechselt und damit das Ich mit dem Selbst identifiziert wird, woraus natürlich eine heillose Begriffsverwirrung entsteht. Denn damit wird die Individuation zu bloßem Egozentrismus und Autoerotismus[…]. Individuation schließt die Welt nicht aus, sondern

ein.« Natürlich ist die positive Charakterisierung der Individuation ebenso wichtig wie die negative (in den Verweisen auf den Autoerotismus, das heißt den →Narzißmus). Noch einmal: »Individualismus ist ein absichtliches Hervorheben und Betonen der vermeintlichen Eigenart im Gegensatz zu kollektiven Rücksichten und Verpflichtungen. Individuation aber bedeutet geradezu eine bessere und völligere Erfüllung der kollektiven Bestimmungen des Menschen« (GW 7, § 267). Weiter: »Der Zweck der Individuation ist nun kein anderer, als das Selbst aus den falschen Hüllen der Persona einerseits und der Suggestivgewalt unbewußter Bilder andererseits zu befreien« (GW 7, § 269) (→Persona; →Archetyp).

Wir wissen, daß Jung etwa 1916 in einer stürmischen Phase seines Lebens, nicht lang nach seinem Bruch mit Freud, Mandalas (→Mandala) zu malen begann. Ein ganzes Kapitel (in GW 9/1) heißt: »Zur Empirie des Individuationsprozesses«; es ist auf einer Fallstudie aufgebaut, in der die →Malerei der Patientin besonders im Vordergrund steht. Es überrascht nicht, wenn – teils durch Jungs Introversion und frühzeitige Konzentration auf innerpsychisches Material – der Eindruck aufgekommen ist, die Erfahrung der innerpsychischen Welt habe in diesem Prozeß Vorrang gegenüber zwischenmenschlichen Beziehungen. Jung stellt außerdem in »Das Wandlungssymbol in der Messe« (GW 11) die Individuation Christi dar; dadurch ebenso wie durch Feststellungen in der Richtung, die Individuation sei nicht für jeden da, mag es zu der Vorstellung gekommen sein, man habe es hier mit einem elitären Konzept zu tun.

Jung könnte unabsichtlich zu diesem Mißverständnis beigetragen haben; er äußerte nämlich, dieser Prozeß sei relativ selten. Der Individuationsprozeß läßt sich zwar leichter anhand dramatischer Beispiele demonstrieren, aber häufig findet er ganz unauffällig statt. Die bewirkte Wandlung kann sowohl aus einem natürlichen Ereignis (zum Beispiel Geburt oder Tod) als auch gelegentlich aus einem Vorgang resultieren, der mit Hilfe einer spezifischen psychologischen Technik erzielt wird. Das dialektische Verfahren der →Analyse bietet heutzutage ein markantes Beispiel für letzteres; der Analytiker ist dabei nicht mehr der Betreiber, sondern wird vielmehr zum teilnehmenden Begleiter im Prozeß. Dabei kann die adäquate Handhabung der Übertragung von entscheidender Bedeutung sein (→Analytiker und Patient).

Eine Gefahr einer intensiven Beschäftigung mit der inneren Welt und ihren faszinierenden Bildern liegt darin, daß sie zu einer narzißtischen Hauptbeschäftigung werden kann. Ebenso wäre es gefährlich, überhaupt alle Lebensäußerungen – einschließlich antisozialer Aktivitäten und sogar psychotischer Einbrüche – für vertretbare Ergebnisse des Individuationsprozesses zu halten. Insoweit die Übertragung in der Analyse eine entscheidende Rolle spielt, muß man hinzufügen, daß die Individuation in der Sprache der Alchemie ein gegen die Natur gerichtetes Werk ist (»opus contra naturam«). Das heißt man darf sich nicht der inzestuösen (→Inzest) oder Verwandtschaftslibido hingeben. Auf der anderen Seite darf man sie auch nicht verachten, da sie eine grundlegende Triebkraft ist.

Von der Methode her kann die Individuation nicht vom Analytiker induziert und natürlich auch nicht gefordert werden. Die Analyse schafft bloß eine den Prozeß fördernde Umgebung: Individuation ist nicht das Produkt einer korrekten Technik. Das bedeutet allerdings, daß der Analytiker aus seiner persönlichen Erfahrung über mehr als nur eine dunkle Ahnung von Individuation (und / oder ihrem Ausbleiben) verfügen muß; nur so kann er offen sein gegenüber der Bedeutung, welche die unbewußten Produkte des Patienten – von körperlichen Symptomen bis hin zu Träumen (→Träume), →Visionen oder Malereien – für diesen möglicherweise haben (→Aktive Imagination). Man kann ganz sicher von einer *Psychopathologie des Individuationsprozesses* sprechen, und Jung tut dies auch ganz ausdrücklich (siehe zum Beispiel GW 9/1, § 290). Die während der Individuation regelmäßig auftretenden Gefahren sind →Inflation einerseits (Hypomanie) und →Depression andererseits. Aber auch schizophrene Einbrüche sind keineswegs unbekannt.

Jung weist darauf hin, daß psychotische Ideen im Unterschied zu neurotischen Inhalten nicht integriert werden können (GW 9/1, § 495). Sie bleiben unangreifbar und können das Ich überschwemmen; an sich bleiben sie rätselhaft. Man kann sich vorstellen, daß das Zentrum der Persönlichkeit (das Selbst) durch Ideen und Bilder ausgedrückt wird, die in diesem Sinne

»psychotisch« sind. Die Individuation wird als Kernfrage bezeichnet, der man nicht entrinnen kann; der Analytiker kann kaum mehr tun, als Beistand zu leisten mit aller Geduld und Sympathie, deren er fähig ist. Das Ergebnis ist in jedem Fall ungewiß. Die Individuation ist lediglich ein potentielles Ziel, das leichter zu idealisieren als zu verwirklichen ist.

Mandalas und Träume deuten auf die Symbolik des Selbst, sobald ein Zentrum und ein (in der Regel viergeteilter) Kreis auftauchen. Symbole des Selbst, von denen viele in Jungs Werk aufgeführt und beschrieben sind, »kommen überall dort vor, wo der Individuationsprozeß zum Gegenstand bewußter Betrachtung wird, oder wo, wie bei Psychosen, das kollektive Unbewußte das Bewußtsein überschwemmt und mit seinen Archetypen erfüllt« (GW 16, § 474) (→Psychose). Symbole des Selbst sind manchmal identisch mit der Gottheit (im Osten wie im Westen). Der Individuationsprozeß hat eine sakrale Tönung, wie ja auch manche psychotischen Inhalte eine »religiöse« Tönung haben – diese Unterscheidung mag allerdings spitzfindig sein. Jung beantwortete einmal eine Frage mit der Feststellung: »*Individuation ist das Leben in Gott*, wie die Mandalapsychologie eindeutig zeigt« (GW 18/2, § 1624).

Die Analyse und die Ehe sind spezifische Beispiele für zwischenmenschliche Situationen, die für das Werk der Individuation geeignet sind. Beide erfordern Hingabe und das Begehen mühsamer Wege. Manche Analytiker ordnen dabei der →Typologie der beiden Partner einen wesentlichen Stellenwert zu. Zweifellos gibt es auch andere zwischenmenschliche Beziehungen, die zusammen mit einer mehr oder weniger bewußten Berücksichtigung intrapsychischen Geschehens die Individuation fördern können. Die wichtigste theoretische Weiterentwicklung seit Jungs Feststellung, Individuation finde in der zweiten Lebenshälfte statt, besteht in der Erweiterung des Begriffes auf den Anfang des Lebens hin (Fordham, 1974).

Bislang nicht beantwortet ist die Frage, ob die Integration notwendigerweise der Individuation vorausgehen müsse. Natürlich sind die Chancen besser, wenn das Ich ausreichend stark (integriert) ist, um der Individuation standzuhalten, wenn diese plötzlich ausbricht und nicht einfach lautlos in die Persönlichkeit eingeht. Große Künstler, an deren Selbstverwirklichung kaum gezweifelt werden kann (zum Beispiel Mozart, van Gogh, Gauguin), scheinen manchmal infantile Charakterformen und / oder psychotische Züge zurückbehalten zu haben. Waren diese Menschen individuiert? Hinsichtlich der Perfektion ihrer Gaben, die mit ihrer Persönlichkeit verschmolzen waren, heißt die Antwort: Ja; wenn man dagegen einen Blick auf die persönliche Vollständigkeit und ihre Beziehungen wirft, lautet sie: wahrscheinlich nein.

Schließlich bleibt eine Frage bezüglich der Individuation, die jede gründliche Analyse und auch die Gesellschaft als Ganzes berührt: Macht es denn irgendeinen Unterschied für den Rest der Menschheit, wenn eine unendlich kleine Anzahl von Menschen diese schwierige Reise unternimmt? Jung äußert sich überzeugt: der Analytiker tue seine Arbeit nicht nur für den Patienten, sondern auch zum Wohl seiner eigenen Seele; er fügt hinzu: »So klein und unsichtbar seine Leistung auch sein mag, es ist ein opus magnum[...] Die letzten und höchsten Fragen der Psychotherapie sind keine private Angelegenheit, sondern eine Verantwortlichkeit vor höchster Instanz« (GW 16, § 449) (→Psychotherapie).

Inferiore Funktion
→Typologie

Inflation
Mehr oder weniger ausgeprägte →Identifikation mit der Kollektivpsyche, die durch Einbruch unbewußter archetypischer Inhalte verursacht oder Resultat eines erweiterten Bewußtseins ist (→Archetyp; →Besessenheit). Es liegt Desorientiertheit vor, begleitet von einem Gefühl ungeheurer Macht und Einzigartigkeit oder aber einer Empfindung von Unwert und Nutzlosigkeit. Ersteres bedeutet einen hypomanischen Zustand, letzteres Depression.

Jung schrieb: »Inflation ist[...] ein Unbewußtwerden des Bewußtseins. Dieser Fall tritt ein, wenn letzteres sich an Inhalten des Unbewußten übernimmt und die Unterscheidungsfähigkeit[...] verliert« (GW 12, § 563). Ein archetypischer Inhalt »ergreift die Psyche mit einer Art Urgewalt und nötigt zur Überschreitung des menschlichen Bereiches. Er veranlaßt Übertreibung, Aufgeblasenheit (Inflation!), Unfreiwilligkeit, Illusion und Ergriffenheit im Guten wie im Bösen« (GW 7, § 110) (→Wahn). Jung fügte hinzu, daß eine Inflation des →Ich immer dann gefährlich ist, wenn sie bis zur Identifikation mit dem →Selbst geht. Das ist ein Hochmut, der →Individuation unmöglich macht, da Mensch und →Gottesbild nicht mehr unterschieden werden (→Differenzierung).

Initiation

Initiation geschieht, wenn man wagt, natürlichen Instinkten zuwider zu handeln und sich dadurch zur Bewußtheit vorwärtstreiben läßt (→Bewußtsein, Bewußtheit). Seit Urzeiten wurden Initiationsriten ersonnen, Vorbereitung und Entsprechung der wesentlichen Übergangsphasen im Leben, die Seele und Körper betreffen – zum Beispiel der Pubertät (→Ritual). Die Kompliziertheit der Zeremonien demonstriert, welch breiten und tiefen rituellen Rahmens es bedarf, wenn psychische →Energie aus alten Gewohnheiten in neue und ungewohnte Aktivität umgeleitet werden muß. Dem Initianden widerfährt eine Seinsänderung, die sich später auch in einer anerkannten Veränderung seines äußeren Status spiegelt. Noch einmal die Pubertät als Beispiel: Ein Knabe wird zu einem Mann, übernimmt das Haus seines Vaters oder zieht von daheim aus. Bezeichnenderweise wird nicht in Wissen initiiert, sondern in das Mysterium; das so erworbene »Wissen« kann man als Gnosis bezeichnen.

Zu jeder Initiation gehört der Tod eines weniger angemessenen und die →Wiedergeburt eines erneuerten und adäquateren Zustandes (das heißt eine →Wandlung). Daher sind die Riten geheimnisvoll und erschreckend zugleich, da man nämlich einerseits der Numinosität des Gottesbildes (→Gottesbild) oder des →Selbst direkt gegenüber gestellt und andererseits vom Unbewußten zur Bewußtheit vorangetrieben wird (→Numinosum; →Unbewußt, das Unbewußte; →Bewußtsein, Bewußtheit). Dazu gehört ein Opfer (→Opfer, Opfern), und dieses Opfer bereitet mehr Leiden als jegliche Martern und Torturen. Die Riten nehmen also einen Grenz- oder Übergangszustand vorweg, der einem zeitweisen Verlust des

→Ich entspricht. Aus diesem Grunde muß der Initiand durch einen Priester oder Mentor, eine Mana-Persönlichkeit (→Mana-Persönlichkeiten) begleitet werden, die als Träger für die →Übertragung dessen fungieren kann, was der Initiand werden wird; zunächst kann der Inhalt der Projektion allerdings die Gestalt eines Menschen annehmen, der denselben Initianden an diesem Werden hindert. Die Beziehung zwischen diesen beiden, dem Initianden und dem Initiator, ist symbolisch. Während des Initiationsvorgangs findet im Individuum eine Wieder-Vereinigung von Gegensätzen (→Gegensätze), eine →Coniunctio statt, die Geist und Materie einbezieht.

Die Initiation spielt im psychischen Leben eine zentrale Rolle; alle äußeren Zeremonien entsprechen einem angeborenen psychischen Muster für Wandlung und Wachstum. Ritus und Zeremonie bewahren einfach den Mensch oder die Gesellschaft in Zeiten tiefer und durchgreifender Wandlung vor Desintegration. Es überrascht daher nicht, wenn Jung schreibt:

Der während der Analyse stattfindende Wandlungsprozeß des Unbewußten ist das natürliche Analogon der künstlich durchgeführten religiösen Initiationen, welche sich allerdings vom natürlichen Vorgang dadurch prinzipiell unterscheiden, daß sie die natürliche Entwicklung vorwegnehmen und an Stelle der natürlichen Symbolproduktion absichtlich gewählte, durch Tradition festgelegte Symbole setzen. (GW 11, § 854)

Ebensowenig erstaunlich ist sein folgender Anspruch: »Der einzige noch lebendige und praktisch verwendete ›Initiationsprozeß‹ in der abendländischen Kultursphäre ist die von Ärzten verwendete ›Analyse des Unbewußten«« (GW 11, § 842). →Psychotherapie
Vielen analytischen Psychologen der ersten Generation galt die Initiation als kraftvolles Bild, durch das vielleicht erst die Dichotomie von psychologischem versus dogmatischem Ansatz offenbar wurde. Stufenweise wich das Vertrauen auf die Initiation als unvorhersehbarer und unvorhergesehener Vorgang, der durch das Unbewußte gezeigt wird, einer Beschreibung von bestimmten Stadien in der →Analyse und der Skizzierung verschiedener Phasen des Individuationsprozesses (→Individuation); zusätzlich wurden auch Richt-

linien für die Ausbildung von Analytikern festgelegt (→Analytische Psychologie).
Mircea Eliade, ein Anthropologe und Gelehrter der vergleichenden Religionswissenschaft, der ein enger Freund und früherer Mitarbeiter Jungs gewesen war, forschte nach Jungs Tod weiter über Parallelen zwischen Psychologie, Anthropologie und vergleichender Religionswissenschaft (1984). Jung hatte darauf hingewiesen, daß Initiation mit Heil verbunden ist (→Heilen, Heilung). Das heißt eine psychologische Orientierung, deren Nutzen sich überlebt hat, infiziert den ganzen psychischen Organismus und läßt ihn verfaulen, wenn sie sich nicht wandeln darf. Über die Initiation und ihre rein psychologische Funktion haben Henderson (1967), Sandner (1979), Micklem (1980) und Kirsch (1982) geschrieben.

Instinkt
→Archetyp; →Lebenstrieb; →Todestrieb; →Wandlung

Inszenieren, Inszenierung
Im Unterschied zum →Agieren (acting out) läßt sich Inszenieren definieren als Erkennen und Annehmen eines archetypischen Stimulus, mit dem interagiert wird unter Beibehaltung der Kontrolle durch das →Ich; dadurch kann sich sein metaphorischer Sinn persönlich und individuell entfalten. Im Gegensatz zum Agieren erfordert Inszenierung die Anstrengung des bewußten Ich, um eindringenden archetypischen Elementen individuell gestalteten Ausdruck zu geben. Man anerkennt dabei die Gegenwart und Macht der unbewußten Motivierung, widersteht gleichwohl ihrem Sog, regrediert nicht und läßt auch nicht zu, sich davon überwältigen zu lassen (→Besessenheit; →Inflation). Der eindringende Stimulus bringt symbolisch etwas zum Ausdruck, was der existierenden Persönlichkeit fehlt und wovon sie noch nichts weiß. Man duldet oder erleidet die Gegenwart des archetypischen Elements, bis sein impliziter und symbolischer Sinn explizit wird (→Symbol).
→Aktive Imagination; →Malen

Integration

Dieser Begriff wird von Jung hauptsächlich auf drei verschiedene Weisen benutzt:

1. Zur Beschreibung (oder sogar Diagnose) der psychischen Situation eines Individuums. Untersucht werden müssen dafür die Wechselwirkungen zwischen dem Bewußtsein und dem Unbewußten, die männlichen und weiblichen Teile der Persönlichkeit, die verschiedenen Gegensatzpaare, die Stellung des →Ich zum Schatten sowie die Beweglichkeit zwischen den Bewußtseinsfunktionen und -einstellungen (→Anima und Animus; →Bewußtsein, Bewußtheit; →Gegensätze; →Syzygie; →Typologie; →Unbewußt, das Unbewußte). Diagnostisch gesehen ist Integration das Gegenteil von →Dissoziation (→Projektion).

2. Bezeichnung für einen Teilvorgang der →Individuation, annähernd analog zu »seelischer Gesundheit« oder »Reife«. Das heißt Integration als Prozeß deutet hin auf die Basisarbeit für Individuation, jedoch ohne die scharfe Betonung von Einzigartigkeit und Selbstverwirklichung des letzteren Begriffs. Daraus folgt auch, daß Integration zu einem Gefühl von →Ganzheit führen kann, das sich ergibt, nachdem die verschiedenen Persönlichkeitsaspekte versammelt wurden.

3. Begriff für ein Entwicklungsstadium, das typischerweise in der zweiten Lebenshälfte liegt; hier erreichen die verschiedenen Kräfte, von denen beim ersten Punkt die Rede war, ein gewisses Gleichgewicht (oder vielmehr eine optimale Konflikt- und Spannungsebene). →Kompensation; →Lebensphasen

Introjektion

Gegenteil von →Projektion; der Versuch, Erfahrungen zu internalisieren. Jung äußerte sich hierzu wesentlich seltener als über Projektion. Das mag typologische Gründe haben (→Typologie). Selber ein Introvertierter, investierte Jung →Libido in seine innere Welt. Um der äußeren Welt zu begegnen und sie zu beleben, mußte er wohl projizieren. (Ein Extravertierter investiert Libido in seine äußere Welt. Er muß diese Investition introjizieren, um seine inneren Prozesse anzuregen.)

Jung macht in seinem Empathiekonzept häufiger ausdrücklichen Gebrauch von Introjektion als von Projektion. Zur Empathie gehöre das Hineinnehmen der Persönlichkeit oder Situation des anderen in sich selbst, nicht die Projektion des eigenen Ich zum Beispiel auf die →Psyche eines anderen Menschen.

Introversion
→Typologie

Inzest
Im Gegensatz zu Freud verstand Jung den Inzestimpuls nicht wörtlich, obgleich auch er nicht vermeiden konnte, Anmerkungen darüber zu machen, wie er konkret von Kindern zum Ausdruck gebracht wird (in GW 17, »Über Konflikte der kindlichen Seele«). Jedenfalls meinte Jung, die Inzestphantasie (→Phantasie) sei eine komplizierte →Metapher für einen Weg psychischen Wachstums und psychischer Entwicklung (→Agieren (acting out); →Inszenierung). Seine Vorstellungen wurden in den Werken des Anthropologen und Analytikers Layard (1945, 1959) angewendet und erweiterten diese.

Jung zufolge versucht ein Kind, das inzestuöse Gefühle oder Phantasien erfährt, unbewußt, seiner Persönlichkeit bereichernde Erfahrungsebenen durch dichten emotionalen Kontakt mit dem Elternteil hinzuzufügen. Der sexuelle Aspekt des Inzestimpulses garantiert, daß die Begegnung tief und bedeutungsvoll ist – sexuelle Gefühle können nämlich nicht ignoriert werden. Das Inzesttabu verhindert jedoch die physische Realisierung und hat seinen eigenen psychologischen Zweck (siehe unten).

Die inzestuöse Regression eines Erwachsenen läßt sich als Versuch verstehen, seine Batterien wieder aufzuladen, sich geistig und psychologisch zu regenerieren. Die →Regression muß daher als etwas gewertet werden, das über einen bloßen Abwehrmechanismus des →Ich hinausgeht. Es kommt zwar oft vor (zum Beispiel bei einer »Schwärmerei«), ist aber nicht zwingend, daß die inzestuöse Regression eines Erwachsenen in Richtung auf eine spezielle Figur oder ein besonderes →Bild verläuft. Auch ein bestimmter Zustand, in dem ein Mensch sich befindet, signalisiert eine solche Regression: heiter, fließend, träumerisch, in eins. Dies ist der Zustand mystischer oder schöpferischer Träumerei, wie er von jenen beschrieben wird, die die psychischen Vorgänge bei Künstlern studieren.

Aus dem *zeitweisen* Aufgeben des erwachsenen, am Ich orientierten Verhaltens erwächst eine neue und erfrischende Begegnung mit der inneren Welt und den Grundlagen des Seins. Für ein Kind (oder einen Erwachsenen, der inzestuös auf einen Menschen fixiert ist) ist das sexuelle Element ein symbolischer Einlaß zu diesem Zustand und seinem Lohn. Symbolisch gesehen repräsentieren die beiden Körper, die sich am Geschlechtsakt beteiligen können, verschiedene Teile der Psyche, die noch nicht integriert sind. Die geschlechtliche Vereinigung steht für diese Integration, und das daraus möglicherweise hervorgehende Baby symbolisiert Wachstum und Regeneration (→Alchemie; →Symbol).

Manchmal wird aus der inzestuösen Regression auch die Suche nach einer anderen Art von Einssein – nämlich nach Macht und Kontrolle über andere. Jung betonte, es sei sehr wichtig, aus der Vermengung mit einem Elternteil herauszukommen (→Identität; →Participation mystique). Das ist eine normale Anforderung innerhalb der psychischen Entwicklung und bedeutet für einen Erwachsenen auch die notwendige Konfrontation mit den Realitäten der Erwachsenenwelt. Zum Glück hat der Zustand des Einsseins nicht nur Vorteile; er kann nämlich auch als gefährlich verschlingend und nie endend erfahren werden (→Große Mutter; →Todestrieb).

Jung entwickelte diese Vorstellungen über den Inzest aus der Sicht eines Mannes (GW 5) anhand der inzestuösen Verstrickung mit der Mutter oder als Regression zu ihr. Man kann dieses Modell aber ebensogut auf die Beziehung einer Tochter zu ihrem Vater anwenden. Für ein Mädchen bedeutet dies, daß sie eine tiefe Verbindung zu ihrem Vater erleben muß, die erotisch gefärbt ist. Eine erwachsene Frau kann diese Erfahrung in Form einer Art von Regression zum Vater machen. Was geschieht aber, wenn diese symbolisch erotisierte Beziehung nicht stattfindet? Dann kann der Vater seine Tochter gleichsam nicht zu einer tieferen Psychologie initiieren, da sie zu weit von ihm entfernt ist, als daß ihre Beziehung zueinander tiefgehende Wirkung auf sie haben könnte (→Initiation).

Der Vater ist maximal verschieden von der Tochter: Er ist männlich und stammt aus einer anderen Generation (→Gegensätze). Das verleiht ihm das Potential, eine Ausdehnung und Vertiefung ihrer Persönlichkeit anzuregen. Andererseits gehört er zur selben Familie; das macht ihn »harmlos« hinsichtlich des physischen Agierens. Während also die familiäre und liebende Verbindung eine emotionale Investition in den Reifungsprozeß seiner Tocher unterstützt, ist die körperliche Vereinigung von Vater und Tochter verboten.

Zu tatsächlichem Inzest kommt es, wenn die symbolische Eigenschaft dieser Interaktionen übergangen wird, zum Beispiel aufgrund unaufgelöster inzestuöser Bedürfnisse seitens des Vaters. Ebenso schädlich für die psychosexuelle Entwicklung des Kindes ist der Liebesentzug oder eine indifferente Einstellung auf seiten des Elternteils. Für Mädchen stellt dies möglicherweise ein größeres Problem dar als für Jungen. Die Mutter hat gewöhnlich einen engen körperlichen Kontakt mit ihren Kindern und die dazugehörende Erregung erfahren und sich daran gewöhnt. Der Vater mag diese Erfahrung mit einer Tochter allzu schwer erträglich finden und die Erotik verdrängen – er mokiert sich dann über ihre Sexualität oder setzt ihr zu enge Grenzen. Es ist auch möglich, daß zudem eine stärkere kulturelle Hemmung wirksam wird, das heißt Männer könnten daher vom Ausdruck ihrer Gefühle abgehalten sein.

Jung ordnete dem Inzesttabu nicht nur einen spezifischen psychischen Wert und eine Funktion zu, sondern erkannte auch die Rolle, die das Inzesttabu für die Aufrechterhaltung einer gesunden →Gesellschaft spielt – eheliche Beziehungen müssen außerhalb der eigenen Familie eingegangen werden, damit die →Kultur nicht stagniert oder zurückschreitet. Es wäre aber falsch, im Inzesttabu ein kulturimmanentes oder vom →Über-Ich veranlaßtes Verbot gegen einen »natürlichen« Inzestimpuls zu sehen. Der Inzestimpuls und das Inzesttabu bedingen sich ganz natürlich gegenseitig. Reagiert man nur auf das Tabu und nicht auf den Impuls, folgt vermutlich ein auf Frustration gegründeter Aufschwung des Bewußtseins (→Bewußtsein, Bewußtheit), das dann bloß unecht, ausgetrocknet und intellektuell wäre. Wird andererseits der Impuls agiert und das Tabu ignoriert, entsteht daraus eine Konzentration auf kurzlebige Vergnügungen und die Ausbeutung der Verwundbarkeit des Kindes durch den Elternteil. Das Kind könnte in Fällen realen Inzests jedoch aus seiner allzu speziellen Beziehung zu einer mächtigen Figur Kapital schlagen.

Man kann hinzufügen, daß eine Funktion des Inzesttabus darin besteht, das Individuum zu einer Beschäftigung mit der Frage zu zwingen, mit wem es sich zusammentun darf und mit wem nicht. Daher hat es einen potentiellen Partner als *Individuum* zu betrachten. Wenn die Auswahl begrenzt ist, gewinnt die Wahl selbst an Bedeutung (und das gilt sogar in einem System von arrangierten Ehen). So gesehen unterstreicht das Inzesttabu die Beziehung zwischen Ich und Du (R. Stein, 1980).

In der →Analyse stellen sich sehr häufig Gefühle sexueller Anziehung zwischen →Analytiker und Patient ein. Jungs Vorstellungen über die psychologischen Aspekte der Inzestphantasie können zusätzlich zum Ansatz der ödipalen Dynamik verwendet werden, um die symbolischen Aspekte der Gefühle zu betonen; dadurch wird verletzendes Agieren weniger wahrscheinlich. Ziel ist aber nicht nur, dem Analytiker beim Einhalten der Abstinenzregel zu helfen. In einer anscheinend infantilen Sexualisierung eines Bewußtseinszustandes kann nämlich das Samenkorn wichtiger psychischer Entwicklungen eingeschlossen sein.

→Energie; →Psychoanalyse

K

Katharsis
→Abreaktion; →Analyse

Kausalität
→Ätiologie (der Neurose); →Reduktive und synthetische Methode; →Synchronizität; →Teleologischer Gesichtspunkt; →Tiefenpsychologie

Körper

Der Körper wird in Jungs Schriften paradox behandelt. Einerseits wird dem Körper eine eigenständige Existenz zugestanden, mit eigenen Möglichkeiten, Bedürfnissen, Freuden und Problemen. Andererseits wird gesagt, er sei untrennbar mit dem Verstand oder dem →Geist und mit der →Psyche verknüpft.

In Jungs späteren Theorien über den →Archetyp wird eine psychosomatische Erklärung vertreten. Die Archetypen lassen sich als Verbindungselement zwischen Körper (→Instinkt) und Psyche (→Bild) begreifen. Instinkte und Bilder haben dieselbe psychoide Wurzel (→Psychoides Unbewußtes). Daher meinte Jung, seine Vorstellungen werteten den Körper nicht ab, sondern vielmehr auf und bereicherten die Beziehung eines Individuums zur kollektiven Psychologie um einen neuen Gesichtspunkt (→Kollektiv).

Von letzterer kann man sagen, daß sie sich im und durch den Körper ausdrückt, der – weil allen gemeinsam – überhaupt als Ort des kollektiven Unbewußten betrachtet werden kann (Stevens, 1982) (→Unbewußt, das Unbewußte). Spätere Autoren (zum Beispiel Henry, 1977) haben Jungs Hinweis ernstgenommen und versucht, die Archetypen in das ältere, sogenannte »Reptilhirn« (Hypothalamus und Hirnstamm) zu plazieren. Entsprechend argumentierte Rossi (1977), im Körper seien die Archetypen in der rechten Hirnhemisphäre lokalisiert.

Jungs Interesse konzentrierte sich auf etwas anderes. Der Körper kann als Ausdruck gewisser materieller Eigenschaften der Psyche gesehen werden. In allem, was der Körper tut, erfährt oder braucht, spiegeln sich psychische Imperative. Daher könnte man den Körper als »subtle body« verstehen. Ein Beispiel für die psychische Übernahme von Körperbildern findet sich in Motiven der Auferstehung oder der →Wiedergeburt. Ein anderes ist, wie sexuelle Bilder ihre eigene psychologische Bedeutung haben (→Androgyn; →Inzest; →Frühe Kindheit und Kindheit).

Viele Aspekte des Schattens (→Schatten) konzentrieren sich im Körper. Jung spricht von einer christlichen Verleugnung dieser Aspekte. Er erörtert, was unter einem instinktmäßigen Leben zu verstehen sei, und folgert, daß ein Mensch, der versucht, ausschließlich durch den Körper zu leben, sich unbewußt unter der Herrschaft des Geistes befindet. Nach Jungs Ansicht paßt diese Beschreibung sowohl auf Nietzsche als auch auf Freud. Ein Annehmen des Körpers, das nicht getrieben oder zwanghaft erfolgt, ist etwas anderes – es ist für die psychische Entwicklung und die →Individuation absolut vonnöten.

Ein Kleinkind entwickelt die Fähigkeit, mit seinen Körperimpulsen umzugehen, durch Erklärung und Vermittlung seiner Mutter. Zeitgenössische analytische Psychologen haben die Verknüpfungen hervorgehoben, die zwischen dieser Fähigkeit und einer sich entwickelnden Einstellung zu sich selbst und zum →Selbst bestehen (Newton und Redfearn, 1978).

Kollektiv

Die Vielen im Gegensatz zum einzelnen. Jung ging von der Unterscheidung zwischen Bewußtsein (→Bewußtsein, Bewußtheit) und Unbewußtem (→Unbewußt, das Unbewußte) aus, die von den Vorläufern der psychoanalytischen Bewegung getroffen worden war, und entwickelte seine eigenen Konzepte vom kollektiven Unbewußten als Lagerstätte des psychischen Erbes des Menschen und seiner Möglichkeiten (→Archetyp). Er sah im Kollektiv das Gegenteil des Individuums, von dem dieses sich unterscheiden müsse; außerdem die Lagerstätte all dessen, was irgendwann einmal individuell ausgedrückt, bearbeitet oder beeinflußt worden sein mag.

Je mehr ein Mensch er selbst wird, das heißt je mehr er sich der →Individuation unterzieht, umso entschiedener wird er sich von kollektiven Normen, Standards, Vorschriften, Sitten und Werten unterscheiden. Obwohl er als Mitglied der →Gesellschaft weiterhin am Kollektiv teilhat, ist er dann eine einmalige Kombination von Möglichkeiten, die im Kollektiv insgesamt gegeben sind. Diese Entwicklung und Unterscheidung hielt Jung für instinktiv und essentiell. Seine Behauptung stützte er zwar empirisch, seine Haltung aber führte dazu, daß er diesbezüglich einen teleologischen Standpunkt einnahm (→Teleologischer Gesichtspunkt).

Als Reservoir psychischer Möglichkeiten stellt das Kollektiv eine gewaltige Macht dar, die großartige Täuschungen und Massenpsychosen nähren kann. Das Gegenteil von →Individualität sah Jung in der →Identifikation mit dem kollektiven Ideal, die zu →Inflation und letztlich zum Größenwahn führt. Er glaubte an das Individuum als wirklichem Träger von Veränderung, da die Masse als Ganzes nicht bewußt sein kann.

Kollektives Unbewußtes
→Archetyp; →Kollektiv; →Unbewußt, das Unbewußte

Kompensation
Jung behauptete, eine empirisch nachweisbare kompensatorische Funktion gefunden zu haben, die in psychischen Prozessen am Werke sei. Sie entspreche den selbstregulierenden (homöostatischen) Funktionen des Organismus, die sich in der Physiologie beobachten lassen. Kompensation heißt Ausgleichen, Angleichen, Ergänzen. Jung meinte, die kompensatorische Aktivität des Unbewußten (→Unbewußt, das Unbewußte) gleiche jegliche einseitige Tendenz des Bewußtseins aus (→Bewußtsein, Bewußtheit).
Inhalte, die durch die bewußte Orientierung des Individuums verdrängt, ausgeschlossen und gebremst sind, fallen ins Unbewußte und bilden dort einen Gegenpol zum Bewußtsein. Dieser Gegenpol verstärkt sich mit steigender Betonung der bewußten Einstellung solange, bis er sich in die Tätigkeit des Bewußtseins einmischt. Schließlich sind die verdrängten, unbewußten Inhalte so weit energetisch aufgeladen, daß sie in Gestalt von Träumen (→Träume), spontanen Bildern (→Bild) oder Symptomen durchbrechen. Ziel des kompensatorischen Prozesses ist es anscheinend, zwei psychische Welten miteinander zu verbinden – wie durch eine Brücke. Diese Brücke ist das →Symbol; um wirksam sein zu können, müssen Symbole allerdings vom Bewußtsein akzeptiert und verstanden, das heißt assimiliert und integriert werden (→Ich; →Transzendente Funktion).
Normalerweise ist die Kompensation ein unbewußter Regulationsmechanismus für die Tätigkeit des Bewußtseins. Bei neurotischen Störungen aber scheint das Unbewußte in so starrem Gegensatz zum bewußten Zustand zu stehen, daß der kompensatorische

Prozeß unterbrochen ist (→Neurose). Wenn ein unausgereifter Aspekt der Psyche heftig verdrängt wird, überwältigt der unbewußte Inhalt das bewußte Ziel und macht dessen Absicht zunichte. »Die analytische Therapie zielt daher auf eine Bewußtmachung der unbewußten Inhalte, um auf diese Weise die Kompensation wieder herzustellen« (GW 6, § 841). →Analyse

Der Standpunkt des Unbewußten ist, da kompensatorisch, stets unerwartet und anders als die Sichtweise des Bewußtseins. Jung schrieb: »Für alle exzessiven Vorgänge treten sofort und zwangsläufig Kompensationen ein« (GW 16, § 330). (→Enantiodromie) Daher lassen sich Belege für die Kompensation in einer so offensichtlichen Äußerung wie dem Wutanfall eines Kindes ebenso finden wie in den relativ subtilen Ausdrucksformen, die in der Beziehung zwischen →Analytiker und Patient auftreten. Jung stellte dazu fest: »Die intensive Bindung an den Arzt – die Übertragung – ist eine Kompensation für die ungenügende Einstellung des Patienten zur Wirklichkeit« (GW 16, § 283).

Jung erweiterte dieses Prinzip und wandte es auf kollektive Prozesse an: so sah er in der →Alchemie eine Kompensation der im Christentum des Mittelalters ausgedrückten Sichtweise. Man kann die Alchemie als Bestrebung verstehen, die Lücken der herkömmlichen Religion auszufüllen (das heißt zu kompensieren). Aus diesem Grunde muß der Analytiker sorgfältig eine undifferenzierte Verwendung der alchemistischen Symbolik vermeiden und darf sie auch nicht ausnahmslos für relevant halten – insbesondere nicht bei merklichen Fortschritten, die Änderungen im kollektiven Bewußtsein zuzuschreiben sind (→Kollektiv). Was die →Individuation betrifft, so muß ein Mensch unterscheiden, ob kompensatorische Inhalte sich auf seine eigene Individualität beziehen, oder ob sie bloß als Gegengewicht zum anderen Ende eines Gegensatzspektrums erscheinen (→Gegensätze).

In seinen Bemerkungen anläßlich der Gründung des Zürcher C.G. Jung-Instituts forderte Jung die zukünftigen Analytiker auf, weitere Forschungen im Bereich der Kompensationsvorgänge bei Psychotikern und Kriminellen sowie über das allgemeine Ziel der Kompensation, das heißt die Natur ihrer Zielgerichtetheit, durchzuführen (GW 18, § 1148). Diese Herausforderung ist freilich kaum aufgenommen worden. (Siehe allerdings Perry, 1974; Kraemer, 1976; Guggenbühl-Craig, 1980.)

Komplex

Der Begriff des Komplexes beruht auf der Widerlegung monolithischer Vorstellungen von »Persönlichkeit«. Wir haben viele »Selbste«, das hat die Erfahrung gezeigt (→Selbst). Von dieser Erkenntnis ist es noch ein beträchtlicher Schritt bis zur Betrachtung eines Komplexes als autonome Einheit innerhalb der Psyche; Jung behauptete jedoch, Komplexe verhielten sich »wie selbständige Lebewesen« (GW 8, § 253). Er führte aus, es gebe »*keinen prinzipiellen Unterschied zwischen einer Teilpersönlichkeit und einem Komplex*«. Die Komplexe seien »*abgesprengte Teilpsychen*« (GW 8, § 202, 204).

Ein Komplex ist eine Sammlung von Bildern und Vorstellungen, die um einen Kern gruppiert sind, der sich aus einem oder mehreren Archetypen ableitet; sie sind durch eine gemeinsame emotionale Tönung charakterisiert. Wenn sie ins Spiel kommen (»konstelliert« werden), tragen die Komplexe zum Verhalten bei und sind – ganz gleich, ob man sich ihrer bewußt ist oder nicht – durch das Auftreten eines Affekts gekennzeichnet (→Affekt). Besonders nützlich sind sie bei der Analyse neurotischer Symptome.

Die Vorstellung vom Komplex war so wichtig für Jung, daß er einmal überlegte, seine Konzepte als »Komplexe Psychologie« zu bezeichnen (→Analytische Psychologie). Jung nannte den Komplex die »*via regia* zum Unbewußten« und den »Architekt der Träume«. Das würde bedeuten, daß →Träume und andere symbolische Äußerungen in dichtem Bezug zu Komplexen stehen.

Dieses Konzept ermöglichte es Jung, die persönlichen und die archetypischen Komponenten der verschiedenen Erfahrungen eines Individuums miteinander zu verbinden. Ohne ein solches Konzept wäre es zudem schwierig, den Aufbau von Erfahrung zu erfassen; psychisches Leben wäre dann nämlich eine Serie unzusammenhängender Vorfälle. Außerdem beeinflussen laut Jung Komplexe auch das Gedächtnis. Der »Vaterkomplex« beinhaltet nicht nur ein archetypisches Vater-Bild, sondern auch eine Ansammlung aller Interaktionen mit dem Vater über die Zeit

(→Imago). Dadurch färbt der Vaterkomplex die Erinnerung an frühe Erfahrungen mit dem persönlichen Vater.

Mit seinem archetypischen Aspekt befindet sich das →Ich auch im Kern eines Ich-Komplexes, einer personifizierten Geschichte der Entwicklung des Bewußtseins und der Selbstwahrnehmung des Individuums. Der Ich-Komplex befindet sich in einer Beziehung mit den anderen Komplexen, die ihn oft in Konflikte verwickelt. Dann besteht die Gefahr der Abspaltung dieses oder eines anderen Komplexes, der dann die Persönlichkeit beherrscht. Ein Komplex kann das Ich überwältigen (wie in der →Psychose); das Ich kann sich auch mit dem Komplex identifizieren (→Besessenheit; →Inflation).

Man sollte auch daran denken, daß Komplexe an sich ganz natürliche Phänomene sind, die sich entlang positiver wie negativer Linien entwickeln. Sie sind notwendige Zutaten des psychischen Lebens. Wenn das Ich eine lebensfähige Beziehung zu einem Komplex herstellen kann, entsteht eine reichere und buntere Persönlichkeit. Zum Beispiel können sich die persönlichen Beziehungsmuster verändern, wenn die Wahrnehmung anderer Menschen sich verschiebt.

Jung entwickelte seine Vorstellungen durch Verwendung des Assoziationsexperimentes zwischen 1904 und 1911 (→Assoziation; →Assoziationsexperiment). Die Verwendung eines Psychogalvanometers im Rahmen dieses Experiments weist darauf hin, daß Komplexe im Körper verwurzelt sind und sich somatisch ausdrücken (→Körper; →Psyche).

Für Freud war die Entdeckung der Komplexe sehr wertvoll, da sie sein Konzept des Unbewußten empirisch belegte (→Unbewußt, das Unbewußte); heute benutzen allerdings nur noch wenige Psychoanalytiker diesen Begriff. Das Konzept des Komplexes jedoch wird bei vielen psychoanalytischen Theorien verwendet, insbesondere bei der Strukturtheorie – Ich, Über-Ich und Es sind Beispiele für Komplexe. Auch andere Therapierichtungen, wie die Transaktionsanalyse und die Gestalttherapie, unterteilen die Psyche des Patienten und / oder ermutigen ihn, mit relativ autonomen Teilen seiner selbst in Dialog zu treten.

Psychoanalytische Kommentatoren haben behauptet, Jungs Betonung der *Autonomie* der Komplexe sei ein sicherer Nachweis dafür,

daß bei ihm selbst eine ernsthafte psychiatrische Erkrankung vorgelegen habe (Atwood und Stolorow, 1979). Andere bestätigen Jungs Ansatz durch die Feststellung »eine Person, das ist eigentlich ein Sammelbegriff« (Goldberg, 1980).
In der Analyse kann man die Personifikationen (→Personifikation) verwenden, die aus den Komplexen entstehen; der Patient kann seinen verschiedenen Teilen »Namen« geben. Das derzeitige Interesse an der Komplextheorie rührt daher, daß sie bei der Darstellung von Nutzen ist, wie die emotionalen Geschehnisse des früheren Lebens fixiert und im Leben des Erwachsenen wirksam werden. Schließlich ist die Vorstellung von »Teilpsychen« relevant für die gegenwärtige Überarbeitung des Konzepts vom →Selbst.

Kultur
Im allgemeinen gebraucht Jung den Begriff in etwa synonym zu →Gesellschaft, das heißt er bezeichnet damit einen in gewissem Maße differenzierten und mehr seiner selbst bewußten Ausschnitt oder Gruppe, die zum →Kollektiv gehören. Im großen und ganzen gebrauchte er das Wort »Kultur« in bezug auf einen Prozeß, zum Beispiel in solchen Wendungen wie »kultivierter« oder »vollkommen archaisch und kulturlos«. Vom psychologischen Standpunkt aus schlägt er vor, daß Kultur auf eine Gruppe deute, die ihre eigene →Identität und ihr eigenes Bewußtsein (→Bewußtsein, Bewußtheit) entwickelt hat und zudem ein Gefühl von Kontinuität und Zweck oder →Sinn besitzt.

Kur
Im allgemeinen Sprachgebrauch die Veränderung von Krankheit zu Gesundheit. Jung bezog sich auf das weitverbreitete Vorurteil, die →Analyse vollbringe so etwas wie eine Kur, nach deren Beendigung erwartet werden könne, daß ein Mensch dann objektiv »kuriert« ist. Er sagte weiter dazu, dies sei allerdings nicht der Fall; es ist nämlich ganz unwahrscheinlich, daß es jemals eine Form von →Psychotherapie geben wird, die »kuriert«.
Jung sagte, es liege in der Natur des Lebens, daß es den Menschen Hindernisse beschere, manchmal in Form von Krankheit; solange

solche Hindernisse nicht übermäßig hoch sind, geben sie uns Gelegenheit, über inadäquate Anpassungsformen des →Ich zu reflektieren (→Reflexion), wodurch wir die Chance haben, eine angemessenere Einstellung zu entdecken und die entsprechenden Korrekturen vorzunehmen. Es war ihm allerdings bewußt, daß Veränderungen dieser Art nur für eine begrenzte Zeit von Wert sind und sich danach das Problem wieder durchsetzen könnte. Im Laufe der Zeit läßt sich erkennen, daß die →Integration schwieriger Erfahrungen aus Erfordernissen des →Selbst abgeleitet ist und schließlich zur →Individuation führen kann (→Ganzheit). Daher mag die Einstellung des Analytikers zur Kur dem Patienten helfen zu akzeptieren, daß eine neurotische Situation ein potentiell positiver Faktor in seinem Leben sein kann (→Analytiker und Patient; →Neurose).

Wegen ihrer dialektischen Natur wird die Analyse manchmal als »talking cure« bezeichnet; aufgrund Jungs Begriffsverbindung von →Psyche und →Sinn ist sie auch »Seelsorge« genannt worden. Jung war damit aber nicht einverstanden; er unterschied sehr genau zwischen der analytischen Arbeit und der kirchlichen Seelsorge, die von Pfarrern angeboten wird. Die Analyse sah er eher als Entsprechung zu einer medizinischen Intervention mit dem Ziel, die Inhalte des Unbewußten offenzulegen und sie für eine Integration in das Bewußtsein verfügbar zu machen (→Unbewußt, das Unbewußte; →Bewußtsein, Bewußtheit). Hier identifizierte er sich mit Freud und der psychoanalytischen Tradition.

Gleichzeitig hielt er jedoch neurotisches Leiden für potentiell sinnvoll und vertrat einen teleologischen Standpunkt (→Teleologischer Gesichtspunkt). Daher anerkannte er, daß die Arbeit des Analytikers Bedürfnissen dienen müsse, denen weder Ärzte noch Pfarrer gerecht werden, die beide nicht bereit sind, die Möglichkeit einer in der Psyche spontan wirkenden religiösen Funktion zu akzeptieren. So meinte er, daß diejenigen, die zu ihm kamen, über die Unmöglichkeit einer ein für allemal wirksamen Kur informiert werden müßten; auf der anderen Seite sollten sie zugleich darauf vorbereitet werden, die Möglichkeit eines unbewußten symbolischen Sinnes in ihrem Leiden anzuerkennen (→Heilen, Heilung).

L

Lebensmitte
→Lebensphasen

Lebensphasen
Jung ist als ein Vorreiter des wachsenden Forschungsgebiets der Psychologie des ganzen Lebens (die manchmal als Entwicklungspsychologie des Erwachsen bezeichnet wird) gewürdigt worden (Levinson, 1979). In seinem 1931 verfaßten Aufsatz »Die Lebenswende« (GW 8) beschäftigt sich Jung besonders mit der psychologischen Schwelle, die er in der Lebensmitte beobachtete. Er beschreibt sie als »Krise«, als problematische Phase und illustriert seine Hypothese mit Fallbeispielen, die zeigen, wozu mißlungene Antizipation und Anpassung an die Erfordernisse der zweiten Lebenshälfte führen. Jacobi (1957) folgte Jung hierin und sprach von zwei Phasen des Individuationsprozesses (→Individuation), entsprechend der ersten und der zweiten Lebenshälfte. M. Stein (1985) hat sich mit dem Übergangsstadium der Lebensmitte befaßt.

Idealerweise gehören zu den psychologischen Errungenschaften der ersten Lebenshälfte: Trennung von der Mutter, Erlangen eines starken →Ich, Aufgeben des Status der →frühen Kindheit und Kindheit und Aneignung einer erwachsenen Identität. Wenn dies alles geschafft ist, darf man vermuten, daß der betreffende Mensch eine soziale Position erreicht hat, eine Beziehung oder →Ehe eingegangen ist, Kinder hat und seiner Arbeit nachgeht. In der zweiten Lebenshälfte verschiebt sich der Schwerpunkt von der zwischenmenschlichen oder äußeren Ebene auf eine bewußte Beziehung zu innerpsychischen Prozessen. Die Abhängigkeit vom Ich muß durch eine Beziehung zum →Selbst ersetzt, die Hingabe an äußeren Erfolg um ein Interesse an →Sinn und geistigen Werten ergänzt werden. Jung betont besonders, daß man sich in der zweiten Lebenshälfte eines Lebenssinns bewußt werden sollte (→Bewußtsein, Bewußtheit). Hier wird nämlich das Näherrücken des Todes zur Realität. Letztlich gehört dazu eine gewisse Selbstannahme, eine natürliche

Fülle oder Blüte und das Gefühl eines zufriedenstellend und im Einklang mit seinen Möglichkeiten gelebten Lebens (→Individuation). Von der psychischen Struktur her gesehen läßt sich das als Bewußtmachung der Funktionen von →Anima und Animus und als Integration der inferioren Funktion formulieren (→Psyche; →Typologie).
Während die Jungsche Beschreibung im allgemeinen wohl zutrifft, gibt es doch eine Reihe von Problemen mit diesem Schema:
1. Warum wird im Rahmen einer Psychologie, die auch sonst nicht auf →Psychopathologie aufbaut, die Schwelle der Lebensmitte als so traumatisch und krisengeschüttelt begriffen? Als Rank vom »Geburtstrauma« schrieb, lehnte Jung die Idee ab und begründete das damals damit, daß man universelle Phänomene keinesfalls als traumatisch begreifen dürfe. Vielleicht verallgemeinerte Jung in seinem Konzept allzu frei seine eigenen Erfahrungen des Zusammenbruchs, der auf die Trennung von Freud folgte, als Jung Ende dreißig war (→Pathologie; →Psychoanalyse).
2. Man kann sich auch fragen, ob die Erreichung von Zielen der ersten Lebenshälfte immer »auf Kosten der Totalität der Persönlichkeit erfolgt« (GW 8, § 772). Auch hier: wie kann Natürliches schädlich sein? Jedenfalls ist sozial Erreichtes nicht immer Ergebnis einer einseitigen Entwicklung, obgleich das im Einzelfall durchaus so sein kann (→Neurose).
3. Jung kommt vom Gegensatzkonzept nicht los, und das macht die Einteilung etwas simpel und starr (→Gegensätze).

Lebenstrieb

Wo Jung vom Lebenstrieb schreibt, steht dieser immer im Zusammenhang mit dem →Todestrieb. Jung interessierte sich nämlich dafür, wie sich in der →Psyche progressive und regressive Kräfte vermengen. Symbole und Bilder vom Tod zum Beispiel kann man hinsichtlich ihrer Bedeutung und ihrem Sinn für das Leben verstehen; andererseits muß man Lebenserfahrungen und -bekundungen als zum Tode führend verstehen. Leben ist Vorbereitung auf den Tod, der seinerseits integral zum Leben gehört – so läßt sich Jungs Perspektive zusammenfassen (→Individuation; →Initiation; →Wiedergeburt).

Jung verwendet den Begriff »Lebenstrieb« nicht so präzise wie Freud. Die Spannung zwischen dem Selbsterhaltungstrieb und der Sexualität wird kaum erwähnt. (Jungs »Lebenstrieb« erinnert mehr an Freuds »Eros« – also an eine eher weitgefaßte Beschreibung der menschlichen Tendenz zu Versammlung, Zusammenschluß, Einheit und also Fortschritt.) Jungs Hinweise auf den Lebenstrieb bezeichnen eher eine allgemeine Lebensenergie (→Energie), einen élan vital oder eine Lebendigkeit. Das führt allerdings zu einem theoretischen Problem: Wenn die Energie nämlich mit dem Lebenstrieb *gleichgesetzt* wird, andererseits aber auch den Todestrieb *ernährt*, dann würde folgen, daß der Lebenstrieb den Todestrieb nährt. Dann würde der Dualismus einem Modell weichen, in dem der Lebenstrieb das Primäre ist. Um dies zu vermeiden, kehrte Jung in der Regel stets wieder zur Vorstellung einer neutralen Energie zurück, die gleichermaßen dem Lebens- wie dem Todestrieb dient – so gesehen, stehen beide Triebe im Dienste der Psyche und / oder des Menschen (→Eros).

Libido
→Energie; →Inzest; →Psychoanalyse

Logos
Griechisch für »Wort« oder »Vernunft«. Der Begriff, der sowohl im heidnischen als auch im jüdischen Altertum verwendet wurde, erscheint auch in frühchristlichen Schriften. Heraklit begriff »den Logos« als universelle Vernunft, die die Welt regiert; offenbar hat Jung den Begriff in dieser Bedeutung übernommen und verwendet. Man muß aber wissen, daß damit ein Prinzip bezeichnet wurde: Der Logos hat nicht den Status eines Gottesbildes (→Gottesbild) und ist auch keine archetypische Metapher (→Archetyp). Der Logos ist »wesentlich Vernunft«, die transzendente Vorstellung, die ihren Ausdruck im individuellen Leben findet. So hat jeder Mensch seinen *eigenen* Logos, der ihn letztlich mit dem Sinn verbindet (→Individuation).
Jung sprach vom Prinzip des Logos als Geist ohne Materie und beschrieb ihn als männlich. »Urteilskraft«, »Unterscheidung« und »Ein-

sicht« wurden von Jung als Synonyma für Logos verwendet, den er vom entsprechenden weiblichen Prinzip des Eros unterschied. Für letzteres gebrauchte er Worte wie »Liebe«, »Intimität« und »Bezogenheit«. Logos und Eros bilden →Gegensätze, und nach dem Gesetz der →Enantiodromie konstelliert die übermäßige Abhängigkeit von einem Prinzip dessen Gegenteil. Daher wird ein Mann mit rigide abwehrender Logos-Position vom entsprechenden gegensätzlichen psychischen Prinzip bedrängt, das in seinem Unbewußten durch Anima-Bilder aktiviert wurde (→Anima und Animus; →Kompensation). Zum Logos gehören die Vorstellungen von Universalität, geistiger Befruchtung sowie Klarheit und Rationalität. Er kann daher mit dem Animus identifiziert werden. All dies kontrastiert zu den persönlichen, gefühlshaften und quälenden Eigenschaften der Anima. Aber beide sind Triebkraft menschlichen Verhaltens (→Psychopompos).

Jung gab zu, daß Logos – wie Eros – ein Konzept ist, das weder genau bestimmt noch empirisch beobachtet werden kann. Als Wissenschaftler bedauerte er das; aber praktisch ging es ihm um die Konzeptualisierung eines Erfahrungsbereichs. Er sagte, er hätte den Bildern von Eros und Logos lieber Namen gegeben, zum Beispiel Sol und Luna wie die Alchemisten, die freilich diese Abstraktionen personifizierten. Aber er gab zu, daß der Gebrauch von Bildern eine stets wache und lebendige →Phantasie erfordert und jemandem, der nur intellektualisieren kann, nicht immer zusagt. Das →Bild ist in seiner Fülle für den Verstand allein nicht faßbar. »Begriffe«, schrieb Jung dazu, »bedeuten einen Geprägten und negotiierbaren Wert, [das archetypische Bild] dagegen Leben« (GW 14/1, § 220).

Wenn man man Logos (und Eros) als begrifflich allzu bestimmt und sauber empfindet, kann man sie auch als Begriffe verstehen, die Aspekte lebendiger Bilder zusammenfassen. Der Logos, in Jungs Verständnis männlich, wurde kulturell gleichgesetzt mit Mann, Ehemann, Bruder, Sohn und Vater. Jung meinte, der Vater habe einen natürlichen und oft unbewußten Einfluß auf Geist und Seele insbesondere seiner Tochter. Das könne ihr Vertrauen in den Verstand bis ins Pathologische steigern; sowohl Jung selbst als auch seine Frau (1967) beschrieben dies als »Animusbesessenheit« (→Besessenheit).

Jung beschrieb sehr überzeugend, was auf der kollektiven Ebene geschieht, sobald der Logos dominiert (→Kollektiv). Er meinte, das väterliche Logosprinzip ringe um Befreiung aus der primären Wärme und Dunkelheit des Mutterleibes. Aber der Geist, der dies wagt, erleidet unausweichlich die Nachteile einer Überbetonung patriarchalen Bewußtseins (→Bewußtsein, Bewußtheit). Nichts kann ohne sein eigenes Gegenteil existieren; daher kann auch das Bewußtsein nicht ohne das Unbewußte sein, genausowenig wie Logos ohne sein kompensatorisches Gegenstück, den Eros. Jungs Beobachtungen sind von Verfechtern eines patriarchalen Standpunktes wie auch von Vertretern der Frauenbewegung verwendet worden.

An anderer Stelle definiert Jung den Logos als »Dynamis des Gedankens und des Wortes« (GW 9/2, § 293). So betrachtet, nämlich abseits von Vorstellungen der Komplementarität von Männlich oder Weiblich, läßt er sich vielleicht leichter begrifflich fassen. Jung warnte davor, die Schöpfungskräfte über- und die Schöpfung selbst unterzubewerten. Darin sah er die Problematik des Zeitalters der Vernunft.
→Syzygie

M

Macht

Jungs frühe psychologische Formulierungen müssen einerseits in Beziehung zu und als Reaktion auf Theorien gesehen werden, die von seinen Mitpionieren und nächsten Kollegen im Bereich der →Psychotherapie entwickelt worden waren; andererseits geben sie seine eigenen kreativen Einsichten wieder. Einen Dialog führte er vor allem mit Alfred Adler und mit Freud. Adlers Werk basierte spezifisch auf dem Machttrieb als Beweggrund menschlichen Verhaltens, und Jung äußerte einmal kategorisch, nach seiner Meinung sei das Werk beider Männer auf der Hypothese aufgebaut, daß Menschen sich nach vorne drängen und sich mit Streben nach Erfolg oder einer Spitzenposition selbst behaupten. Er wandte dagegen letztlich ein, dies sei eine begrenzte, äußerst »maskuline« und unvollständige Sicht. Jung war überzeugt, daß es neben anderen archetypischen Bildern auch ein →Gottesbild in der menschlichen →Psyche gibt, und räumte dem Drang nach Selbstverwirklichung oder dem »Trieb zur Ganzheit« (GW 16, § 471) Priorität ein (→Ganzheit). Die Formulierung seiner Reaktion auf Adler läßt seine eigene religiöse Orientierung erkennen. Er sagte nämlich, seiner Meinung nach erkläre Adler mit seinem Beharren auf dem menschlichen Machttrieb als treibende Kraft »den Menschen aus […] der moralischen Minderwertigkeit« (GW 16, § 234).

Jung leugnete keineswegs, daß der Wille zur Macht (also der Wunsch, alle anderen Einflüsse dem →Ich zu unterwerfen) ein →Trieb ist. Er beurteilte ihn auch nicht nur negativ; vielmehr ist er ein starker und entscheidender Faktor für die Entwicklung von →Kultur. Auch hätte der Mensch ohne ihn keinen Antrieb, um ein Ich aufzubauen, das stark genug ist, um einerseits den Schicksalsschlägen des äußeren Lebens und andererseits insbesondere den Konfrontationen mit dem →Selbst in der eigenen Persönlichkeit gewachsen zu sein.

Vom Konzept her betrachtete Jung Macht als gleichwertig zu den Vorstellungen von →Seele, →Geist, Dämon, Göttlichkeit, Gesundheit, Stärke, →Mana, Fruchtbarkeit, →Magie, Prestige, Medizin, Einfluß – sämtlich Formen psychischer →Energie. Er bezeichnete die Archetypen als »autonome Machtzentren« und sah im →Archetyp nicht nur eine Bereitschaft zur Reproduktion gleichartiger mythischer Vorstellungen, sondern auch ein Kraftreservoir, das heißt »determinierende Energie«.

Jung definierte den Machtkomplex (→Komplex) als Summe aller Energien, Bestrebungen und Vorstellungen, die auf den Erwerb persönlicher Macht zielen. Wenn er die Persönlichkeit beherrscht, werden alle anderen Einflüsse dem Ich untergeordnet: ganz gleich, ob sie von anderen Menschen oder äußeren Gegebenheiten ausgehen oder ihren Ursprung in eigenen Impulsen, Gedanken und Gefühlen des Menschen haben. Andererseits kann man auch Macht besitzen, ohne deswegen machtbesessen oder einem Komplex zum Opfer gefallen zu sein. Eine Erweiterung des bewußten Umgangs mit Macht ist ein Ziel der Psychotherapie (GW 8, § 590).

Männlich
→Geschlecht

Märchen
Geschichten, die das kollektive Unbewußte repräsentieren (→Unbewußt, das Unbewußte). Sie stammen aus geschichtlicher und vorgeschichtlicher Zeit und porträtieren das ungelernte Verhalten und die Weisheit der menschlichen Spezies. Märchen offenbaren ähnliche Motive, die an weit voneinander entfernten Orten und zu verschiedenen Zeiten entdeckt werden können. Wie religiöse Vorstellungen (Dogmen) und Mythen (→Mythos) liefern sie Symbole, mit deren Hilfe unbewußte Inhalte ins Bewußtsein eingeleitet, gedeutet und integriert werden können (→Integration; →Symbol). Bei Forschungsarbeiten zur →Schizophrenie fand Jung heraus, daß diese typischen Verhaltensformen und Motive in Träumen, Visionen und den Wahnsystemen der Geisteskranken unabhängig von jeglicher Tradition auftauchen. Solche primordialen Bilder bezeichnete er als Archetypen (→Archetypus; →Bild).
Märchen sind Geschichten, die um archetypische Themen herum entstanden sind. Jung postulierte, sie hätten ursprünglich nicht der Unterhaltung gedient; vielmehr schufen sie eine Möglichkeit, über dunkle Mächte zu sprechen, die aufgrund ihrer Numinosität und magischen Kraft gefürchtet und unnahbar waren (→Numinosum). Die Eigenschaften solcher Mächte wurden in Märchen ebenso hineinprojiziert wie in Legenden und Mythen und manchmal auch in die Lebensgeschichte historischer Persönlichkeiten (→Mythos). Aufgrund dieser Kenntnisse stellte Jung fest, archetypisches Verhalten könne auf zweierlei Art untersucht werden, entweder im Märchen oder Mythos oder in der Analyse des einzelnen.
Gemäß diesem Wort Jungs haben analytische Psychologen Märchen zur Illustration psychischen Verhaltens verwendet. Von Franz (1987) hat sich am direktesten dem Märchen als »reinsten und einfachsten Ausdruck kollektiv unbewußter psychischer Vorgänge« gewidmet.

Magie

Versuch, unbewußte Kräfte aufzuhalten oder mit ihnen eins zu werden, um sie zu benutzen, zu besänftigen oder zu zerstören – und damit ihrer außerordentlichen Macht entgegenzuwirken oder sich ihren Konkurrenzabsichten zu verbünden (→Unbewußt, das Unbewußte). Je beschränkter der Bewußtseinsbereich eines Menschen, so Jung, desto öfter trifft er auf psychische Inhalte als quasi-äußere Erscheinungen, und zwar in Gestalt von Geistern oder als magische Kräfte, die auf lebendige Menschen, Tiere oder unbelebte Objekte projiziert werden (→Bewußtsein, Bewußtheit; →Geist). Diese Projektionen entsprächen autonomen oder halb-autonomen Komplexen, die noch nicht der →Integration unterworfen sind (→Projektion; →Komplex).

Der Glaube an Magie ist daher gleichbedeutend mit Unbewußtheit, über die das Individuum kaum oder gar nicht verfügen kann; die Ausführung magischer Riten gibt dem Betreffenden ein größeres Sicherheitsgefühl. Zweck dieser Riten ist die Aufrechterhaltung des psychischen Gleichgewichts. Dem zu Intervention befähigten Menschen (Zauberer, Schamane, Hexe, Priester oder Arzt) werden übernatürliche Kräfte zugeschrieben; er wird als Schwellengestalt und archetypische Figur erlebt, die einer Mana-Persönlichkeit entspricht (→Mana-Persönlichkeiten).

Malerei

Im Rahmen einer Analyse oder Selbstanalyse: Darstellung innerer Bilder in visueller Form. Die Bilder können Träumen, einer aktiven Imagination, →Visionen oder einer anderen Ausgestaltung der →Phantasie entstammen (→Träume; →Aktive Imagination).

Im späten neunzehnten Jahrhundert wuchs in Mitteleuropa das Interesse an den Malereien der Geisteskranken, wie Jung zweifellos wußte. Er begann schon früh in seiner Laufbahn selbst zu malen und Skulpturen anzufertigen und setzte das lebenslang fort. Er ermutigte auch seine Patienten zum Malen und deutete die Malereien in einigen Arbeiten (siehe besonders »Zur Empirie des Individuationsprozesses«, GW 9/1; »Der philosophische Baum«, GW 13).

Malerei

Am C.G. Jung-Institut in Zürich befindet sich ein Archiv mit Malereien von Analysanden.

Jungs Kommentare zum psychologischen Wert der Malerei konzentrierten sich sowohl auf den Prozeß als auch auf das Produkt. Das Bild fungiert als Vermittler zwischen dem Patienten und seinem Problem. Durch die Gestaltung einer Malerei gewinnt ein Mensch Abstand von seiner psychischen Verfassung. Der neurotisch oder psychotisch gestörte Mensch kann durch Malerei ein sonst unbegreifliches und nicht zu bewältigendes Chaos objektivieren.

Oft bedeutet die Unterscheidung zwischen dem Menschen und seiner Malerei den Beginn psychischer Unabhängigkeit. Bei der bildlichen Darstellung einer Phantasie imaginiert man sie immer mehr in allen Einzelheiten und ihrer vollständigen Form. Man bildet also nicht die Vision oder den Traum selbst einfach ab, sondern malt vielmehr aus dieser Vision oder jenem Traum *heraus*. Dadurch bekommt die bewußte →Psyche Gelegenheit zur Interaktion mit den aus dem Unbewußten hervorgebrochenen Inhalten (→Transzendente Funktion; →Unbewußt, das Unbewußte).

Malerei ist zunächst das Gegenteil einer aktiven Imagination. Man bemüht sich nämlich nicht um Aufdeckung und Freisetzung unbewußter Inhalte, sondern unterstützt sie vielmehr dabei, vollständig und bewußt zum Ausdruck zu kommen. Je ungeformter das Ausgangsmaterial, warnte Jung, desto größer die Gefahr vorzeitiger Festschreibung der Situation oder einer Beurteilung in moralischer, intellektueller oder diagnostischer Hinsicht.

Beim Umgang mit Bildern und deren →Deutung müssen Maler wie Analytiker große Vorsicht walten lassen. Jung ging bei seiner Arbeit stets davon aus, daß die Bilder dem Patienten gehören (wie seine Träume) und daß vor allem die Beziehung zwischen dem Maler selbst und seiner eigenen imaginativen Deutung der dargestellten Figuren gefördert werden muß.

Nachfolger Jungs haben die Malerei als Mittel eingesetzt, um die Freisetzung eines verdrängten Affekts anzuregen (→Affekt), und auch zu diagnostischen Zwecken. An Bilderserien läßt sich oft eine folgerichtige, quasi erzählte Entwicklung als Ausdruck eines Wandels der psychischen Situation ablesen.

→Mandala

Mana
→Mana-Persönlichkeiten

Mana-Persönlichkeiten
Der Begriff Mana stammt aus der Anthropologie und ist melanesischen Ursprungs; er bezeichnet die außergewöhnliche und zwingende Kraft, die von bestimmten Individuen, Orten, Handlungen und Ereignissen ebenso ausgeht wie von den Bewohnern der Geisterwelt (→Geist). Das »Charisma« ist das moderne Äquivalent dazu. Mana deutet auf die Existenz einer alles durchdringenden Lebenskraft, einer Urquelle von Wachstum oder magischem Heil, die mit einem primitiven Konzept von psychischer →Energie verglichen werden kann. Mana kann anziehen und abstoßen, zerstören oder heilen, indem es das →Ich mit einer übergeordneten Macht konfrontiert. Man sollte es nicht mit Numinosität verwechseln, die ausschließlich zur Gegenwart des Göttlichen gehört (→Numinosum). Es ist die quasi-göttliche Kraft, die zum Zauberer, Vermittler, Priester, Arzt, Trickster, zum Heiligen oder heiligen Narren gehört – zu jedem, der ausreichend an der Geisterwelt teilhat, um ihre Energie zu lenken oder auszustrahlen (→Magie).

Nach Jungs Tod haben Arbeiten über Übergangszustände bestätigt, daß während Grenzsituationen oder Borderline-Zuständen ein Mensch, sei er Initiand, Novize, Patient oder Analysand, für die Anziehung durch eine sogenannte Mana-Persönlichkeit besonders anfällig ist. Die Wirkung dieser realen oder projizierten Bilder besteht darin, daß sie dem Individuum das Gefühl der Orientierung auf eine realisierbare Bewußtseinserhöhung geben (→Bewußtsein, Bewußtheit). Don Juan ist dafür ein Beispiel, diese außergewöhnliche Mana-Persönlichkeit, die von Carlos Castaneda porträtiert wurde. In der Überzeugung, daß eine solche Figur eine höhere Bewußtseinsebene erreicht hat, hält man es für möglich, das auch selber zu schaffen, und vertraut dann darauf, in Gesellschaft solcher Figuren selbst den Übergang vollziehen zu können.

Leider hat die wissenschaftliche Analyse der Übertragungsbeziehung zwischen →Analytiker und Patient den Sinn für die Wirksamkeit dieser Bilder verloren. Als Übergangspersonen sind sie aber ungeheuer wertvoll, da in dieser Zeit die Projektion der Macht ganz wesentlich ist; ihre Integration erfolgt, wenn das Ich sie später diesen Personen wieder abringen und für das Individuum und dessen eigene Zwecke beanspruchen kann. Der Analysand erlebt danach noch eine zweite Konfrontation mit Mana-Persönlichkeiten, sobald →Anima und Animus ihrer halbmagischen Anziehung und Kraft beraubt sind. Dieses Mal werden sie aber nach innen projiziert und nehmen in der Regel die Gestalt geistiger Erscheinungen vom gleichen Geschlecht wie der Betreffende selbst an – je nachdem Personifizierungen von Gott-Vater, der Großen Mutter, des oder der Alten Weisen (→Große Mutter; →Alte Weise / Alter Weiser; →Energie; →Magie). (Jung pflegte sein ganzes Leben lang die Beziehung zu einer solchen Figur, die er malte und mit der er wiederholt Zwiegespräche führte: Philemon.) Mit Mana verbunden ist »der gesuchte ›Mittelpunkt‹ der Persönlichkeit«, schreibt Jung, »jenes unbeschreibliche Etwas zwischen den Gegensätzen oder das Vereinigende der Gegensätze oder das Resultat des Konfliktes oder die ›Leistung‹ der energetischen Spannung, das Werden der Persönlichkeit, ein individuellster Schritt vorwärts, die nächste Stufe« (GW 7, § 382).

Mana-Persönlichkeiten treten dann auf, wenn das →Ich bewußt mit dem →Selbst konfrontiert ist. Sie als bloße Vater- oder Mutterbilder zu verstehen hieße nach Jung, sie auf ein »nicht mehr, als« oder »nichts als« zu reduzieren. Die Mana-Persönlichkeit als ideales und unzerstörbares Bild ist entscheidend für den Initiationsprozeß (→Initiation), der ein neues Individualitätsgefühl verleiht. Die Gefahr in Übergangsperioden besteht jedoch in einer Identifikation mit den Mana-Figuren, die dann eine →Inflation nach sich zieht (→Identifikation; →Identität).

Mandala

Wort aus dem Sanskrit; bedeutet: »magischer Kreis«. Bezeichnet eine geometrische Figur, die einen von einem Quadrat umgebenen Kreis oder ein von einem Kreis umgebenes Quadrat darstellt. Das Mandala besitzt mehr oder weniger regelmäßige Unterabschnitte; es ist ein- oder mehrmals vierfach (acht-, sechzehnfach) unterteilt, strahlt von einem Zentrum aus oder bewegt sich auf ein Zentrum

zu, je nach Perspektive. In Jungs Verständnis drückt das Mandala die →Psyche, insbesondere das →Selbst aus. Mandalas können in Träumen oder Malereien während einer Jungschen →Analyse auftreten. Obwohl Mandalas ein Potential für →Ganzheit ausdrücken oder für kosmische Ganzheit stehen können (das gilt für die großen Mandalas der religiösen Tradition), können sie für fragmentierte Menschen auch im Dienste der Abwehr stehen.
→Sinn; →Religion

Maskulin
→Geschlechtsrolle

Mercurius
→Alchemie; →Transzendente Funktion; →Trickster

Metapher
Definition und Erforschung einer Gegebenheit durch Verweis auf das →Bild einer anderen. Metaphern werden als bewußter Kunstgriff in der Poesie verwendet; Geschichtenerzähler und Schriftsteller haben sie stets eingesetzt, um die Feinheiten des Mysteriums anzudeuten, oder als Hilfsmittel beim Versuch »das Unbeschreibbare zu beschreiben«. →Mythos, →Ritual und →Religion verwenden Metaphern.
Folgende Konzepte Jungs sind auf die Annahme gegründet, daß die Psyche in Bildern denkt, deren nächstliegendes rationales Äquivalent eine Analogie oder Metapher ist: Die Anerkennung eines in der Tiefe der →Psyche liegenden Reservoirs von unanschaulichen Bildern, die als Archetypen bezeichnet werden (→Archetyp); seine Definition des Symbols als »bestmögliche Formulierung einer relativ unbekannten Sache« (GW 6, § 895) (→Symbol); sein Nachdruck darauf, daß die →Deutung gewissenhaft und so dicht wie möglich am Traumbild bleiben sollte; sein Vergleich der psychischen Funktion des →Selbst mit einem →Gottesbild und schließlich seine Behauptung, eher →Sinn als Therapie lindere neurotisches Leiden

(→Neurose). So beabsichtigt seine Methode der →Amplifikation nicht nur, einen vollständigeren Bezugsrahmen für die Deutung zu gewinnen; vielmehr ist sie die Suche nach einer relevanten Metapher. Von dieser Metapher aus kann das rationale →Ich Verständnis für eine Mitteilung der Psyche bekommen oder sich dem zumindest annähern, während die Psyche sich durch ein erweitertes Bild im Bewußtsein neu orientieren kann (→Bewußtsein, Bewußtheit; →Imago).

Moral

Jung äußerte sich zu →Ethik und Moral als Analytiker und Psychiater: »Hinter dem Menschen steht weder die öffentliche Meinung noch der allgemeine Sittenkodex, sondern jene Persönlichkeit, die ihm noch unbewußt ist« (GW 11, § 390). Mit anderen Worten stellt sich psychologisch gesehen die Frage nach der Moral dann, wenn ein Mensch sich dem Problem gegenübersieht, was er werden *kann*, im Gegensatz dazu, was er werden *wird*, wenn ohne →Reflexion bestimmte Einstellungen aufrechterhalten, Entscheidungen gefällt und Handlungsweisen bevorzugt werden. Jung stellte fest, daß Moral keine Erfindung der Gesellschaft, sondern in den Gesetzen des Lebens verankert ist. Die Menschen erschaffen selbst die →Kultur, indem sie in Kenntnis ihrer moralischen Eigenverantwortlichkeit handeln; nicht umgekehrt.

Im Gegensatz zum Freudschen →Über-Ich wies Jung darauf hin, daß ein angeborenes Individualitätsprinzip jeden Menschen dazu zwingt, moralische Urteile in Übereinstimmung mit sich selbst zu fällen. Dieses Prinzip, zu dem eine primäre Verantwortlichkeit gegenüber dem →Ich gehört und das andererseits in Beziehung zu den übergeordneten Erfordernissen des →Selbst (was eine Person werden *kann*) steht, kann höchst willkürliche und schwierige Forderungen stellen. Diese können den Eindruck erwecken, als ob sie den Kollektivstandard (→Kollektiv) kaum oder überhaupt nicht berücksichtigen – und doch erhalten sie ein Gleichgewicht innerhalb der →Gesellschaft aufrecht. Die bewußte Entscheidung, einen Ich-Standpunkt aufzugeben oder auf ihn zu verzichten (ihn zu opfern) (→Opfern, das Opfer), führt vielleicht zu einer dem Anschein nach nur geringen persönlichen und unmittelbaren äußeren Befriedigung; sie rückt aber die Dinge psychologisch zurecht, das heißt, in Jungs Worten, sie »wirkt«. Sie stellt zwischen bewußten und unbewußten Kräften wieder ein Gleichgewicht her (→Unbewußt, das Unbewußte).

Jede Begegnung mit einem →Archetyp stellt ein moralisches Problem dar, das schwieriger wird, wenn das →Ich schwach und gegenüber der vom Archetyp ausgehenden, numinosen Anziehungskraft unentschieden bleibt. Der Archetyp des Selbst vermittelt eine starke und gebieterische Aufforderung. Jung scheint sagen zu wollen, daß man sogar gegenüber der Autorität des Selbst bewußt »Nein« sagen kann; man kann auch mit dem Selbst zusammenarbeiten. Unmoralisch ist aber der Versuch, das Selbst zu ignorieren oder zu verleugnen, da man dann das eigene einzigartige Seinspotential in Abrede stellt. Diese Vorstellungen stehen im Einklang mit Jungs grundlegendem Gegensatzkonzept (→Gegensätze); der Konflikt der Gegensätze wirft das eigentliche moralische Problem für die Persönlichkeit auf (→Ich-Selbst-Achse)

Mundus imaginalis

Imaginale Welt. Dieser Begriff wurde vom Islam-Gelehrten Corbin (1979) eingeführt und von Hillman (1980) und Samuels (1985b) in die Analytische Psychologie übernommen. Dem Begriff »imaginal« wird der Vorzug gegeben vor »imaginär«, um eine Wahrnehmungs- oder Seinsweise zu bezeichnen, nicht eine Bewertung. Er bezieht sich auf eine definierte Realitätsebene oder -ordnung, die genau in der Mitte zwischen den Sinneseindrücken des Körpers und entwickelter Erkenntnis (oder Geistigkeit) liegt. Man kann sich den Mundus imaginalis als Ort der archetypischen Bilder vorstellen (Hillman) oder als interaktionellen und intersubjektiven Bereich von Bildern, der eine Beziehung zwischen zwei Menschen fördert, zum Beispiel zwischen →Analytiker und Patient (Samuels).
→Archetyp; →Bild

Mutter
→Archetyp; →Ehe; →Frühe Kindheit und Kindheit; →Große Mutter; →Imago

Mythos
Jungs Untersuchungen von Trauminhalten (→Träume) und Halluzinationen seiner psychotischen Patienten führten ihn zur Schlußfolgerung, daß es unzählige psychische Verknüpfungen gebe, für die er Parallelen nur in der Mythologie finden könne. Indem er vorangegangene Assoziationen (→Assoziation) seiner Patienten und jegliches »vergessenes Wissen« über diese Verknüpfungen ausschloß, glaubte er, sich hier Elementen gegenüberzusehen, die abseits jeglichen bewußten Einflusses stehen. Daraus folgerte er, daß die Vorbedingungen für die Entstehung von Mythen in der Struktur der →Psyche selbst liegen müssen. Er postulierte die Existenz eines kollektiven Unbewußten, eines Reservoirs archetypischer Strukturen, Erfahrungen und Themen (→Unbewußt, das Unbewußte).

Mythen sind Geschichten archetypischer Begegnungen. Wie das Märchen der Funktionsweise des persönlichen Komplexes analog ist, so ist der Mythos eine →Metapher für das Funktionieren des Archetyps an sich (→Komplex; →Archetyp). Jung folgerte, der moderne Mensch sei, wie seine Ahnen, ein Mythenmacher; er reinszeniert uralte Dramen, die auf archetypischen Themen basieren, und kann sich durch seine Fähigkeit zu Bewußtheit aus ihrem zwingenden Griff befreien (→Bewußtsein, Bewußtheit).

In einer Mythenfolge stehen die frühesten Götter und Göttinnen für eine elementare Anlage, die sich in den Geschichten ihrer Abkömmlinge entfaltet oder dort differenziert wird. Mythische Erzählungen zeigen, was passiert, wenn ein Archetyp freie Bahn hat und keine bewußte Intervention durch Menschen erfolgt. Individualität heißt dagegen Konfrontation und Dialog mit diesen Schicksalsmächten in Anerkennung ihrer Urkraft, ohne sich dieser jedoch zu unterwerfen.

Die moderne Psychologie muß daher, so Jung, die unbewußten Phantasieprodukte, einschließlich der mythologischen Motive, als

Mitteilungen der Psyche über sich selbst begreifen. Wir erfinden Mythen nicht; wir erleben sie. »Die Mythen sind ursprünglich Offenbarungen der vorbewußten Seele, unwillkürliche Aussagen über unbewußtes seelisches Geschehen, und nichts weniger als Allegorien physischer Vorgänge« (GW 9/1, § 261). Zum Beispiel schrieb Jung, daß sie das psychische Leben von »Primitiven« nicht *repräsentieren*, sondern *sind* (→Primitiv, die »Primitiven«). Wenn solche Motive während einer Analyse plötzlich auftauchen, sind sie von entscheidender Bedeutung. Der Analytiker sollte nicht meinen, daß sie bloß gewissen kollektiven Elementen entsprechen (→Kollektiv); er sollte sich vielmehr bewußt sein, daß diese Elemente wohl oder übel in der →Seele eines heutigen Menschen re-aktiviert werden.

Nicht nur ähnelt das Verhalten des Unbewußten dem Funktionieren des Mythos – auch wir selbst nehmen am »lebendigen und gelebten Mythos« teil. Die →Pathologie spiegelt sich im Mythos, das Bewußtsein aber kann mythische Themen ausweiten oder vermehren. Jungs Sicht der Mythologie steht also in direktem Gegensatz zur Position Freuds und ist von Bedeutung für die →Regression. Man braucht die Regression, die immer mit archetypischem Verhalten zu tun hat, nicht nur als Versuch zur Realitätsvermeidung verstehen; man kann sie auch als Suche nach neuen Mythologemen verstehen, mit deren Hilfe Realität wieder herzustellen ist. Jung meinte auch hier, daß die Analytiker mythologische Motive mißbrauchen, solange sie ihnen nur als Etiketten für gewisse psychische Verhaltensmuster dienen und nicht als Symbole gesehen werden, die die Erkundung neuer Möglichkeiten schwungvoll aktivieren und ermöglichen (→Inzest; →Symbol).

Es birgt auch Gefahr in sich, den Mythos wörtlich zu nehmen. Der Mythos gleicht gewissen Aspekten der persönlichen Erfahrung; sie aber damit ersetzen zu wollen, hat eine →Inflation zur Folge. Der Mythos liefert eine metaphorische Sichtweise; er ist aber keine Erklärung und auch keine Prophezeiung, die in Erfüllung geht. Er ist ein unpersönliches Bild, das dem individuellen Ausdruck psychischen Raum gibt. →Reduktive und synthetische Methode

N

Narr
→Trickster

Narzißmus
Jung äußert sich selten explizit über den Narzißmus; dabei konzentriert er sich im allgemeinen darauf zu zeigen, wie dieser psychopathologische Begriff unkorrekterweise auf gesunde psychische Aktivität angewandt wurde. Zum Beispiel sind Meditation und Kontemplation entschieden nicht pathologisch narzißtisch (GW 14, § 709); zu dem Vorwurf, Künstler seien narzißtisch, äußerte Jung: »Jeder, der seine eigene Linie soviel wie möglich durchführt, ist ein Narziß« (GW 15, § 102). Kurz: Jung akzeptierte die ihm geläufige Verwendung des Begriffs für einen pathologischen Zustand, wollte sie aber begrenzen auf das, was er »onanistische Selbstliebe« (GW 10, § 204) nannte.
Die enorme Veränderung der psychoanalytischen Einstellung zum Narzißmus etwa seit 1970 führte dazu, daß viele Autoren sich für das Thema interessierten. Diese Veränderungen in der Psychoanalyse haben die analytischen Psychologen zu einer Überprüfung ihrer eigenen Konzepte angeregt; so entdeckten sie, daß viele der Ideen Jungs nicht nur – obwohl früher formuliert – Parallelen zur Entwicklung innerhalb der Psychoanalyse aufwiesen, sondern daß zusätzlich auch ein speziell »Jungscher« Beitrag zu bedenken ist (siehe unten).
Für Freud war der *primäre* Narzißmus eine Selbstliebe, eine libidinöse Besetzung des eigenen Körpers, die der Fähigkeit vorausgeht, in Beziehung zu anderen zu treten und diese zu lieben. *Sekundärer* Narzißmus ist die Verlagerung der gesamten Welt der Objekte in das Selbst oder auch die fehlende Erkenntnis der Getrenntheit des Selbst und der Objekte voneinander. Damit ließe sich das populäre Verständnis rechtfertigen, wonach eine narzißtische Person als abgeschnitten von anderen, nur mit sich selbst beschäftigt, eitel und etwas hochtrabend in der Art gilt. Auch die Benennung des

Zustandes nach dem hübschen griechischen Knaben, der sich in sein eigenes Spiegelbild verliebte und dabei dachte, es handele sich um eine andere Person, wäre so erklärt. Sicherlich bezieht sich der sekundäre Narzißmus (oder eine narzißtische Persönlichkeitsstörung) im klinischen Sprachgebrauch genauso auf das phantasierte Leben wie auf das beobachtbare Verhalten. Auf den ersten Blick erscheinen viele narzißtische Patienten als sozial recht gut angepaßt.

Mittlerweile meinen viele Psychoanalytiker, Narzißmus bestehe das ganze Leben hindurch weiter und könne je nach den Umständen eine gesunde oder ungesunde Tönung annehmen. Das ist etwas ganz anderes, als wenn man Gesundheit auf eine Überwindung des Narzißmus in seiner primären Form beschränkt und seine fortwährende Anwesenheit in sekundärer Form als pathologisch geißelt. Narzißtische Störungen werden als Ergebnis mangelnder Empathie seitens der Eltern gesehen, was dazu führt, daß sich die authentische Selbstliebe nur mangelhaft aus der Liebe anderer entwickeln kann und daß eine Persönlichkeitsstruktur errichtet wird, in der Gefühle von Leere und ein Mangel an Selbstwertgefühl durch offensichtliches Aufputzen getarnt werden (vgl. Kohut, 1975, 1979).

Nach Kohut verläuft die narzißtische Entwicklung entlang einer eigenen, gesonderten Linie, so wie man auch von den Objektbeziehungen annimmt, daß sie eine eigenständige Entwicklungslinie besitzen. Es ist wichtig zu bemerken, daß es eigentlich keinen Grund gibt, warum die narzißtische Entwicklung und die Objektbeziehungen gegensätzlich verlaufen sollten. Im Gegenteil: sie ergänzen sich. Dennoch sind die Selbst-Psychologie, zu der Kohut aufgrund seiner Ideen über den Narzißmus gelangte, und die Sicht der Objektbeziehungspsychologie ziemlich verschieden. Erstere gebraucht die Empathie (von Kohut als »stellvertretende Introspektion« bezeichnet), um vom Inneren eines Menschen aus zu begreifen, wie es wohl sein mag, dieser Mensch zu sein. Die Objektbeziehungen sind etwas abseitiger, in Kohuts Worten: »erfahrungsfern«. Der Hauptdissens scheint im Verständnis eines *Konfliktes* zu liegen. Der abseits stehende Beobachter kann alle möglichen inneren Konflikte sehen, aber der betreffende Mensch fühlt sich trotzdem als ein Ganzes (ein Selbst). Darüber gibt es jetzt in der

Psychoanalyse eine hitzige Debatte (vgl. Tolpin, 1980). Weiter unten diskutieren wir einen Beitrag, den die →Analytische Psychologie hier liefern könnte.

Zur narzißtischen Entwicklung gehört positives Engagement und Investieren in die eigene Person, die Entwicklung und Aufrechterhaltung eines Selbstwertgefühls sowie der Aufbau und das Erreichen von Ambitionen und Zielen; außerdem die Entwicklung von Werten und Idealen. So verstanden wird narzißtische Entwicklung zu einer lebenslangen Aufgabe.

Die Beziehung zum →Selbst ist archetypisch strukturiert und also von einer faszinierenden und bezwingenden Qualität, einer gewissen Numinosität erfüllt (→Numinosum); daher elektrisiert dieses Thema einige analytische Psychologen. In gewissem Sinne *ist* die Beziehung zum Selbst das Selbst, und so ergibt sich eine Verbindung zwischen Narzißmus und →Individuation (vgl. Gordon, 1978; Schwartz-Salant, 1982). Kohut entwickelte sein Konzept vom Selbst aus dem Bedürfnis nach einem Konstrukt, das bei der Erforschung von *Gefühlen*, nicht von Phänomenen, hilft. Aber das ist nicht der einzige Aspekt seines Werks, der analytische Psychologen anzieht. Kohut zieht Freuds psychobiologischen Ansatz in Zweifel; er ist ihm zu mechanistisch und allzu sehr konzentriert auf die Modifizierung des Lustprinzips. Nach Kohut befand sich Freud im Griff einer »Moral der Reife«; er habe von uns gefordert, daß wir erwachsen werden sollten auch um den Preis unserer Menschlichkeit. Kohuts Positionen sind auch eine Reaktion auf die Ich-Psychologie, deren Begrenztheit als Mittel zur Erforschung der ganzen Persönlichkeit er spürte.

Die Analytische Psychologie hat sich historisch anders entwickelt als die Psychoanalyse; für sie ist daher die Zwillingsperspektive Ich- versus Selbst-Psychologie ein viel geringeres Problem. Der Hauptgrund dafür ist, daß die Archetypentheorie eine Vorstellung vom Selbst als etwas Gegebenem zuläßt, das schon bei (oder vor) der Geburt existiert und funktioniert. Die Psychoanalyse sieht das Selbst eher als etwas zu Erlangendes, zu Leistendes. Man beschäftigt sich mit einer genauen Beschreibung dessen, wie dies geschieht; daher der Streit. Andererseits meinen manche Kommentatoren, »Kohuts Selbst« sei der Jungschen Vorstellung darin ähnlich, daß es einen

unerkennbaren, kosmischen Aspekt zu haben scheint (Jacoby, 1981).
Es scheint allgemeine Übereinstimmung darüber zu bestehen, daß die Behandlung eines narzißtisch gestörten Patienten die sorgfältige Anwendung einer modifizierten Technik erfordert. Seine Neigung zur Inkorporation der Welt der Objekte interferiert mit der Fähigkeit zur Symbolisierung. Darüber hinaus können Übertragungsdeutungen nur nach einer langen empathischen Beziehung wirksam sein, die der Omnipotenz und Grandiosität des narzißtisch gestörten Patienten genügend Zeit und Raum einräumt, um abgetragen werden zu können (vgl. Ledermann, 1979). Es geht darum, daß seine Omnipotenz und Grandiosität eine verquere Form des Wesenskerns sind, den er in der Beziehung zu seinen Eltern hätte erwerben können, aber eben nicht erworben hat.
Wenn wir uns daran erinnern, daß eine narzißtische Persönlichkeitsstörung aus ungenügender Versorgung durch die Eltern entstehen soll, dann wird auch der Grund für die Aufregung innerhalb der Analytischen Psychologie klarer. Wir können nämlich sehen, daß das Selbst, die Totalität der Persönlichkeit, die übergeordnete Persönlichkeit, das →Gottesbild, das in seinem Kern archetypisch ist, für seine je individuelle Inkarnation auf die Gefühlserfahrungen in der frühen Kindheit angewiesen ist. Die Analyse früher Erfahrungen vermittels der Übertragung kann die Tiefe und Majestät des Selbst berühren, ja ihm sogar die Befreiung ermöglichen.
→Analytiker und Patient

Neurose

Jung widerstand der Tendenz der Psychiatrie seiner Zeit, enorme Anstrengungen auf eine korrekte Klassifizierung der Geisteskrankheiten zu verwenden (→Geisteskrankheit; →Pathologie). Abgesehen von der ausführlichen Unterscheidung zwischen Neurose und →Psychose (insbesondere zwischen Einstellung und Stärke des →Ich in →Hysterie und Schizophrenie), gibt es daher in seinen Schriften auch keine gut entwickelte Systematik (GW 2, § 1070). Zum Beispiel gibt es keine Parallele zu Freuds Unterscheidung zwischen Aktualneurosen, die sich von der Sexualität selbst herleiten, und Psychoneurosen (wie etwa Hysterie), die sich von einem nicht zu bewältigenden Konflikt herleiten. Laplanche und Pontalis (1973, S. 329) bemerken jedoch:

> Man kann schwerlich die Differenzierung zwischen den psychotischen, perversen und neurotischen Strukturen als vollkommen ansehen. Daher ist es die unvermeidliche Gefahr unserer Definition, in dem Maße zu weit zu sein, wie sie sich, wenigstens teilweise, auch auf Perversionen und Psychosen anwenden läßt.

Insgesamt fand Jung die neurotische Persönlichkeit viel interessanter als die Neurose selbst. Die Neurose sei nicht vom Rest der Persönlichkeit zu trennen; vielmehr sei sie als insgesamt pathologisch gestörte →Psyche zu sehen. In der →Analyse kommt es schließlich auf den Inhalt der Komplexe an (→Komplex), nicht auf die feinsäuberliche klinische Einschätzung.

Wo er Neurose definierte, sprach Jung von einseitiger oder unausgewogener Entwicklung. Manchmal besteht das Ungleichgewicht zwischen dem Ich und einem oder mehreren Komplexen. Gelegentlich benutzt Jung sein psychisches Modell, um die Schwierigkeiten des Ich in der Beziehung zu anderen psychischen Instanzen wie der Anima oder dem Animus und dem →Schatten zu erläutern (→Anima und Animus). Neurose ist daher eine (zeitweilige) Insuffizienz in der natürlichen Fähigkeit der Psyche zur Selbstregulation (→Selbstregulatorische Funktion der Psyche; →Kompensation).

Gleichzeitig kann man neurotische Symptome so verstehen, daß sie mehr sind als nur der Ausdruck einer darunterliegenden Störung oder eines Ungleichgewichts. Sie können insofern als Versuch zur Selbstheilung (→Heilen, Heilung) verstanden werden, als sie die Aufmerksamkeit eines Menschen auf die Tatsache konzentrieren, daß er aus dem Gleichgewicht ist und an Un-wohlsein krankt (→Teleologischer Gesichtspunkt).

Zum klinischen Bild der Neurose gehört oft, nicht immer, ein Gefühl von Sinnlosigkeit. Das brachte Jung dazu, die typische Neurose metaphorisch als religiöses Problem zu bezeichnen (GW 11, §§ 500-515). →Sinn; →Religion

Jungs Widerwillen, die Reduktion auf infantile Wirkfaktoren als Erklärung zu benutzen, hatte zur Folge, daß er kein geschlossenes

Konzept von der →Ätiologie der Neurose hinterlassen hat. Das Erscheinungsbild einer Neurose läßt sich allerdings mitttels deskriptiver Verwendung der Komplextheorie erklären. Manchmal aber scheint Jung anzudeuten, daß eine Neurose auf die angeborene Konstitution zurückgeht (→Archetyp; →Psychische Wirklichkeit; →Reduktive und synthetische Methode).

Numinosum
Jung beschrieb 1937 das Numinosum als

eine dynamische Existenz oder Wirkung, die nicht von einem Willkürakt verursacht wird. Im Gegenteil, die Wirkung ergreift und beherrscht das menschliche Subjekt, welches immer viel eher ihr Opfer denn ihr Schöpfer ist. Das Numinosum – was immer auch seine Ursache sein mag – ist eine Bedingung des Subjekts, die unabhängig ist von dessen Willen. [...] Das Numinosum ist entweder die Eigenschaft eines sichtbaren Objektes oder der Einfluß einer unsichtbaren Gegenwart, welche eine besondere Veränderung des Bewußtseins verursacht. (GW 11, § 6) (→Bewußtsein, Bewußtheit)

Es verweigert sich einer Erklärung, scheint aber eine individuelle Botschaft zu übermitteln, die zwar mysteriös und rätselhaft, aber auch tief beeindruckend ist.
Jung meinte, daß bewußter oder unbewußter Glaube, das heißt eine vorgegebene Bereitschaft, auf eine transzendente Macht zu vertrauen, eine Vorbedingung für die Erfahrung des Numinosum ist. Das Numinose kann nicht besiegt werden; man kann sich ihm lediglich öffnen. Aber eine Erfahrung des Numinosum ist mehr als die Erfahrung einer gewaltigen und bezwingenden Kraft; es ist die Konfrontation mit einer Kraft, die einen noch undeutlichen, anziehenden und schicksalhaften →Sinn in sich trägt.
Diese Definition entsprach der Rudolf Ottos in dessen Buch »Das Heilige« (1987); Jung meinte, die Begegnung mit dem Numinosum gehöre zu jeder religiösen Erfahrung. Die Numinosität ist ein Aspekt eines übergeordneten – individuellen oder kollektiven – Gottesbildes (→Kollektiv; →Gottesbild). Durch Untersuchungen religiöser Erfahrungen gelangte Jung zur Überzeugung, daß dabei vorher unbewußte Inhalte (→Unbewußt, das Unbewußte) die Kontrolle des

→Ich durchbrechen und die bewußte Persönlichkeit genauso überwältigen, wie Einbrüche des Unbewußten das in pathologischen Situationen tun. Die Erfahrung des Numinosum ist jedoch nicht regelmäßig pathologisch. Als er einmal zu Berichten über individuelle Begegnungen mit dem »Göttlichen« befragt wurde, blieb Jung dabei, daß er nicht unbedingt einen Beweis für die Existenz Gottes gefunden habe; jedenfalls aber seien die Erfahrungen von solcher Tiefe, daß bloße Beschreibungen keinen Eindruck ihrer Wirkungen vermitteln könnten.

Die heutige Humanistische Psychologie nennt solche eindrücklichen Geschehnisse »peak experiences«.

→Geist; →Religion; →Vision

Objektbeziehungen, Objektbeziehungstheorie

In der Psychoanalyse entwickelte Theorie, derzufolge die psychische Aktivität auf der Basis von menschlichen Beziehungen zu »Objekten« verstanden wird (das heißt zu Gegebenheiten, die die Aufmerksamkeit anziehen und / oder ein Bedürfnis befriedigen; keine »Dinge«). Man kann diese Theorie den trieborientierten Ansätzen gegenüberstellen, die den Objektbeziehungstheoretikern mechanistisch vorkommen.

Jung benutzte zwar nicht den Begriff, aber sein Ansatz verwendet implizit Objektbeziehungen. Jungs Sicht der →Psyche ist charakterisiert durch:

- Nachdruck auf Beziehungen zwischen den verschiedenen Teilen der Psyche;
- Beziehungen zwischen diesen Teilen und der Außenwelt;
- Ausarbeitung der Konsequenzen aus der Tendenz der Psyche zu Fragmentierung, Spaltung, →Dissoziation, →Personifikation und so weiter.

Hier existiert also eine Parallele zum psychoanalytischen Konzept der Partialobjekte, die vom Subjekt ausschließlich als Mittel zur Bedürfnisbefriedigung betrachtet werden. Das Äquivalent des psychoanalytischen Konzepts vom vollständigen Objekt findet sich in Jungs Spekulation über die Vereinigung der Gegensätze (→Coniunctio; →Gegensätze). Jungs Beschreibungen bestimmter psychischer Prozesse geben weitere Hinweise auf die Ähnlichkeit seiner Perspektive zur Sicht der Objektbeziehungstheoretiker. Zum Beispiel beschreibt Jung in seiner Darstellung der Großen Mutter (→Große Mutter), die stets zwei gegensätzliche Aspekte enthält, die Grundlage der Objektspaltung durch das Kind. →Archetyp; →Depressive Position; →Identität; →Paranoid-schizoide Position; →Participation mystique

Es gibt zwar in der Objektbeziehungstheorie kein explizites Äquivalent für das →Selbst; es wurde jedoch die Ansicht geäußert, dieses Konzept sei darin implizit enthalten oder mindestens mit der Objektbeziehungstheorie kompatibel (Sutherland, 1980). Auf der anderen Seite argumentierte Kohut, die Ansätze von Objektbeziehungstheorie und Selbst-Psychologie seien nicht miteinander zu vereinbaren (Tolpin, 1980). Das liegt daran, daß die erstere wie von einem außenstehenden Beobachter konstruiert ist; sie ist erfahrungsfern. Der letztere Ansatz ist dagegen erfahrungsnah, von der Empathie abgeleitet und berücksichtigt, daß wir zwar über einen Menschen in der Kategorie seiner inneren und äußeren Objekte sprechen können, daß sich der Mensch selbst so aber nicht erlebt. Zu dieser Debatte in der Psychoanalyse gibt es in der Analytischen Psychologie keine Parallele (→Analytische Psychologie; →Narzißmus; →Selbst).

Objektive Psyche

Jung bezeichnete damit zweierlei: zum einen die Tatsache, daß die →Psyche als Quelle von Wissen, Einsicht und Vorstellung eine objektive Existenz besitzt (1986); →Psychische Wirklichkeit. Zweitens sollte der Begriff darauf hinweisen, daß gewisse Inhalte der Psyche objektiver, nicht subjektiver oder persönlicher Natur sind. In dieser Hinsicht ist die objektive Psyche gleichbedeutend mit dem von Jung so genannten »kollektiven Unbewußten« (GW 7, § 103 Anm.).
→Archetyp; →Bild; →Unbewußt,das Unbewußte

Ödipuskomplex
→Inzest; →Psychoanalyse

Opfern, das Opfer
In seinen Schriften über das Opfern und das Opfer offenbart Jung fast seine eigene Theologie. In der Alltagssprache hat das Wort »Opfern« zwei Bedeutungen: sich etwas versagen oder etwas aufgeben. Beide sind für das Opfer in psychologischer Hinsicht bedeutsam; keine entspricht indes völlig der ursprünglichen Bedeutung, in der Opfern »weihen«, »heiligen« heißt. Die Opferhandlung bedeutet die Anerkenntnis eines Ordnungsprinzips, das dem gegenwärtigen Bewußtsein überlegen ist.

Jung räumt ein, daß irgendwann jedem ein Opfer abverlangt werde, das heißt das Aufgeben einer liebgewonnenen psychischen Einstellung – ganz gleich, ob neurotisch oder nicht. Die Forderung geht immer über eine bloß beiläufige Anpassung hinaus. Dabei wird ein Anspruch des →Ich bewußt aufgegeben zugunsten einer veränderten Einstellung, die scheinbar mehr →Sinn und Bedeutsamkeit enthält. Die damit verbundene Entscheidung und der Übergang von einer Sichtweise zu einer anderen ist schwierig; Jung sah hierin das Muster, das stets im Spiel ist, wenn unbewußte Inhalte auftauchen und →Gegensätze miteinander im Konflikt stehen (→Unbewußt, das Unbewußte; →Wandlung; →Initiation). Das Opfer ist der Preis, den wir für Bewußtheit zahlen (→Bewußtsein, Bewußtheit).

Die Opfergabe steht symbolisch für einen Teil der eigenen Persönlichkeit und der eigenen Selbstachtung; jedoch lassen sich die Implikationen des Opfers nie im vorhinein genau abschätzen. Gemäß der mythologischen und religiösen Tradition muß die Gabe so vollständig weggegeben werden, als ob sie zerstört werden solle. Daher ist es unmöglich, über Opfer nachzudenken, ohne direkt oder indirekt daran gemahnt zu werden, daß es seinen Sinn auch durch die Verbindung zu einem →Gottesbild bekommt. Jung hält die Notwendigkeit des Opfers nicht für ein Überbleibsel archaischen Aberglaubens, sondern sieht sie vielmehr als wesentlichen Teil des Preises, den wir für unser Menschsein bezahlen müssen. Mit der Aussage, das →Selbst fordere das Opfer, hat man wohl eine logische Antwort gegeben, kann jedoch zugleich die damit verbundene Beziehung leicht außer acht lassen.

Das analytische Wissen um diese Wechselwirkung erfordert die Bewußtmachung der religiösen Funktion der Psyche. Davor scheuen viele Analytiker jedoch zurück, vielleicht weil sie irrigerweise eine →Analyse der religiösen Funktion mit einer Analyse der →Religion gleichsetzen. Durch das Verstehen des Opfers wird das Vorhandensein eines Sinns noch im Verlust bestätigt – dadurch kann häufig die Wirkung einer Desintegration umgekehrt werden.

P

Paranoid-schizoide Position
Von Melanie Klein eingeführter Begriff, der ein Entwicklungsstadium in den Objektbeziehungen bezeichnet, wo das Kleinkind noch nicht erkennen kann, daß die Bilder der guten und der bösen Mutter, auf die es sich bezogen hat, zur selben Person gehören (→Objektbeziehungen, Objektbeziehungstheorie; →Depressive Position; →Große Mutter; →Bild). Die paranoid-schizoide Position wird zwar der depressiven Position (während der die Spaltungen in der Persönlichkeit und im Objekt geheilt werden) gegenübergestellt, aber in gewissem Maße finden auch Bewegungen in beide Richtungen statt, und im Erwachsenenleben lassen sich normalerweise beide Positionen nachweisen.

Im Schema der psychischen Entwicklung folgt die paranoid-schizoide Position auf einen wie auch immer gedachten Zustand von primärer →Identität. Spaltung, das Charakteristikum der paranoid-schizoiden Position, ist dabei etwas anderes als die »Deintegration« des primären Selbst (Fordham) (→Selbst). Bei letzterer tragen die verschiedenen Bruckstücke Spuren von Ganzheit in sich und wirken eher auf die Erweiterung der Persönlichkeit hin.

Die Angst ist dann *paranoid*, das heißt das Kleinkind fürchtet sich vor Verfolgung und Angriff. Diese Angst wehrt es durch Objektspaltung (also eine *schizoide* Maßnahme) ab. Das Kleinkind spaltet das Bild der Mutter, um so die gute Variante von ihr besitzen und die schlechte kontrollieren zu können. Es spaltet sich innerlich auch selbst wegen der großen Angst, die die anscheinend unvereinbaren Liebes- und Haßgefühle hervorrufen. Es ist geäußert worden, daß die Fähigkeit zum Aushalten dieser Spaltung eine Vorbedingung für jegliche spätere Gegensatzsynthese sei (→Gegensätze). Dafür müssen diese aber zunächst einmal, betonte Jung, unterschieden, das heißt aufgespalten werden.

Die paranoid-schizoide Position steht für einen Bewußtseinsstil (→Bewußtsein, Bewußtheit), den Jung als »heroisch« bezeichnete, weil das Kleinkind sich eher allzu bestimmt und zielgerichtet benimmt.

→Held; →Puer aeternus

Partialobjekt
→Objektbeziehungen, Objektbeziehungstheorie

Participation mystique
Der Anthropologe Lévy-Brühl, von dem dieser Begriff entlehnt ist, benutzte ihn, um die Beziehung zu einem Objekt (meint hier »Ding«) zu bezeichnen, in der das Subjekt sich nicht vom Gegenstand unterscheiden kann. Das beruht auf der gelegentlich in einer →Kultur herrschenden Vorstellung, der Mensch / Stamm und die Sache – zum Beispiel ein Kultgegenstand oder ein heiliges Kunstwerk – *seien schon* miteinander verbunden. Beim Eintreten in die Participation mystique wird diese Verbindung lebendig.

Jung benutzte den Begriff seit 1912 und meinte damit Beziehungen zwischen *Menschen*, in denen das Subjekt oder ein Teil von ihm Einfluß auf den anderen gewinnt – oder umgekehrt. Dieses Phänomen wird in der neueren psychoanalytischen Terminologie als projektive Identifikation bezeichnet; dabei ist ein Teil der Person durch Projektion in das Objekt verlagert, welches dann als identisch mit dem projizierten Inhalt erfahren wird.

Participation mystique oder projektive Identifikation sind frühe Abwehrformen, die sich auch in der Pathologie von Erwachsenen beobachten lassen. Sie ermöglichen dem Subjekt Kontrolle oder »Färbung« des äußeren Objekts entsprechend der eigenen inneren Weltsicht. Derart beeinflußt also das archetypische Erbe die äußere Welt, so daß man überhaupt von subjektiver Erfahrung oder einer subjektiven Umgebung sprechen kann. Im Alltag mag Participation mystique die notwendige Bedingung sein, damit zwei Menschen ihre gegenseitigen Bedürfnisse antizipieren oder die vom anderen begonnenen Sätze beenden können; beide sind hier auf den anderen angewiesen, um zu dem zu werden, was sie eigentlich sind. (→Archetyp; →Identität; →Objektbeziehungen; →Paranoid-schizoide Position; →Psychische Wirklichkeit)

Pathologie

Pathologie ist die wissenschaftliche Lehre von den Krankheiten. Sie zielt sowohl auf das Verständnis der Ursachen wie auch auf die Anwendung der so gewonnenen Erkenntnisse in der Behandlung von Patienten. Jung beschäftigte sich zwar sein ganzes Leben lang mit Pathologie, aber nach seinen Anfangsjahren als junger Psychiater und Psychoanalytiker kümmerte er sich immer weniger um die Definition von sogenannten pathologischen Zuständen. Er vertraute dann auch nicht länger einem medizinischen Modell, das seine eigenen empirischen Beobachtungen und Schlußfolgerungen ausschloß. Er sah deutliche Unterschiede zwischen einer medizinischen und einer psychotherapeutischen Auffassung von Pathologie, obwohl er die →Psychotherapie als medizinische Disziplin begriff. Da die Techniken der →Analyse im Menschen Türen öffnen, die sonst fest verschlossen bleiben, und dadurch eine latente Erkrankung aufdecken können, bestand Jung darauf, daß Laienanalytiker mit Ärzten zusammenarbeiten sollten (→Psychose).

1945 hielt Jung einen Vortrag an der Senatssitzung der Schweizerischen Akademie der medizinischen Wissenschaften. Darin lenkte er die Aufmerksamkeit seiner ärztlichen Kollegen auf die Unterschiede im Pathologieverständnis von Arzt und Psychotherapeut. Während der Arzt das Pathologische *behandeln* will, muß dem Psychotherapeuten bewußt sein, daß die leidende Psyche den ganzen Menschen umfaßt (→Neurose). Daher besitzt die Diagnose zwar für den praktischen Arzt elementare Bedeutung; für den Psychotherapeuten ist sie dagegen »eine höchst irrelevante Angelegenheit« (GW 16, § 195). Ähnlich verhält es sich mit der Anamnese bei einer Psychoneurose: Die Erstellung einer vollständigen Lebensgeschichte ist nämlich so gut wie unmöglich, da anfangs die an der Situation beteiligten Faktoren dem Patienten unbewußt und dem Therapeuten oft verborgen sind. Schließlich soll das Symptom nicht attackiert werden, sondern Psychotherapie muß psychologisch betrieben werden, das heißt in Kenntnis der den Störungen zugrunde liegenden psychischen Bilder. Sind diese Bilder weder für den einzelnen noch die →Gesellschaft annehmbar, dann können sie sich selbst als Krankheiten maskieren (→Geisteskrankheit; →Hysterie; →Narzißmus; →Schizophrenie).

Patient
→Analytiker und Patient

Persönliches Unbewußtes
→Schatten; →Unbewußt, das Unbewußte

Persona
Der Begriff stammt vom lateinischen Wort für die Maske der antiken Schauspieler. Persona ist die Maske oder das Gesicht, das ein Mensch aufsetzt, um der Welt gegenüberzutreten. Die Persona kann sich auf die Geschlechtsidentität, ein Entwicklungsstadium (wie der Adoleszenz), einen sozialen Status, eine Tätigkeit oder den Beruf beziehen; im Laufe des Lebens trägt ein Mensch viele verschiedene Personas, manchmal auch mehrere zur gleichen Zeit.
In Jungs Konzept ist die Persona ein →Archetyp. Hier bedeutet das, daß Persona ubiquitär und unausweichlich ist. Jede Gesellschaft braucht ein Mittel zur Erleichterung von Beziehungen und des Austausches; diese Funktion wird teilweise von den Personas der beteiligten Individuen übernommen. Unterschiedliche Kulturen erstellen je eigene Kriterien für die Persona, die sich wiederum im Laufe

der Zeit verändern und entwickeln, da die ihnen zugrunde liegende archetypische Struktur unendlich variationsfähig ist (→Kultur; →Bild). Manchmal wird die Persona als »sozialer Archetyp« bezeichnet, da zu ihr alle Kompromisse gehören, die dem Leben in der Gemeinschaft eigen sind.

Daher ist Persona keineswegs per se pathologisch oder verkehrt. Wenn ein Mensch sich jedoch allzu dicht mit seiner Persona identifiziert, dann allerdings besteht tatsächlich die Gefahr einer pathologischen Entwicklung (→Pathologie). Daraus folgt nämlich die mangelnde Bewußtheit vieler Aspekte, die jenseits der sozialen Rolle (Anwalt, Analytiker, Arbeiter) oder der Geschlechtsrolle (Mutter) liegen, sowie die Unfähigkeit, Reifungsprozessen Rechnung zu tragen (zum Beispiel offensichtlich mangelnde Anpassung an das Erwachsensein). Die Identifikation mit der Persona führt zu einer psychischen Rigidität oder Sprödigkeit; das Unbewußte (→Unbewußt, das Unbewußte) wird dann dazu neigen, in das Bewußtsein einzubrechen, statt sich auf kontrollierbarem Wege bemerkbar machen. Ein mit der Persona identifiziertes →Ich kann sich nur nach außen orientieren; es ist blind für innere Vorgänge und dadurch außerstande, darauf zu reagieren. Daher ist es auch möglich, daß man sich der eigenen Persona nicht bewußt wird.

Die letzteren Ausführungen weisen auf den Ort hin, den Jung der Persona in der Struktur der →Psyche zuwies. Sie ist nämlich Vermittler zwischen dem Ich und der äußeren Welt (ganz ähnlich wie →Anima und Animus als Vermittler zwischen dem Ich und der inneren Welt fungieren). Deswegen lassen sich Persona und Anima / Animus als →Gegensätze denken. Während die Persona mit bewußter und kollektiver Anpassung befaßt ist (→Kollektiv), geht es Anima / Animus um Anpassung an Persönliches, Inneres und Individuelles.

Personifikation

Grundlegende psychische Aktivität, aufgrund derer alle gemachten Erfahrungen spontan und unfreiwillig personifiziert, das heißt zu einer psychischen »Person« werden. Personifikationen begegnen wir in Träumen, in der →Phantasie und in der →Projektion (→Träume).

Personifikation

Nehmen wir zum Beispiel Jungs erste Bezugnahme auf Personifikation, die Teil seiner Interpretation der Phantasie einer Patientin ist. Er schreibt dort: »es ist die durch den aztekischen Heros personifizierte geistige Bestimmung [der Miss Miller], welche den Geliebten unter Menschensöhnen selten oder nie findet, weil die Erwartungen viel zu hoch geschraubt sind« (GW 5, § 273). Nach Jung kann ein psychischer Inhalt, der ausreichende Intensität oder Masse besitzt, um vollständig von der Persönlichkeit abgespalten zu sein, nur wahrgenommen werden, wenn er als Gegenstand dargestellt oder personifiziert wird (→Apperzeption; →Archetyp; →Komplex). Die Personifikation ermöglicht also einen Blick auf das Funktionieren der Psyche als Gruppe autonomer Systeme. Sie depotenziert die bedrohliche Macht des abgespaltenen Inhalts und ermöglicht →Deutung. (→Besessenheit; →Psychose)

Personifizieren ist ein an sich natürlicher psychischer Vorgang; von Tiefenpsychologen zum ersten Mal beobachtet wurde es aber im Rahmen pathologischer Zustände wie der →Dissoziation, der Halluzination oder dem Zerbrechen in multiple Persönlichkeiten. Später sprach Jung davon in Verbindung mit der Psychologie der »Primitiven« (→Primitiv, die »Primitiven«) und verglich Personifikation mit unbewußter →Identifikation oder der →Projektion eines unbewußten Inhaltes auf ein Objekt, solange bis seine Integration ins Bewußtsein möglich ist (→Bewußtsein, Bewußtheit). Freud übersetzte Theorien in personifizierte Bilder: der Zensor, das Über-Ich, das polymorph-perverse Kind. Wie Jung in seinem Werk über den Arzt und Philosophen Paracelsus und in seiner Ausarbeitung der →Visionen des Alchemisten Zosimos zeigte (→Alchemie), war Freud jedoch nicht der erste Arzt oder Wissenschaftler, der dies tat. Auch Jung personifizierte seine empirisch entdeckten Konzepte (→Schatten; →Selbst; →Große Mutter; →Alte Weise, Alter Weiser; →Anima und Animus). Er schrieb, »daß die Personifikation nicht von mir erfunden, sondern dem Wesen der entsprechenden Phänomene inhärent ist« (GW 13, § 61).

Im Grunde genommen spricht er hier von Phantasiebildern. Seine radikale Formulierung lautet, daß psychisches Verhalten sich durch die Veränderung der Muster zwischen personifizierten Bildern entwickelt (→Bild; →Imago). De-personalisation kann man auch als

→Seelenverlust bezeichnen. Ein Patient, der nicht personifizieren kann, neigt dazu, alles auf seine Person zu beziehen. Die →Analyse läßt sich als Erforschung der Beziehungen eines Patienten zu seinen Personifikationen begreifen. Da die Fähigkeit zum Personifizieren allem psychischen Leben zugrunde liegt, gibt letztlich sie uns die Bildersprache von →Religion und →Mythos.

Unter Jungs Nachfolgern hat Hillman (1975) am ausführlichsten und tiefsten über Personifizieren als natürlicher und wesentlicher psychischer Prozeß geschrieben. Er bemerkt:

1. schützt es die Psyche davor, von einer einzigen Macht beherrscht zu sein;
2. ist es ein nützliches therapeutisches Werkzeug: Es eröffnet nämlich eine Perspektive, wie ein Mensch die Zugehörigkeit dieser Figuren zu ihm selbst zugestehen und gleichzeitig deren Unabhängigkeit von seiner Identität und Kontrolle erkennen kann;
3. Jung wies darauf hin, daß die Figuren durch Personifikation Objektivität erlangen und nicht nur vom Unbewußten, sondern auch voneinander unterschieden werden. Das heißt sie verschmelzen nicht mehr miteinander und hängen auch nicht mehr aneinander;
4. daher ermutigt Personifizieren die Beziehung zwischen und unter verschiedenen Teilen der Psyche;
5. es hat gegenüber einer Konzeptualisierung den Vorteil, daß es eine lebendige Reaktion hervorruft – das Gegenteil eines intellektuellen Nominalismus.

Phantasie

Strom oder Aggregat von Bildern und Vorstellungen in der unbewußten →Psyche; stellt deren charakteristischste Aktivität dar. Muß von Gedanken oder Erkenntnis unterschieden werden (siehe aber →Gerichtetes und Phantasiedenken). Nach Jung ist die Phantasie anfänglich unabhängig vom Ich-Bewußtsein, wenn auch potentiell in Beziehung zu ihm (→Ich).

Unbewußte Phantasie resultiert direkt aus dem Wirken archetypischer Strukturen (→Archetyp). Auch wenn das Rohmaterial für die unbewußte Phantasie teilweise aus bewußten Elementen (wie Erinnerungen an oder Erfahrungen mit realen Personen) stammt, sind diese nicht objektiv mit der Phantasie verbunden. Eine Folge davon ist, daß man unterscheiden muß zwischen in der Phantasie auftretenden realen, äußeren Figuren, die ihr als Rohmaterial dienen, und Figuren, die die Trennung zwischen Innen und Außen überbrücken können (siehe unten). Vielleicht kann man es so sagen, daß die tatsächliche »Paarung« einer archetypischen Erwartung mit einer persönlichen Entsprechung in der Umwelt etwas anderes ist als die (und dabei eine direkte Folge von der) Verwendung äußeren Materials durch die Psyche zu dem besonderen Zweck, der unbewußten Phantasie Gestalt zu verleihen.

Diese Art Phantasie »färbt« wohl das persönliche Leben, indem sie es durch das vorgegebene unbewußte Schema gestaltet. Jung schreibt von solchen Phantasien, daß sie bewußt werden »wollen«; es ist nicht erforderlich, daß das Individuum ihnen gegenüber aktiv wird, um sie hervorzubringen – tatsächlich neigen sie zum »Ausbruch« ins Bewußtsein (→Bewußtsein, Bewußtheit). Jung nannte sie daher »passive« Phantasien. (Vgl. Isaacs, 1952, der den Kleinschen Gebrauch von »unbewußter Phantasie« erläutert).

»Aktive« Phantasien andererseits brauchen die Hilfe des Ich, um bewußt zu werden. Sobald dies geschieht, findet eine Fusion der bewußten und unbewußten Bereiche der Psyche statt. Die Beziehung zwischen Ich und Phantasie war daher für Jung von großer Wichtigkeit – sowohl als Ausdruck des →Selbst wie als Mittel therapeutischer Bemühung (→Aktive Imagination).

Jungs Einschätzung, passive Phantasien seien in der Regel pathologisch, aktive Phantasien dagegen hoch kreativ, ist suspekt oder mindestens widersprüchlich. Ein anderer Aspekt seiner Definition von Phantasie (GW 6, §§ 711-22) kennzeichnet sie nämlich als imaginative Aktivität, als einen ganz natürlichen, spontanen und schöpferischen Vorgang der Psyche. Das kann aber kaum pathologisch sein. Wahrscheinlich vernachlässigte Jung die letztliche Rolle des →Ich für die unbewußte Phantasie in der Absicht, die Dichotomie aktiv / passiv zu verschärfen (→Transzendente Funktion).

Wie →Träume (die Jung mit passiven Phantasien vergleicht; die Zweifel daran sind oben erwähnt) lassen sich auch Phantasien deuten. Jung stellte fest, daß Phantasien einen manifesten und einen latenten Inhalt besitzen und einer reduktiven und / oder synthetischen Deutung zugänglich sind (→Reduktive und synthetische Methode).

Die Hauptkomponenten der Phantasie sind Bilder, wobei diese umfassend begriffen werden müssen als alle Elemente, die in der Psyche ohne Außenreize aktiv sind, und nicht nur als Versinnbildlichungen, die in Außenreizen ihren Ursprung haben. Der Begriff »Bild« wird verwendet, um die Kluft zwischen Phantasie und äußerer Welt zu bezeichnen (→Bild; →Imago). In Jungs Konzept liegen Phantasien und ihre Bilder stützend hinter Gefühlen und Verhalten, nicht umgekehrt. Phantasien sind keine sekundären, verschlüsselten Versionen von Schwierigkeiten im Gefühlsbereich oder im Verhalten. Jungs Psychologie ist eine Psychologie des Unbewußten (→Unbewußt, das Unbewußte). Das Unbewußte ist der primäre und dynamische Faktor.

Auch das würden manche Kommentatoren gerne abmildern, indem sie der Erfahrungsqualität (und damit den Eigenschaften) der äußeren Welt mehr Gewicht geben. Manchmal führt Jungs ständiger Versuch der Überbrückung logischer oder vernunftmäßiger Gegensätze durch einen psychischen, symbolischen Faktor dazu, daß auch er die allzugroße Rigidität dieser Trennung bemerkt. Dann sagt er von der Phantasie, sie verbinde eine Vorstellung oder ein Bild (das keine greifbare Realität besitzt) mit einer Gegebenheit der physikalischen Welt (die kein Bewußtsein oder keinen Platz im Bewußtsein hat). Wenn die Phantasie diese Verbindung herstellt, nennt Jung sie den »dritten« Faktor (GW 6, § 73). Das ist eine Parallele zu Winnicotts (1985) Begriff »dritter Bereich«, mit dem der Versuch des Kleinkindes bezeichnet wird, innere Phantasie und äußere Realität in einem Rahmen zu halten (→Gegensätze; →Psychische Wirklichkeit).

Jetzt haben wir allerdings zwei unvereinbare Definitionen von Phantasie:
– als unterschieden und getrennt von der äußeren Welt;
– als innere und äußere Welt verbindend.

Dieses Problem läßt sich lösen, indem wir unter »innerer Welt« etwas skelettartiges verstehen, das nur als Struktur vorliegt. Dann

kann Phantasie die Brücke zwischen Archetyp und äußerer Realität sein und gleichzeitig im Gegensatz zu dieser Realität stehen. Phantasie und künstlerische Kreativität haben miteinander zu tun. Jung wies darauf hin, daß Künstler nicht einfach bloß ihre Phantasien reproduzieren. »Psychologische« Kunst kann heißen, daß der Künstler sich seine persönliche Situation zunutze macht – aber das ist etwas anderes. Jung beschrieb Kunst auch als »visionär«, da sie die Grenzen des einzelnen Künstlers übersteige und eine direkte Mitteilung der archaischen Weisheit der Psyche sei.
→Symbol

Pleroma
Ein gnostischer Begriff, mit dem Jung einen »Ort« jenseits raumzeitlicher Begrenzungen bezeichnete, wo jede Gegensatzspannung ausgelöscht oder aufgelöst ist (→Gegensätze). Von →Ganzheit und →Individuation muß das Pleroma unterschieden werden, da es eine Gegebenheit und keine Leistung ist. Das dort bestehende »Einssein« ist etwas anderes als die Ganzheit, die aus einem Zusammenfügen vorher getrennter Persönlichkeitsteile resultiert. Gleichwohl kann man den Zustand der Ganzheit ebenso wie bestimmte mystische Zustände als bewußte Wahrnehmung des Pleromas verstehen.
Das Pleroma entspricht der vom Physiker Bohm (1987) so genannten »impliziten« oder »entfalteten« Ordnung der Wirklichkeit, die innerhalb, hinter oder unterhalb der von uns normalerweise wahrgenommenen Wirklichkeit liegt.
→Gegensätze; →Psychoides Unbewußtes; →Synchronizität; →Unus Mundus; →Uroboros

Polytheismus
Glaube an oder Verehrung von mehreren verschiedenen Göttern statt eines Gottes. Obwohl Polytheismus in der Regel als Gegenteil des Monotheismus gilt, wird er im allgemeinen von Theologen insofern als Ausdruck von Monotheismus begriffen, als auch er irgendein übergeordnetes Prinzip voraussetzt, ob Chaos oder etwas anderes.

Jung verwendete den Begriff in geschichtlichem Kontext, das heißt das Chaos des Polytheismus ging der Ordnung des Christentums voraus. Psychologisch gesehen kann man aber die Vielfalt der Archetypen – denen mehr als einmal als Charakteristikum der Status zugeschrieben wird, den einst Götter oder Dämonen haben mochten – als »polytheistisch« begreifen, auch wenn sie in ständiger Spannung mit dem übergeordneten, »monotheistischen« →Selbst stehen.

Diese Gedanken wurden für die Erweiterung der Konzepte der Analytischen Psychologie zur Archetypischen Psychologie (Hillman, 1983b) relevant. Hier wird der Akzent auf die »der Seele innewohnende Vielfalt« gelegt, die nach Hillman »eine theologische Phantasie« erfordert, die »zu gleich großer Unterscheidung fähig ist«.

Primär- und Sekundärprozeß
→Gerichtetes und Phantasiedenken

Primitiv, die »Primitiven«
Jung schrieb:

Wenn ich nach Afrika reise, um einen psychischen Ort außerhalb des Europäers zu finden, so will ich unbewußterweise jenen Persönlichkeitsteil in mir auffinden, welcher unter dem Einfluß und dem Druck des Europäerseins unsichtbar geworden ist. Dieser Teil steht in unbewußter Opposition zu mir, weil ich ihn nicht gelten lasse. Er will, seiner Natur entsprechend, mich unbewußt machen (mich unters Wasser drücken), um mich zu töten; ich aber möchte ihn durch Erkenntnis bewußter machen, wodurch man einen gemeinsamen Modus vivendi finden könnte (1986, S. 248).

Verschiedene Faktoren formten Jungs Einschätzung der primitiven Überbleibsel in der Psyche des modernen Menschen: seine voreingenommene Haltung gegenüber der Welt der sogenannten »Primitiven«; seine Feldforschung bei ihnen; sein Fasziniertsein von ihren Riten und Zeremonien; Beobachtungen über ihre Psychologie; die Würdigung ihrer Ängste, ihres analogen Denkens, des großen Gewichtes, das sie seelischen Phänomenen einräumten, und des Respekts, den sie dem →Symbol zollten. Diese Elemente müssen aber aus verschiedenen Blickwinkeln betrachtet werden. Zunächst einmal aus dem Inneren des Menschen Jung selbst: Diese Sicht war – wie das einleitende Zitat belegt – ein Experiment, das Jung von seiner Psyche aufgezwungen wurde, eine Eingebung seines Unbewußten (→Unbewußt, das Unbewußte). Es wurde genausowenig absichtlich zu einem Schwerpunkt seiner Arbeit wie seine Malereien und Skulpturen, seine aktive →Phantasie, seine Traumserien oder die Dialoge zwischen seinen Persönlichkeiten Nr.1 und Nr.2 (vgl. Jung, 1986) (→Malerei; →Träume). Ganz im Gegenteil handelte es sich hier um Erfahrungen seines eigenen Inneren, die durch etwas angeregt waren, was er nur sehr allgemein erklären konnte. Er ging nicht nach Afrika, um Eingeborene oder Stammesangehörige zu treffen, sondern um durch Beobachtung dem Ebenbild des eingeborenen, ungehemmten und manchmal sogar wilden Stammesmenschen in sich selbst zu begegnen.

Auch der zweite Blickwinkel entstammt Jungs subjektiver Orientierung. Das Interesse an den sogenannten »Primitiven« war, obwohl er das nie explizit so formuliert hat, sein erster Versuch, eine Bestätigung seiner psychologischen Beobachtungen anhand von kollektiven Projektionen zu finden (→Projektion). Der zweite Versuch, wissenschaftlicher und intellektueller, war die Beschäftigung mit der →Alchemie. Seine Inanspruchnahme durch die Erforschung der »Primitiven« war eine Extrapolation in frühere Zeit, um die kollektiven Ursprünge von Phänomenen zu finden, die er in seinen Studien über das Unbewußte des modernen Menschen beobachtete (→Kollektiv).

Die dritte Perspektive brachte ihn in einen Methodenkonflikt mit zeitgenössischen Wissenschaftlern und Ärzten. Seine Forschung räumte nämlich der Subjektivität denselben Status ein, den Objektivität in der modernen Wissenschaft besitzt.

Die vierte Blickrichtung besteht darin, daß dadurch der kollektive Mensch *leibhaftig* dem individuierten gegenübertrat. Jung postulierte, das Denken der »Primitiven« geschehe durch Projektion, weil ihre Psyche kollektiv orientiert sei.

Weil seine Feldforschung dem anthropologischen Standard nicht genügte, er sich offenbar zu sehr auf einige wenige Quellen verließ und seine Forschungen sich zum großen Teil auf Gespräche stützten, wurden sie von manchen Sozialwissenschaftlern seiner Zeit und auch später mit Vorbehalt aufgenommen. Er wurde auch von Leuten kritisiert, die meinten, er beute Eingeborene aus und unterschätze ihren Wert. Dies tat er sicher nicht absichtlich, und Spuren davon lassen sich nur finden, wenn man Absicht und politisches Kalkül unterstellt.

Jungs Definition von »Primitiven« basierte auf den Theorien Lévy-Brühls. Er stützte sich zwar auf Lévy-Brühl als theoretische Grundlage, doch gab es daneben noch weitere Einflüsse. Durch Lektüre, Reisen, Gespräche und Introspektion wurden Jungs Vorstellungen von »dem Primitiven« dem →Bild von einem Wesen gleichbedeutend, das an der Schwelle zum Individuum steht. Hier finden wir eine der vollständigsten Darstellungen eines partiellen *Selbst*bildnisses Jungs. Daher gehört ein Blick auf seine wissenschaftliche Beschäftigung mit den sogenannten »Primitiven« unbedingt zu jeder sorgfältigen Erschließung oder Bewertung seines Werkes, sowohl auf klinischem wie auf anderem Gebiet. Das psychologische Bild vom Primitiven deckt sich mit Jungs Konzept, wie Bewußtsein im Individuum entsteht (→Bewußtsein, Bewußtheit).

→Mana-Persönlichkeiten; →Participation mystique; →Pleroma; →Religion; →Seelenverlust

Projektion

Jungs Zugang zur Projektion ist psychoanalytisch begründet. Projektion kann als normal oder als pathologisch angesehen werden und als Abwehr gegen Angst. Schwierige Gefühle und inakzeptable Teile der Persönlichkeit können bei einem anderen Menschen oder einem äußeren Objekt ausgemacht werden (→Personifikation). Der problematische Inhalt wird dadurch kontrolliert, das Individuum erlebt eine (vorübergehende) Erleichterung und fühlt sich zeitweilig wohl. Alternativ können auch als gut und wertvoll erlebte Aspekte der Persönlichkeit projiziert werden, um sie vor der Vernichtung durch den Rest der Persönlichkeit zu schützen, der als schlecht und destruktiv phantasiert wird. Praktisch fühlt ein Mensch etwas über einen anderen (oder eine Institution oder Gruppe), das er als auf diesen passend erlebt; später erkennt er vielleicht, daß das so nicht stimmt. Ein unparteiischer Beobachter, vielleicht der Analytiker, erkennt dies möglicherweise früher. Allgemein folgt aus übermäßiger Projektion eine Verarmung der Persönlichkeit. Das in der frühen Kindheit normale Maß an Projektion gilt für das Erwachsenenalter als pathologisch.

In der Analytischen Psychologie (→Analytische Psychologie) wurde die Projektion auch hervorgehoben als das Mittel, das die Inhalte der inneren Welt dem Ich-Bewußtsein zugänglich macht (→Ich). Dabei wird vorausgesetzt, daß eine Begegnung zwischen dem Ich und solchen unbewußten Inhalten wertvoll ist (→Unbewußt, das Unbewußte). Die äußere Welt der Menschen und Dinge dient der inneren Welt, indem sie das Rohmaterial zur Verfügung stellt, das dann durch Projektion aktiviert wird. Am deutlichsten kann man das beobachten, wenn der projizierte Inhalt gleichzeitig einen Teil der Psyche verkörpert. Reale Frauen und Männer »tragen« die Projektionen von →Anima und Animus; ohne Träger gäbe es keine Zusammenkunft. Gleichermaßen wird auch dem →Schatten häufig in der Projektion begegnet. Definiert ist der Schatten als Lagerstätte für alles, was das Bewußtsein nicht akzeptieren kann. Daher ist er reif zur Projektion.

Um etwas Wertvolles zu erlangen, muß man aber das Projizierte reintegrieren und erinnern. Zum besseren Verständnis schlug Jung vor, den Vorgang in fünf Phasen zu unterteilen:

1. Der Mensch ist überzeugt, daß seine Wahrnehmung im oder am anderen zutreffend ist.
2. Langsam dämmert das Erkennen einer Unterscheidung zwischen dem Anderen, wie er / sie »wirklich« ist, und dem projizierten Bild herauf. Das Entstehen dieses Wissens kann durch →Träume oder andere Ereignisse erleichtert werden.
3. Die Diskrepanz wird bewertet oder beurteilt.
4. Es wird gefolgert, daß das Erlebte irrig oder illusorisch war. (Jung meinte, bis hier reiche die Psychoanalyse).
5. Bewußte Suche nach den Quellen und dem Ursprung der Projektion. Dazu gehören kollektive Determinanten der Projektion ebenso wie persönliche (→Kollektiv; →Archetyp).

Jung vermerkte die Funktion der Projektion für die Empathie, hielt aber die Rolle der →Introjektion für wichtiger. Projektion mag erforderlich sein, um das Objekt in den Bereich des Subjekts zu ziehen; aber erst die Introjektion des Objekts fördert dann die empathische Reaktion. Eine zeitgenössische Parallele dazu ist Kohuts Definition der Empathie als »stellvertretende Introspektion«. In Kohuts Theorie sind Projektion und Introjektion etwa gleichwertig. Eine ähnliche Diskussion knüpft sich an Jungs beharrliche Behauptung, eine Funktion der Projektion bestehe in der Herbeiführung einer *Trennung* von Subjekt und Objekt mit der Folge, daß das Subjekt dann isoliert sei. Die Kleinsche Betonung der defensiven Kontrolle des Objekts durch projektive Identifizierung unterstreicht dagegen die *Eliminierung* jeglicher Trennung (→Participation mystique).

Projektive Identifizierung
→Participation mystique

Prospektiver Gesichtspunkt
→Teleologischer Gesichtspunkt

Psyche
Von Jung gleichbedeutend mit →Seele verwendet. Jung verstand darunter »die Gesamtheit aller psychischen Vorgänge, der bewußten sowohl wie der unbewußten« (GW 6, § 877), und wollte damit das für die →Analytische Psychologie wesentliche Gebiet abstecken. Dies ist ein Unterschied zu Philosophie, Biologie, Theologie und einer Psychologie, die sich auf die Erforschung der Triebe (→Trieb) oder des Verhaltens beschränkt. Die etwas tautologische Definition lenkt den Blick auf ein spezielles Problem der psychologischen Forschung: nämlich die Überlappung subjektiven und objektiven Interesses. Jung spricht häufig von der »persönlichen Gleichung«, der Auswirkung von Persönlichkeit und Kontext des Untersuchers auf seine Beobachtungen. Zusätzlich zur Verbindung be-

wußter und unbewußter Prozesse meinte Jung mit »Psyche« ganz besonders auch die Überlappung und Spannung zwischen persönlichen und kollektiven Elementen im Menschen (→Kollektiv; →Unbewußt, das Unbewußte).

Man kann die Psyche auch als Perspektive auf Phänomene begreifen, die zunächst einmal dadurch charakterisiert ist, daß sie sich Tiefe und Intensität widmet, also dem Unterschied zwischen einer Erfahrung und einem bloßen Geschehnis (→Tiefenpsychologie). Hier wird der Begriff →»Seele« relevant, den Jung in Verbindung mit einer solchen Tiefenperspektive verwendet und nicht auf konventionell christliche Weise (→Anima und Animus). Weitere Themen sind die Pluralität und Fluidität der Psyche, ihre einerseits relativ autonomen Anteile und andererseits ihre Tendenz, mit Bildersprache und assoziativen Sprüngen zu arbeiten (→Assoziation; →Komplex; →Bild; →Metapher; →Personifikation). Als Perspektive deutet die Psyche schließlich auch auf Muster (patterns) und →Sinn, die zwar nicht das Ausmaß einer festgelegten Vorbestimmung erreichen, aber doch vom Individuum zu erkennen sind.

Die Feststellung der Pluralität der Psyche führt zu Fragen über ihre Struktur. Jungs Neigung, seine Gedanken als →Gegensätze anzuordnen, führte zu einer Landkarte der Psyche, die wohl doch etwas zu glatt ist. Zum Beispiel bilden →Anima und Animus das Gegengewicht zur →Persona, →Ich und →Schatten bilden ein Paar; zudem sind Ich und →Selbst so definiert, daß ihre Komplementarität besonders hervorgehoben ist. Auf der anderen Seite ist Jungs Denken über die Psyche auch systemisch und flexibel insofern, als Entwicklungen an einer Stelle das ganze System vibrieren lassen. In Jungs Vorstellungen bemerkt man eine Spannung zwischen Struktur und Dynamik. Sie wird in seiner Beschreibung der Psyche zum Teil durch den Hinweis gelöst, diese Struktur sei für Bewegung, Wachstum, Veränderung und →Wandlung geschaffen. Diese Fähigkeit der menschlichen Psyche bezeichnet Jung als ihre ganz spezifische Eigenart. Danach ist in jeden psychischen Vorgang ein gewisses Maß an Entwicklung zur Selbstverwirklichung eingebettet. Diese Vorstellung bringt aber Probleme mit sich. Wie soll man denn den Menschen sehen? Entwickelt er sich aus einem ursprünglichen, unbewußten Zustand der Ganzheit und verwirklicht dabei immer mehr von seinem Potential? Oder bewegt er sich mehr oder weniger geradlinig auf ein Ziel hin, das ihm gewissermaßen bezeichnet ist – als Mensch, »der er werden sollte« (→Teleologischer Gesichtspunkt; →Ganzheit)? Oder bewegt er sich anarchisch von Krise zu Krise und kämpft darum, den ihm geschehenden Dingen irgendeinen Sinn abzugewinnen? Es ist leicht, zu sagen, alle drei Möglichkeiten seien vermischt. Aber jede hat eine je eigene psychologische Wirkung und steuert etwas anderes bei. Die Gewichtung dieser Möglichkeiten spielt in der Diskussion um das Selbst und die →Individuation eine erhebliche Rolle.

Wie der Körper und die meisten Systeme in der Natur bemüht sich auch die Psyche um Aufrechterhaltung ihres eigenen Gleichgewichts. Das tut sie sogar, wenn diese Bemühung unerfreuliche Symptome, erschreckende →Träume oder scheinbar unlösbare Lebensprobleme aufwirft. Im Falle der einseitigen Entwicklung eines Menschen besitzt die Psyche alles, was zur Korrektur notwendig ist (→Kompensation; →Frühe Kindheit und Kindheit). Dabei ist weder Überoptimismus noch blindes Vertrauen am Platze; im Gleichgewicht zu bleiben erfordert Arbeit, und oft müssen schmerzliche oder schwierige Entscheidungen getroffen werden (→Moral; →Symbol; →Transzendente Funktion).

Jungs Spekulationen über die Natur der Psyche führten dazu, daß er sie für eine Kraft im Universum hielt. Das Psychische hat seinen eigenen Bereich zusätzlich zu den biologischen und geistigen Dimensionen des Seins. Wichtig ist die Beziehung zwischen diesen Dimensionen, die in der Psyche entsteht (→Psychische Wirklichkeit). Jungs Vorstellungen zur Beziehung zwischen Psyche und Körper beinhalten nicht, daß die Psyche auf dem →Körper basiert, von ihm abgeleitet, ihm analog oder zugeordnet sei, sondern daß die Psyche Partner des Körpers ist (→Psychoides Unbewußtes). Eine entsprechende Beziehung wird zur anorganischen Welt postuliert (→Synchronizität).

Die theoretische Überschneidung zwischen Psyche und Selbst läßt sich folgendermaßen lösen: Das Selbst bezeichnet die Totalität der Persönlichkeit, erfreut sich aber als transzendentes Konzept zusätzlich der paradoxen Fähigkeit, sich mit seinen verschiedenen Teilen, zum Beispiel dem Ich, zu verbinden (→Ich-Selbst-Achse). Die

Psyche umfaßt all diese Beziehungsmöglichkeiten. Ja, man kann sogar sagen, sie besteht aus dieser Dynamik.

Jungs dauernde Hinweise auf die letztliche Unerkennbarkeit der Psyche illustrieren seine Bereitschaft, zu ihr sogar auch die Phänomene zu rechnen, die oft als parapsychologisch oder telepathisch bezeichnet werden.

Psychische Wirklichkeit
Ein Schlüsselkonzept Jungs, bei dem er wohl verschiedene Ansätze verfolgte: psychische Wirklichkeit als Erfahrung, als →Bild und als Hinweis auf die Natur und Funktionsweise der →Psyche (→Objektive Psyche).

Als Erfahrung umfaßt psychische Wirklichkeit alles, was dem Menschen wirklich begegnet oder ihn als wirklich überzeugt. Nach Jung erfahren wir unser Leben und dessen Geschehnisse als Geschichten, nicht als Geschichte (der »persönliche →Mythos«). Eine Selbstäußerung kann als psychische Wirklichkeit erlebt werden und so letztlich über einen Regelkreis weitere Schichten psychischer Wirklichkeit erschließen. Spezifisch läßt sich dies anhand der Tendenz des Unbewußten zur →Personifikation seiner Inhalte illustrieren (→Unbewußt, das Unbewußte). Die so entstehenden Figuren werden wirklich in dem Sinne, daß sie eine emotionale Wirkung auf das →Ich ausüben und sich außerdem verändern und entwickeln. Personifikation galt Jung als empirischer Nachweis von psychischer Wirklichkeit.

Die bloße Existenz von Meinungen, Glaubensüberzeugungen, Vorstellungen und Phantasien bedeutet nicht, daß das, worauf sie sich beziehen, in dem Maße und auf die Weise zutrifft, wie sie das vielleicht beanspruchen. Zum Beispiel differiert die psychische Wirklichkeit zweier Menschen ganz beträchtlich, und ein psychisch durchaus reales Wahnsystem besitzt keine objektive Gültigkeit. Das ist aber etwas anderes als zu sagen, *nichts* existiere oder sei wahr.

Für diesen ersten Gebrauch (als subjektive Realitätsebene) ist die Beziehung zwischen der psychischen und einer hypothetischen äußeren oder objektiven Wirklichkeit weniger theoretisch als hauptsächlich klinisch relevant.

Als Bild. Es herrscht Übereinstimmung darüber, daß die Gehirnstruktur (das heißt seine neurophysiologische Ausstattung) (→Gehirn) und der kulturelle Kontext beeinflussen, was wahrgenommen wird, und, wichtiger noch, die Interpretationen solcher Wahrnehmungen. Auch persönliche Vorurteile und Wünsche haben entstellende Effekte. Diese Faktoren stellen die übliche Unterscheidung zwischen »Wirklichkeit« und »Phantasie« infrage, und deswegen steht Jung hier in der philosophischen Tradition der Ideenlehre Platons. Man kann ihn hier Freud gegenüberstellen, dessen Vorstellung von einer »psychischen Wirklichkeit« nie seine Überzeugung überwinden konnte, es gebe eine objektive Realität, die entdeckt und dann auch wissenschaftlich gemessen werden könne.

Jung wies als einer der ersten darauf hin, daß jedes Bewußtsein (→Bewußtsein, Bewußtheit) indirekt ist, da es durch das Nervensystem und andere psychosensorische Vorgänge vermittelt wird – von linguistischen Verarbeitungen ganz abgesehen. Erfahrungen, zum Beispiel Schmerz oder Aufregung, erreichen uns in sekundärer Gestalt. In Jungs Sprache denkt man dabei sofort an Bilder und daran, daß innere und äußere Welt durch und als Bilderfolge erfahren werden (→Metapher).

Die Begriffe von innerer und äußerer Welt sind selbst Bilder, die hier als Metaphern verwendet werden. Solche räumlichen Gebilde existieren nämlich nur, wenn die psychische Wirklichkeit das zuläßt. Jung benutzt hier den Begriff »Bild« umfassend, um so das Fehlen einer direkten Verbindung zwischen Reiz und Erlebnis zu kennzeichnen. Bei dieser Verwendung lassen sich auch somatische Manifestationen als Bilder begreifen, ebenso wie die ganze physikalische Welt, insofern sie vom Bewußtsein erfahren wird (siehe unten). Das Bild präsentiert sich dem Bewußtsein unmittelbar. Anders gesagt: Wir werden unserer Erfahrung gewahr, indem wir ihrem Bild begegnen.

Diese Überlegungen brachten Jung zu dem Schluß, daß die psychische Wirklichkeit die einzige ist, die wir unmittelbar erfahren können, denn sie setzt sich aus Bildern zusammen. Diese Sicht leitet über auf die dritte Bedeutung des Begriffes »psychische Wirklichkeit«.

Psychische Wirklichkeit

Als Hinweis auf die Natur und Funktionsweise der Psyche. Nach Jung ist die Psyche (und die psychische Wirklichkeit) eine Welt zwischen dem physikalischen und geistigen Bereich, die sich hier treffen und mischen können (→Geist). Man muß hinzufügen, daß mit »physikalisch« sowohl organische wie anorganische Aspekte der materiellen Welt gemeint sind und daß »geistig« auch entwickelte Gedanken und Erkenntnisse miteinbegreift. Das heißt die Psyche scheint auf halbem Weg zwischen zum Beispiel Sinneseindrücken, pflanzlichem oder mineralischem Leben einerseits und intellektueller und geistiger Ideenbildung andererseits zu stehen (siehe →Phantasie, von der es ebenfalls heißt, sie fungiere als »dritter« Faktor zwischen Intellekt und der materiell-sinnlichen Welt). Die Billigung des Konzepts der psychischen Wirklichkeit beendet die leichtfertige Annahme eines inhärenten Konflikts zwischen Psyche und Materie, bei dem beide als grundsätzlich verschieden gelten.

Als Beispiel erwähnte Jung den Vergleich zwischen der Angst vor Feuer und der vor Geistern. Als psychische Wirklichkeit sind Feuer und Geister (offensichtlich ziemlich verschieden) gleichgestellt, da beide die Psyche in derselben Weise aktivieren. Vorsorglich weist Jung darauf hin, daß diese Argumentation keine Aussage über die letztlichen Ursprünge von Materie (Feuer) oder Geist (Geister) ist; darüber weiß man genausowenig wie vorher. Jung würde nicht bestreiten, daß ein Kontakt mit dem Feuer gewöhnlich andere negative Folgen hat als ein Kontakt mit Geistern; das Phänomen der *Angst* aber läßt uns psychische Wirklichkeit verstehen.

Wegen der grundsätzlichen Einbeziehung der Materie, ohne sie in organisch oder anorganisch zu unterscheiden, ist diese Sicht psychischer Wirklichkeit besser zu verstehen als Jungs Konzepte des psychoiden Unbewußten (→Psychoides Unbewußtes) oder der →Synchronizität. Beim erstgenannten Konzept wird die Überlappung zwischen psychologischen und physiologischen Vorgängen hervorgehoben; bei letzterem gelten Psyche und anorganische Materie als miteinander verstrickt. Die Unterscheidung zwischen organisch und anorganisch ist zwar eine Frage des Schwerpunktes, aber die allumfassende Natur der psychischen Wirklichkeit – als metapsychologische Kategorie – entspricht doch eher der Vorstellung vom →Unus mundus.

Psychoanalyse

Wahrscheinlich sind nur wenige Leser gänzlich unvertraut mit dem Verlauf der Beziehung zwischen Freud und Jung: Jung las 1900 und noch einmal 1903 die »Traumdeutung« (Freud, 1900). 1906 schickte Jung Freud ein Exemplar seiner »Diagnostischen Assoziationsstudien«. Die beiden Männer nahmen einen Briefwechsel auf, der rasch für beide große Bedeutung erlangte. Bei einem Treffen 1907 sprachen sie dreizehn Stunden lang miteinander. Freud sah in Jung den Kronprinzen des psychoanalytischen Königreiches (Freud war um neunzehn Jahre älter). Die nichtjüdische Herkunft Jungs war Freud besonders willkommen, da er befürchtete, die Psychoanalyse könne sich zu einer »jüdischen Wissenschaft« entwickeln. Jung und Freud besuchten 1909 gemeinsam die USA. Persönliche Spannungen und Streitereien um Begriffe schlichen sich ein. Die Beziehung war bereits problematisch, als Jung 1912 »Wandlungen und Symbole der Libido« veröffentlichte (später revidiert erschienen als »Symbole der Wandlung«, GW 5); mit dieser Publikation nahm Jung den endgültigen Bruch vorweg. Dieser Bruch fand schließlich 1913 statt. Danach bezeichnete Jung seinen psychologischen Ansatz als »Analytische Psychologie« (→Analytische Psychologie; →Tiefenpsychologie).

Freud und Jung beeinflußten sich gegenseitig. Freud vermittelte Jung die Erfahrung einer Vaterfigur von großer Überzeugungskraft und moralischem Mut, die Jung gefehlt hatte (Jung, 1986). Außerdem diente ihm Freuds Gedankengebäude als struktureller Rahmen für Forschung und kritische Diskussionen. Jung erlangte den Status des Thronfolgers. Schließlich hatte Freud beträchtlichen Einfluß auf Jung dadurch, daß er seine klinische Arbeit kommentierte – mit allem, was dazu gehörte. Papadopoulos (1984) hat Jungs Beitrag zur Psychoanalyse aus Freudscher Sicht zusammengefaßt:

1. Einführung empirischer, experimenteller Methoden (→Empirie);
2. das Konzept von den Komplexen (→Komplex);
3. die Einführung der Lehranalyse;
4. der Gebrauch von Amplifikationen aus Mythologie und Anthropologie (→Amplifikation; →Mythos);
5. die Anwendung der psychoanalytischen Theorie und Therapie auf Psychosen (→Psychose; →Psychotherapie).

Die Einschätzungen des Bruchs der Beziehung zwischen Jung und

Freud variieren beträchtlich. Manche treuen Gefolgsleute der einen oder anderen Richtung sehen als Ergebnis, daß die Reinheit der Lehre erhalten blieb (Glover, 1950; Adler, 1971). Andere halten den Bruch für eine Katastrophe: Jung und Freud hätten einen ausgleichenden Einfluß aufeinander gehabt, der dann verlorengegangen sei (Fordham, 1961). Es gab denn auch entsprechend zahlreiche Deutungsversuche der Gründe, die zum Abbruch der Beziehung führten, und für weitere Spekulationen darüber haben Psychobiographien gesorgt; dabei ging es um homoerotische Probleme, Vater-Sohn-Konflikte, Jungs Unfähigkeit, mit der Sexualität fertig zu werden, Freuds Machtkomplex und um die →Typologie der beiden Männer. Es wird auch die Ansicht vertreten, Freud und Jung hätten sich aus den Blickwinkeln zweier verschiedener Weltanschauungen geäußert.

In sechs verschiedenen Bereichen lassen sich Unterschiede ausmachen, denen ein großer Teil der späteren Konzepte Jungs entspringt; sie seien hier genannt, um die anhaltenden Differenzen zwischen Psychoanalyse und Analytischer Psychologie zu skizzieren:

Erstens konnte Jung die seiner Meinung nach ausschließlich sexuelle Erklärung menschlicher Beweggründe durch Freud nicht akzeptieren. Dies führte ihn zu einer Modifikation der Freudschen Libidotheorie (→Energie).

Zweitens stimmte Jung nicht mit Freuds allgemeinem Verständnis von der →Psyche überein, das nach Jungs Ansicht mechanistisch und bloß kausal war. Aber die Gesetze, denen das menschliche Leben folgt, entsprechen eben nicht den Gesetzen der Physik und der Mechanik (→Reduktive und synthetische Methode).

Der *dritte* Kritikpunkt Jungs bestand darin, daß er Freuds Unterscheidung zwischen »Halluzination« und »Wirklichkeit« für allzu starr hielt. In allen seinen Schriften konzentriert Jung sich immer wieder auf die →psychische Wirklichkeit, die die Erfahrung des Individuums ausmacht. In dieser Lesart ist das Unbewußte nicht als Feind anzusehen, sondern eher als etwas potentiell Hilfreiches und Schöpferisches (→Teleologischer Gesichtspunkt). In Jungs Sicht erscheinen zum Beispiel →Träume nicht mehr als zu entziffernde Täuschungsmanöver; vielmehr wird geltend gemacht, daß sie die unbewußte Situation der Psyche gerade so darstellen, wie sie eben ist – oft genug das Gegenteil dessen, was dem Bewußtsein präsent ist (→Kompensation). Diesen unterschiedlichen Auffassungen über die Träume liegt ein jeweils anderes Verständnis von Symbolen (→Symbol; →Gegensätze; →Transzendente Funktion) und von Deutung zugrunde.

Der *vierte* strittige Bereich betrifft das Verhältnis zwischen angeborenen (konstitutionellen) und von der Umwelt abhängigen Faktoren in ihrer Bedeutung für die Entwicklung der Persönlichkeit. Dieses Verhältnis wurde von Freud und Jung unterschiedlich eingeschätzt. Jung hat später seine Gedanken zu den angeborenen Strukturen weiter verfeinert; es wäre interessant, Vermutungen darüber anzustellen, zu welchem Ergebnis Freud wohl bei einer Weiterentwicklung seiner Idee gekommen wäre, einige Anteile des Unbewußten seien niemals bewußt gewesen – dies hätte nämlich zu einem Konzept wie dem des »Archetyps« (→Archetyp) führen können (Freud, 1916-17). Stattdessen betonte Freud sowohl vor wie nach den größeren Revisionen seiner Theorie in den zwanziger Jahren, das Unbewußte sei der Aufbewahrungsort von verdrängtem, aber ehemals bewußtem Material. Vom Es wird gesagt, es sei – mindestens teilweise – vererbt und angeboren; aber vollständig wieder aufgegriffen wurde diese Idee erst durch Melanie Kleins spätere Verwendung des Begriffs »Es« (Klein, 1937). Entsprechend wurden auch Freuds frühe Bemerkungen über »Urphantasien« als »phylogenetischer Besitz« in späteren Darstellungen seiner Lehre nicht besonders hervorgehoben (ebd., S. 386).

Fünftens gab es eine im Verlauf der Zeit an Schärfe zunehmende Meinungsverschiedenheit über den Ursprung von Bewußtsein und Moral (→Moral; →Über-Ich).

Der *sechste* Bereich betrifft schließlich die Schlüsselstellung des Ödipuskomplexes für die Entwicklung der Persönlichkeit. Jung legte den Schwerpunkt mehr auf die Primärbeziehung zwischen Kleinkind und Mutter (→Frühe Kindheit und Kindheit; →Objektbeziehungen, Objektbeziehungstheorie).

In seinen Einwänden gegen Teile der Freudschen Theorie bewies Jung bemerkenswerte Voraussicht; er nahm nämlich viele spätere

Entwicklungen innerhalb der Psychoanalyse vorweg, die dort erst durch eine veränderte Sichtweise entwickelt werden konnten (siehe Samuels, 1985a). Angesichts dieser wegbereitenden Qualität der Beiträge Jungs erscheint die ihm angehängte »Glaubwürdigkeitslücke« (Hudson, 1983) fragwürdig.

Ganz sicher hat die Analytische Psychologie immens viel von der Psychoanalyse entlehnt. Jung selbst blieb anscheinend bei dem Eindruck von der Psychoanalyse stehen, den er bis zum Zeitpunkt seines Verlassens der Bewegung von ihr gewonnen hatte. Daraus resultierte eine aus heutiger Sicht allzu vereinfachende Kritik, und gelegentlich führte Jungs Festhalten an den ihm bekannten psychoanalytischen Auffassungen auch zu Irrtümern (→Ich). Die heutigen analytischen Psychologen lehnen sich hinsichtlich der analytischen Technik und einheitlicher schematischer Darstellungen der frühkindlichen Entwicklung sehr eng an die Psychoanalyse an (→Analytiker und Patient; →Frühe Kindheit und Kindheit; →Objektbeziehungen, Objektbeziehungspsychologie). Auch Kohuts Selbst-Psychologie gewinnt zunehmend an Einfluß.

Die kürzlich (1983) erfolgte Veröffentlichung der Vorträge, die Jung vor einer Studentenverbindung (der Zofingia) an der Basler Universität hielt, hat gewissermaßen die Diskussion darüber wieder eröffnet, welchen Einfluß Freud auf Jung hatte. Damals (1896/97) hatte Jung nämlich noch nie etwas von Freud gehört. Vor der genauen Auswertung dieser Vorträge herrschte die Ansicht, die Wurzeln der Analytischen Psychologie seien ausschließlich in der Psychoanalyse zu suchen. Viele spätere Interessen Jungs kommen aber bereits in diesen Vorträgen zum Ausdruck, und sie vermitteln auch eine ganz präzise Vorstellung von Jungs theoretischem Hintergrund. Im Jahr 1897 hielt Jung einen Vortrag mit dem Titel »Einige Gedanken über Psychologie«. Nach einer Einleitung mit Zitaten von Kant und Schopenhauer diskutiert er die Existenz von »Geistern« (→Geist) jenseits des Körpers und »in einer anderen Welt«. Diese Vorstellungen ähneln bemerkenswert seiner späteren Theorie vom Autonomieprinzip der Psyche; dabei handelt es sich um die »Seele«, die umfassender ist als unser Bewußtsein (→Seele). In der späteren Entwicklung Jungs entfaltet sich aus diesen Samen die Theorie von der psychischen Energie (→Psychische Energie) und das Konzept vom →Selbst.

Zusammenfassend läßt sich, wie M.-L. von Franz in ihrer Einführung zu den »Zofingia-Vorträgen« schreibt, feststellen, daß »Jung hier zum ersten Mal indirekt die Idee einer unbewußten Psyche erwähnt«. Darüber hinaus stellt Jung dort fest, das »Unbewußte« sei in seinem Verhalten von Absichten gelenkt (→Teleologischer Gesichtspunkt) und stehe außerhalb der Logik von Raum und Zeit (→Synchronizität). Jung macht dann einen Streifzug durch spiritualistische und telepathische Phänomene, um das zu untermauern, was er später »psychische Wirklichkeit« nennen sollte (→Psychische Wirklichkeit). Die Vorlesung schließt mit einem Plädoyer für Moral in der Wissenschaft (hier anläßlich einer Mißbilligung der Vivisektion) und für einen Zugang zur →Religion, der ihre irrationalen Aspekte einschließt.

Außer von den bereits genannten Philosophen war Jung auch von Nietzsche beeinflußt. Zudem steht Jungs Werk in der Tradition der Ideenlehre Platons. Beim Nachdenken darüber, wer – außer Freud – Jung sonst noch beeinflußt hat, sollten auch die Namen Flournoy und Bleuler genannt werden. Letzterer war Jungs Vorgesetzter im Burghölzli, der Irrenanstalt von Zürich, wo Jung von 1900 bis 1909 arbeitete (→Assoziationsexperiment). Bleuler schuf eine Atmosphäre, in der die Ideen Freuds begrüßt und auch aktiv angewendet wurden. Etwa bis 1908 sah Freud in Bleuler den wichtigsten Anhänger der psychoanalytischen Sache. Jung konnte aber Freud davon überzeugen, daß Bleuler ambivalent und nicht vertrauenswürdig sei, so daß diese Verbindung nach und nach abbröckelte. Jung erwähnt Bleuler in seiner Autobiographie (1986) kaum; offensichtlich hielt er von ihm nicht besonders viel (aber: siehe →Schizophrenie). Auch Janet, Charcot und James sollten wegen ihres großen Einflusses auf Jung genannt werden.

Schließlich benutzte Jung auch die Werke von Wundt und der anderen deutschen experimentellen Psychologen, obgleich deren generelle Einstellung ihm an sich nicht sympathisch war.

Psychogenese

Wo Jung sich über die Psychogenese der Persönlichkeit äußert, spricht er in der Regel von einer Synthese angeborener, konstitutioneller Faktoren (→Archetyp) mit den Lebensumständen, die ein Mensch vorfindet (→Komplex; →Frühe Kindheit und Kindheit). Man kann die Psychogenese hinsichtlich der Beziehung zu sich selbst (→Individuation; →Narzißmus; →Selbst), zu Objekten (→Ich; →Objektbeziehungen, Objektbeziehungspsychologie) oder zu Triebimpulsen betrachten (→Energie).

Während der ganzen Entwicklung bestehen regressive und progressive Tendenzen gleichzeitig nebeneinander (→Todestrieb; →Inzest; →Integration; →Regression), und daraus entsteht eine bedeutsame Unruhe (→Sinn; →Selbstregulatorische Funktion der Psyche; →Lebensphasen).

Psychoides Unbewußtes

Die Idee eines psychoiden Unbewußten wurde von Jung zum ersten Mal 1946 vorgetragen. Seine Formulierung hat drei Gesichtspunkte:

1. Der Begriff bezieht sich auf eine Ebene des oder im Unbewußten (→Unbewußt, das Unbewußte), die für das Bewußtsein völlig unzugänglich ist.

2. Diese höchst elementare Ebene des Unbewußten hat Eigenschaften mit der organischen Welt gemein; psychische und physiologische Welt kann man als zwei Seiten einer Medaille betrachten. Die psychoide Ebene ist neutral, weder ganz psychisch noch ganz physiologisch.

3. Bei Jungs Anwendung des Archetypenkonzepts auf das psychoide Unbewußte wurde die Verknüpfung psychisch / organisch als Verbindung zwischen Psyche und Körper formuliert. Ein →Archetyp kann als Spektrum dargestellt werden, das von einem »infraroten«, physiologischen und instinkthaften bis zu einem »ultravioletten«, geistigen oder bildhaften Pol reicht. Der Archetyp umfaßt beide Pole und kann durch beide erfahren und verstanden werden. Den biologischen oder ethologischen Zugang zum Archetyp kann man »infrarot« nennen, mythologische oder imaginale Ansätze »ultraviolett« (→Bild; →Metapher; →Mythos).

Zu Vergleich und Gegenüberstellung siehe →Psychische Wirklichkeit, →Synchronizität und →Unus mundus.

Psychopompos

Die Figur, welche der Seele in Zeiten von →Initiation und Übergang den Weg zeigt. In der griechischen Mythologie (→Mythos) wurde diese Funktion üblicherweise Hermes zugeschrieben, da er die Seelen der Toten begleitete und sich zwischen Polaritäten hindurch zu bewegen vermochte (nicht nur zwischen Tod und Leben, sondern auch zwischen Nacht und Tag, zwischen Himmel und Erde). In der Menschenwelt sind unter anderem Priester, Schamane, Medizinmann und Arzt als die Figuren anerkannt, die das Bedürfnis nach geistiger Führung und Vermittlung zwischen der heiligen und der profanen Welt erfüllen. Jung veränderte die Bedeutung des Wortes nicht, beschrieb damit jedoch die Funktion von →Anima und Animus, nämlich einen Menschen mit einem Gefühl für sein letztendliches Ziel, seine Berufung oder sein Schicksal zu verbinden; diese handeln psychologisch gesprochen als Vermittler und verbinden →Ich und Unbewußtes (→Unbewußt, das Unbewußte; →Selbst).
→Mana-Persönlichkeiten

Psychose

Unterschiedlich ausgeprägte →Besessenheit der →Psyche durch ein unbekanntes »Etwas«, das seine Existenz wider alle Logik, Überredungsversuche oder Willensanstrengungen (→Wille) behauptet (→Dissoziation). Das Unbewußte dringt ein und bemächtigt sich des bewußten →Ich; das führt zu psychischer Verwirrtheit und Chaos (→Archetyp), da das Unbewußte keine zentral organisierten Funktionen besitzt (→Unbewußt, das Unbewußte). Wenn sich die eigenartig metaphorische Sprache des Unbewußten dem →Bewußtsein verständlich machen läßt, dann kann das psychotische Erleben jedoch auch heilsame Wirkung haben (→Metapher; →Symbol). Sinnvoll kanalisiert, werden der bewußten Persönlichkeit mit der so aus der Verdrängung befreiten →Energie neue regeneratorische Kräfte zugänglich.

Diese von Jung zuerst 1917 veröffentlichten, später aber mehrfach überarbeiteten und neu formulierten Überlegungen entsprechen einem Psychosenverständnis aus tiefenpsychologischer Sicht

(→Tiefenpsychologie). In den vergangenen Jahrzehnten hat sich zwar die Beeinflußbarkeit psychotischen Verhaltens durch moderne Medikamente erwiesen; die psychischen Begleitumstände dieser Zustände werden jedoch nicht geändert. Eine Psychose kann ganz plötzlich einsetzen, auch wenn dem Krankheitsausbruch eine längere Vorbereitungsphase vorausgeht. Hinter einer →Neurose kann sich zwar eine Psychose verstecken, aber im allgemeinen ist das in einer Neurose produzierte Material doch verständlich. Für eine Psychose trifft das nicht zu: Hier hat die unkontrollierte Phantasie freie Bahn.

Zur Ätiologie vertrat Jung engagiert die Auffassung, die angeborene psychische Prädisposition eines Menschen enthalte wohl Determinanten für spätere Symptomatik, sei aber nicht die einzige Ursache der Psychose (→Pathologie; →Schizophrenie). Ist ein psychotischer Zustand psychotherapeutisch zugänglich, dann kann man sich darum bemühen, das Ich so weit zu stärken, daß es dann psychische Inhalte integrieren kann. Sich selbst überlassen, bleibt hingegen nach Jungs Ansicht der symbolische Prozeß höchstwahrscheinlich chaotisch und außer Kontrolle. Zwar kann ein Außenstehender (Analytiker, Psychiater) psychotischen Äußerungen häufig Sinn abgewinnen; aber die normale kompensatorische Funktion der Psyche ist dermaßen in Aufruhr, daß ein gewaltiges Eindringen unbewußter Bilder stattfindet (→Kompensation). Paradoxerweise gibt es denselben verwirrenden Vorgang des Eindringens unbewußter Symbolik auch in Zeiten intensiver schöpferischer Inspiration und religiöser Bekehrung; in diesen beiden Fällen gibt es aber ein unpersönliches und ausreichend haltendes Element (ein Kunstwerk beziehungsweise ein →Ritual), das Stabilität und Zielgerichtetheit garantiert, bis das individuelle Gleichgewicht wiederhergestellt ist und der →Sinn offenbar wird (→Initiation; →Religion).

Psychotherapie

Behandlung der →Psyche; bei Verwendung der Methoden der Analytischen Psychologie (→Analytische Psychologie) durch Erforschung des Unbewußten (→Unbewußt, das Unbewußte).

Begriff und Praxis der Psychotherapie gelten zwar als relativ modern; es gibt aber Entsprechungen in den antiken Heilszeremonien (Ellenberger, 1973). Wenn Jung Psychotherapie als »Behandlung der Seele« definiert (GW 16, § 212) (→Seele), sollte erinnert werden, daß er darunter etwas anderes als eine religiöse Praxis versteht. Auch steht die Psychotherapie zwar in Beziehung zu den medizinischen Wissenschaften, aber ihre Domäne liegt auf dem Gebiet der Neurosen – im Unterschied zu Geisteskrankheiten oder nervösen Störungen (→Neurose; →Geisteskrankheit). Anläßlich eines 1941 (relativ spät in seiner Laufbahn und mitten im Weltkrieg) vor Psychotherapeuten gehaltenen Vortrages stellte Jung fest, die primäre Aufgabe der Psychotherapie bestehe einzig und allein darin, das Ziel der Entwicklung des Individuums zu verfolgen; er leitete sie aus verschiedenartigen restitutiven Zeremonien her, in deren Verlauf »der Mensch zu dem wird, was er immer schon war«.

Als Kind der Psychoanalyse hat die moderne Psychotherapie viel von der Freudschen Methodik übernommen. Als Jung aber seine eigenen Theorien schuf, entwickelten sich in den Praxen der analytischen Psychologen doch abweichende Merkmale. Psychotherapie bleibt gleichwohl immer ein Gespräch zwischen zwei Menschen (→Analytiker und Patient). Die Psyche läßt sich nicht partiell behandeln, da bei psychischen Störungen alles miteinander zusammenhängt und der ganze Mensch betroffen ist; Psychotherapie ist daher ein dialektischer Prozeß zwischen zwei psychischen Systemen, die aufeinander reagieren und antworten.

Der Psychotherapeut führt nicht einfach eine Behandlung durch; vielmehr ist er teilnehmender Begleiter dieses Werks. Er beschäftigt sich mit symbolischen Äußerungen, die vielfältige Implikationen und, mindestens, Versuchungen mit sich bringen. Das erfordert die »moralische Differenzierung« des Therapeuten selbst, da ein neurotischer Psychotherapeut unweigerlich seine eigene Neurose am Patienten behandelt (GW 16, § 23; auch Guggenbühl-Craig, 1983).

Im Vordergrund des psychotherapeutischen Prozesses steht die Persönlichkeit des Behandlers selbst als heilsamer oder schädlicher Faktor (→Analytiker und Patient). Die Arbeit basiert auf dem Prinzip, daß aus der Assimilation symbolischer Fragmente vom Unbewußten ein psychisches Leben resultiert, das nicht nur gesünder ist, sondern auch deswegen »wirkt«, weil es der Persönlichkeit des Individuums mehr entspricht. Während der Psychotherapie aktiviert der Erholungsprozeß des Patienten archetypische und kollektive Inhalte (→Kollektiv), die in ihm selbst lebendig sind. Als Ursache der Neurose gilt die Diskrepanz zwischen der bewußten Einstellung und der Tendenz des Unbewußten. Diese →Dissoziation wird letztlich durch die Assimilation oder →Integration unbewußter Inhalte überbrückt. Wie gesagt: »Kur« bedeutet, daß der Patient zu dem wird, was er wirklich ist (→Kur).

Jung unterschied zwischen »großer Psychotherapie«, die sich mit ausgesprochenen Neurosen oder Borderline-Zuständen beschäftigt, und »kleiner Psychotherapie« in Situationen, wo Suggestion, gute Ratschläge oder Erklärungen ausreichen. Diese Einteilung kommt der heute üblichen Unterscheidung zwischen dynamischer und stützender Psychotherapie recht nahe. Jung meinte, weder Schulmedizin noch akademische Psychologie genügten allein als Hintergrund zur Ausübung von Psychotherapie und stellte fest, »daß es vielmehr um die Behandlung des ganzen seelischen Menschen geht« (GW 16, § 199). Deswegen war er sehr dezidiert von der Notwendigkeit einer sorgfältigen und laufenden Behandlung künftiger Therapeuten überzeugt und bestand auch als erster darauf.

Spätere Analytiker, die in der Nachfolge Jungs stehen, haben sich ausdrücklicher mit der Technik der Psychotherapie beschäftigt, und unter den verschiedenen Schulen gibt es bemerkenswerte Unterschiede in der Praxis (Samuels, 1985a). In Anlehnung an Jungs eigene Unterscheidung zwischen großer und kleiner Psychotherapie bezeichnen manche Analytiker mit Analyse eine Arbeit von beträchtlicher Dauer und Frequenz; der Begriff »Psychotherapie« wird dann für eine weniger frequente und auch kürzere (obgleich ebenso regelmäßige) Arbeit reserviert. Jung machte diese Unterscheidung freilich nicht und wählte seine jeweilige Methode eher zufällig aus. Er meinte, Methode, Gangart und Beurteilung der Therapie hätten sich am jeweiligen Individuum zu orientieren. In Zweifelsfällen oder bei unorthodoxem Vorgehen war er bereit, das Getane der letzlichen Beurteilung durch das Unbewußte, sein eigenes und das des Patienten, zu unterwerfen.

→Analyse; →Psychose

Puer aeternus

Der ewige Jüngling; ein →Archetyp, eine neurotische Persönlichkeitskomponente und eine archetypische Dominante oder ein archetypisches →Bild, das für den einen Teil eines in der menschlichen Psyche wirkenden Paares von Extremen steht, das nach Vereinigung sucht (der andere Teil wird durch den →Senex gebildet).

Nach Jung weist der Puer aeternus auf den Archetyp des Kindes; er spekulierte, seine wiederkehrende Faszination entspringe der menschlichen Projektion der eigenen Unfähigkeit zur Selbsterneuerung. Die Lösung von den eigenen Ursprüngen riskieren können, beständig in Entwicklung sein, Wiedergutmachung durch Unschuld und Verheißung neuer Anfänge: das sind alles Attribute dieses aufkommenden Erlösers. Die Figur des Puer aeternus bekommt (auch für ihn selbst im realen Leben) Faszination als Symbol für die Versöhnungsmöglichkeit der miteinander kämpfenden →Gegensätze.

Das auffallendste Merkmal des Puer aeternus als Persönlichkeitsstörung besteht in einer Überbetonung des Geistes (→Geist). M.-L. von Franz (1987) hat mit dem Begriff »Puer« Männer beschrieben, denen es schwer fällt sich niederzulassen, die ungeduldig, unbezogen, idealistisch sind und immer wieder von vorn anfangen, offenbar unberührt vom Alter und scheinbar arglos, hingegeben an Phantasieflüge.

Der Puer hat aber auch eine positive Seite. Neben der jahrelangen Adoleszenz, die zu einem provisorischen Leben führt, sah Hillman (1983a) im Puer eine Vision »unserer allerersten Natur, unseres goldenen Schattens [...] unseres engelhaften Wesens als Botschafter des Göttlichen«. Vom Puer, folgert er, erhalten wir das Gefühl von Bestimmung und Sinnhaftigkeit.

Beobachtungen über die entsprechenden Attribute bei Frauen und die Erforschung der mit diesen verbundenen Bilder befinden sich noch in den Anfängen (zum Beispiel Leonard, 1986).

R

Reduktive und synthetische Methode
Jung stellte das Wirken von Kausalität und Determinismus in der menschlichen Psychologie in Frage.

Die Psychologie des Einzelnen ist niemals erschöpfend aus ihm selber zu erklären. [...] Sodann läßt sich irgend ein psychologischer Tatbestand niemals erschöpfend aus seiner Kausalität allein erklären; er ist ja als lebendiges Phänomen immer in die Kontinuität des Lebensprozesses unauflöslich verknüpft, so daß er zwar einerseits stets ein Gewordenes, anderseits aber auch stets ein Werdendes, Schöpferisches ist (GW 6, § 864).

Mit dem Wort »reduktiv« bezeichnete Jung das Hauptmerkmal der Freudschen Methode, nämlich den Versuch, die primitiven, triebhaften, infantilen Grundlagen oder Wurzeln psychologischer Motivation aufzudecken. Jung kritisierte die reduktive Methode, da damit nicht der ganze →Sinn des unbewußten Produktes (Symptom, →Träume, →Bild, Fehlleistung) erschlossen werde. Durch Verknüpfung eines Produkts des Unbewußten mit der Vergangenheit kann sein gegenwärtiger Wert für den einzelnen verloren gehen. Ein weiterer Einwand Jungs richtet sich gegen die Tendenz, durch Reduktion übermäßig zu vereinfachen und so die tiefer liegenden Implikationen zu übergehen. Insbesondere können reduktive Deutungen in äußerst personenbezogenen Formulierungen liegen, die viel zu dicht mit dem vermuteten »tatsächlichen Sachverhalt« verknüpft sind.

Jung war mehr daran interessiert, wohin das Leben einen Menschen führt, als an den vermutlichen Ursachen seiner Situation. Er hatte einen teleologischen Standpunkt (→Teleologischer Gesichtspunkt) und nannte seine Orientierung »synthetisch« – mit der Implikation, daß das von primärer Wichtigkeit sei, was sich aus dem Ausgangspunkt entwickelt. Diese Vorstellung entwickelte er weiter und argumentierte, die Erzählungen des Patienten gegenüber dem Analytiker hätten nicht als *historisch*, sondern als subjektiv wahr zu gelten (→Psychische Wirklichkeit). So können Berichte über sexuelle Belästigungen oder andere angeblich bezeugte Ereignisse sich gleichwohl als Phantasien erweisen, die deswegen aber nicht weniger psychisch »wahr« für die Beteiligten sind (→Phantasie).

Jung wies darauf hin, daß die synthetische Methode im täglichen Leben als etwas Selbstverständliches empfunden wird; hier neigen wir nämlich dazu, uns nicht um strenge Kausalität zu kümmern. Wenn jemand zum Beispiel eine Ansicht hat und vertritt, dann wollen wir wissen, was er meint und worauf er hinauswill. Gebrauch der synthetischen Methode bedeutet die Betrachtung psychischer Phänomene, *als ob* sie Absicht und Zweck besäßen – also als zielgerichtet oder teleologisch. Jung schreibt dem Unbewußten (→Unbewußt, das Unbewußte) eine Art Wissen oder sogar Vorauswissen zu (GW 8, § 921). Diese Methodologie stimmt mit Jungs Grundannahme überein, daß →Gegensätze stets zueinander streben oder einen Weg zur Synthese suchen (→Coniunctio).

Man muß auch feststellen, daß Jung die Analyse der frühen Kindheit und Kindheit als solcher nie gescheut hat – er hielt das manchmal für wesentlich, obgleich für nur beschränkt anwendbar (GW 16, §§ 140-8). Der reduktive und der synthetische Ansatz können durchaus gleichzeitig angewendet werden. Zum Beispiel kann man eine Phantasie reduktiv als Zusammenfassung einer persönlichen Situation deuten, als Ergebnis vorangegangener Ereignisse. Man kann sie auch von einem symbolischen und synthetischen Blickpunkt aus deuten; so gesehen kennzeichnet sie eine zukünftige psychologische Entwicklungslinie (GW 6, § 867) (→Symbol).

Jung wird dem reduktiven Standpunkt nicht gerecht, der ja doch mehr erfordert als bloß die Mentalität eines Archivars. Es geht dabei auch nicht einfach um *Rekonstruktion* der Kindheitsereignisse, sondern darum, die Vorstellungskraft zu gebrauchen, um über die Tragweite dieser Ereignisse zu reflektieren. Gelegentlich kann man auch analytische Psychologen nicht vom Vorwurf freisprechen, Archetypen und Komplexe grob reduktiv zu verwenden.

Jungs Kritik wird von manchen Psychoanalytikern der Gegenwart geteilt (Rycroft, 1968; Schafer, 1982). Als Erklärungsprinzip in der Psychologie steht die Kausalität jetzt zur Diskussion.

Reflexion

Jung beschrieb verschiedene Bereiche triebhafter Aktivität (→Archetyp; →Lebenstrieb; →Wandlung). Dazu gehört auch die Reflexion: sich vom Bewußtsein aus zurückbeugen oder nach innen wenden, so daß anstelle einer unmittelbaren und nicht vorüberlegten Reaktion auf objektive Stimuli psychologisches Nachdenken dazwischen tritt. Die Auswirkung solchen Nachdenkens ist unabsehbar, und infolge der Freiheit der Reflexion sind individuelle und relativierte Ergebnisse möglich. Die Reflexion »bildet den Reizvorgang ab« (GW 8, § 241) und überführt dessen Impuls in eine Folge internalisierter, intrapsychischer Bilder, bevor Handlung stattfindet. Durch den Reflexionstrieb wird der Reizvorgang in psychische Inhalte verwandelt; dieses Erlebnis macht einen natürlichen oder automatischen Prozeß zu einem bewußten und schöpferischen.

Jung stellte auch die Hypothese auf, die Reflexion sei zwar am Bewußtsein orientiert, habe aber auch eine unterschwellige Entsprechung im Unbewußten (→Unbewußt, das Unbewußte), da *jede* Erfahrung über psychische Bilder vermittelt werde (→Bild; →Psychische Wirklichkeit). Diese Hypothese folgt logisch aus seiner Archetypen- und Komplextheorie (→Archetyp; →Komplex). Jedenfalls ist der reflexive Prozeß zwar triebhaft, läuft aber im wesentlichen bewußt ab; er bedeutet, die psychischen Bilder (und zugehörige Affekte) zur Entscheidungs- und Handlungsschwelle zu bringen.

Psychologisch ist Reflexion der Akt, »Bewußtsein zu produzieren«. Jung nennt es den »*Kulturtrieb par excellence*, und seine Stärke erweist sich in der Selbstbehauptung der Kultur gegenüber bloßer Natur« (GW 8, § 243) (→Kultur). Auf triebnaher Ebene sich selbst überlassen, läuft Reflexion automatisch ab. Frühe Forschungsarbeiten mit dem →Assoziationsexperiment haben das bestätigt. Ins Bewußtsein gebracht, verwandelt Reflexion jedoch einen sonst zwangsläufig ablaufenden in einen sowohl zweckgerichteten als auch individuell orientierten Vorgang.

Die Reflexion ermöglicht das Ausbalancieren der →Gegensätze. Dafür muß allerdings das Bewußtsein als mehr denn lediglich Wissen erkannt und der Reflexionsprozeß als »inneres Sehen« akzeptiert werden. Unsere individuelle Freiheit manifestiert sich hier am ausgeprägtesten. Reflexion involviert uns in →Träume, Symbole und →Phantasie (→Symbol).

Jung meinte, der Animus (→Anima und Animus) verleihe dem Bewußtsein einer Frau die Fähigkeit zu Reflexion, Überlegung und Selbsterkenntnis – wie die Anima dem Bewußtsein eines Mannes Bezogenheit. Die Spannung zwischen diesen beiden Prinzipien besteht nicht in einem Entweder-Oder, sondern scheint vielmehr Konfrontation und →Integration zu erfordern, die sich schöpferisch in einer →Wandlung dieser Beziehung manifestiert. Jung drückte dies selbst aus, als er gegen Ende seines Lebens schrieb: »An dieser Stelle drängt sich mir die Tatsache auf, daß es neben dem Feld der Reflexion ein anderes, mindestens ebensoweit, wenn nicht weiter sich erstreckendes Gebiet gibt, in welchem das verstandesmäßige Begreifen und Darstellen kaum etwas findet, dessen es sich bemächtigen könnte. Es ist das Feld des Eros« (1986, S. 355).

Regression

Jung hatte zur Regression eine deutlich andere Einstellung als Freud, der die Regression fast immer negativ bewertete. Sogar als Abwehrmechanismus sei sie oft ein Fehlschlag (»vom Regen in die Traufe«, Rycroft 1972). Die Regression sollte bekämpft und überwunden werden. Nach 1912 hob Jung die therapeutischen und die Persönlichkeit bereichernden Aspekte der Regression hervor (ohne die Schädlichkeit verlängerter und unproduktiver Regression zu leugnen). Man kann Regression als Periode von Regeneration begreifen oder als Einschränkung, die einer folgenden Weiterentwicklung vorausgeht. Daher müssen →Analyse und →Psychotherapie die Regression mitunter fördern – sogar bis zur Erreichung einer »vorgeburtlichen Ebene«. Maduro und Wheelwright (1977) fassen die Einstellung Jungs dahingehend zusammen, daß er für die »schöpferische Regression innerhalb der Übertragung« eintrete (→Analytiker und Patient).

Eine Inzestphantasie kann als Sonderform der Regression gelten, als Versuch, Kontakt mit den Grundlagen des Seins herzustellen, die durch eine Elternfigur repräsentiert werden. Um von Wert zu sein, muß diese Regression eventuell ausgelebt werden. Der mit der Pro-

gression verbundene Preis oder das Opfer (→Opfern, das Opfer) besteht im Verlust der Sicherheit, welche die Verschmelzung mit einer Elternfigur bietet. Jungs Nachdruck auf Progression aus Regression stimmt mit seiner Betonung von Tod und →Wiedergeburt überein (→Todestrieb; →Inzest; →Lebenstrieb; →Wandlung).
Die moderne Psychoanalyse hat Freuds ziemlich grobe Sicht revidiert (die Kohut 1980 seine »Moral der Reife« nannte). Kris (1952) prägte den Spruch von der »Regression des Ich im Dienste des Ich«; Balint (1986) sprach von »benigner« Regression; Winnicott (1985) schrieb vom »wertvollen Ruheplatz der Illusion«.

Religion

Jungs Aussagen zur Religion sind unter vielen verschiedenen Aspekten betrachtet worden; sie wurden untersucht aus der Sicht von Medizin, Psychologie, Metaphysik und Theologie. Es wurde überprüft, inwieweit in seinem Werk subjektive Vorurteile zu finden sind und ob er ein Glaubensbekenntnis vermieden hat. Seine eigenen Schriften sind in dieser Hinsicht jedoch konsistent. Für ihn war Religion eine Einstellung der Psyche, eine vorsichtige Betrachtung und Beobachtung gewisser »Mächte«: Geister, Dämonen, Götter, Gesetze, Ideale – oder eine Einstellung gegenüber irgend etwas, das einen Menschen so beeindruckt hat, daß er sich zu Verehrung, Gehorsam, Ehrfurcht und Liebe bewegt fühlt. In Jungs eigenen Worten: »Man könnte also sagen, der Ausdruck ›Religion‹ bezeichne die besondere Einstellung eines Bewußtseins, welches durch die Erfahrung des Numinosum verändert worden ist« (GW 11, § 9) (→Bewußtsein, Bewußtheit; →Numinosum).
Seine Einstellung wurde aber insbesondere von kirchlichen Kritikern immer wieder in Frage gestellt, da er sich standhaft weigerte, Aussagen über den Ursprungsort des Numinosum selbst zu machen. Er sagte lediglich, das Numinosum entspräche einem →Gottesbild im Individuum; dies besitze eine archetypische Tendenz, seinen Ausdruck zu provozieren und so erkennbar zu werden. Nach Jungs Beobachtungen ähnelte diese Form der Art und Weise, die immer schon die Beziehung zwischen Menschen und dem sogenannten Göttlichen charakterisiert hat (→Archetyp). Er meinte, der Mensch

sei von Natur aus religiös, und die religiöse Funktion sei ebenso mächtig wie Geschlechts- und Aggressionstrieb. Als natürliche Form psychischen Ausdrucks war für ihn die Religion auch ein geeignetes Objekt für psychologische Beobachtungen und →Analyse.

Jung betonte seinen psychologischen Standpunkt und versicherte immer wieder, daß er unter Religion nicht einen Kodex, einen Glauben oder ein Dogma verstand. »Man muß sich stets der Tatsache bewußt sein, daß Gott ein Geheimnis ist, und alles, was wir darüber aussagen, ist von Menschen gesagt und geglaubt. Wir machen uns Bilder und Auffassungen, und wenn ich von Gott rede, so meine ich immer das Bild, das sich die Menschen von Ihm machen« (1957) (→Bild).

Den Träger des Gottesbildes in der Psyche eines Menschen nannte Jung das →Selbst. Ihm zufolge wirkt es als Ordnungsprinzip der Persönlichkeit, spiegelt die potentielle Ganzheit des Individuums, fördert Begegnungen, die das Leben bereichern, und vermittelt →Sinn. Er äußerte, daß fast alles als →Symbol des Selbst verwendet werden kann, was einen Menschen mit diesen Attributen in Verbindung bringt; aber gewisse altehrwürdige und grundlegende Formen wie das Kreuz und das →Mandala sind anerkannte kollektive Ausdrucksformen des höchsten religiösen Werts des Menschen. Das Kreuz symbolisiert die Spannung der äußersten Gegensätzlichkeit von menschlich und göttlich, das Mandala steht für die Auflösung dieser Gegensätzlichkeit (→Gegensätze). Psychologisch gesehen, so Jung, erfülle die →Transzendente Funktion die Aufgabe, Mensch und Gott oder eine Person und ihr äußerstes Potential durch Symbolbildung miteinander zu verbinden.

Die Vorstellung, daß es dem →Ich aufgetragen ist, auf die Forderungen des Selbst einzugehen, ist ein zentraler Teil von Jungs Konzept der →Individuation, dem Prozeß der Selbstverwirklichung. Diese Verwirklichung wird insoweit religiös bedeutsam, als sie dem individuellen Streben Sinn gibt. Zu jedem Leben, so Jung, gehört das Zusammenbringen und die Auflösung heterogener und miteinander in Konflikt stehender Impulse. Eine Vereinigung der individuellen und der kollektiven Psyche hielt er nur dann für möglich, wenn eine lebendige und gültige religiöse Einstellung existiert.

Über seine persönliche religiöse Einstellung schrieb Jung: »Ich *glaube* nicht [an einen persönlichen Gott], aber ich *kenne* eine sehr persönliche Kraft, deren Wirkung kein Widerstand entgegengesetzt werden kann. Ich nenne sie ›Gott‹« (1955). Speziell in bezug auf das Christentum bezeichnete er sich als Lutheraner und Protestant. In seiner Autobiographie teilte er mit, er habe nicht nur die Tür für die christliche Botschaft offen lassen wollen, sondern er halte diese für zentral bedeutend für den westlichen Menschen. Gleichwohl betonte er, sie müsse in neuem Licht und im Zusammenhang mit den Veränderungen im und durch den Zeitgeist gesehen werden. Er meinte, sonst stünde sie außerhalb der Zeit und habe keinen konstruktiven Effekt. Er räumte ein, daß nach seiner Sicht die Religion uns mit einem ewigen →Mythos verbindet; aber genau diese Verknüpfung verleihe ihr Universalität und Gültigkeit für den Menschen.

Ritual
Gottesdienst oder Zeremonie mit religiösen Absichten und Zielvorstellungen, die bewußt oder unbewußt sein können (→Unbewußt, das Unbewußte; →Inszenierung; →Religion). Rituelle Aufführungen gründen auf mythologischen und archetypischen Themen. Sie stellen ihre Botschaft symbolisch dar, erfassen einen Menschen völlig, vermitteln dem Individuum ein Gefühl verstärkten Sinns (→Sinn) und stützen sich gleichzeitig auf dem Zeitgeist entsprechende Darstellungen (→Geist; →Archetyp; →Mythos; →Symbol). Sobald individuelle und kollektive Riten den Zeitgeist nicht mehr verkörpern (→Kollektiv), werden neue archetypische Darstellungen gesucht oder alte Formen neu gedeutet, um die veränderte Bewußtseinslage zu kompensieren (→Bewußtsein, Bewußtheit).
Das Ritual fungiert als psychischer Behälter für →Wandlung (das heißt →Initiation; →Ehe, Hochzeit), wenn das psychische Gleichgewicht in Zeiten der Veränderung von Status oder Seinsweise durch die unerwartete Macht des →Numinosum bedroht wird. Jung war davon überzeugt, daß die Menschen im Ritual ihre wichtigsten und elementarsten psychischen Bedingungen ausdrücken. Stünden keine geeigneten Rituale zur Verfügung, dann würden sie von Men-

schen spontan und unbewußt ersonnen, um die Stabilität der Persönlichkeit beim Übergang von einem psychischen Zustand zum anderen zu gewährleisten. Das Ritual selbst aber bewirkt Wandlung nicht; es enthält sie bloß.

Jungs Interesse am Ritual veranlaßte ihn, nach Afrika, Indien und zu den Indianerstämmen im Südwesten der Vereinigten Staaten zu reisen. Initiationsrituale zogen ihn besonders an; hier fand er Parallelen zu psychologischen Prozessen und Entwicklungen, die vom Individuum in verschiedenen →Lebensphasen durchlaufen werden. Bei seiner Arbeit mit Patienten beobachtete er, daß Zutrauen zu Ritualen ein Aspekt jeglicher Bewußtseinserweiterung ist. Man kann seine Arbeit über die Psychologie der Übertragung (GW 16) als →Deutung der Ritualsymbolik einer psychologischen Metamorphose lesen.

Eliade, Anthropologe und Gelehrter der vergleichenden Religionswissenschaft, war für Jung sowohl Kollege wie auch mit seinen Arbeiten eine Hilfsquelle in diesem Forschungsgebiet. Henderson hat Initiationsriten zu klinischen Befunden in Beziehung gesetzt (1967), ebenso Perry (1976).

S

Schatten
1945 definierte Jung den Schatten direkt und klar als das, was ein Mensch »nicht sein möchte« (GW 16, § 470). Diese einfache Formulierung faßt die vielfältigen und wiederholten anderen Bedeutungen des Schattens zusammen: negative Seite der Persönlichkeit; Summe aller unangenehmen Eigenschaften, die man verbergen möchte; die inferiore, wertlose und primitive Seite der menschlichen Natur; die eigene »zweite Persönlichkeit«; die eigene dunkle Seite. Jung war sich der Wirklichkeit des Bösen (→Böse) im menschlichen Leben sehr bewußt.

Immer wieder betont er, daß wir alle einen Schatten haben, daß alles Stoffliche einen Schatten wirft, daß das →Ich sich zum Schatten verhält wie Licht zu Schatten, und daß gerade der Schatten uns menschlich macht.

Jedermann ist gefolgt von einem Schatten, und je weniger dieser im bewußten Leben des Individuums verkörpert ist, um so schwärzer und dichter ist er. Wenn eine Minderwertigkeit bewußt ist, hat man immer die Chance, sie zu korrigieren. Auch steht sie ständig in Berührung mit andern Interessen, so daß sie stetig Modifikationen unterworfen ist. Aber wenn sie verdrängt und aus dem Bewußtsein isoliert ist, wird sie niemals korrigiert. Es besteht dann überdies die Gefahr, daß in einem Augenblick der Unachtsamkeit das Verdrängte plötzlich ausbricht. Auf alle Fälle bildet es ein unbewußtes Hindernis, das die bestgemeinten Versuche zum Scheitern bringt. (GW 11, § 131) (→Bewußtsein, Bewußtheit).

Jung schrieb Freud das Verdienst zu, den modernen Menschen auf die Spaltung zwischen den lichten und dunklen Seiten der menschlichen Psyche aufmerksam gemacht zu haben. Frei von jeglichen religiösen Absichten habe Freud sich des Problems wissenschaftlich angenommen und dabei die abgründige Finsternis in der menschlichen Natur entdeckt, die der aufgeklärte Optimismus des westlichen Christentums und des wissenschaftlichen Zeitalters hatten verbergen wollen. Jung bezeichnete die Freudsche Methode als detaillierteste und tiefste je erreichte Analyse des Schattens.
Gleichwohl hielt er den Freudschen Ansatz für zu begrenzt und plädierte für einen anderen Umgang mit dem Schatten. Er erkannte, daß der Schatten ein lebendiger Teil der Persönlichkeit ist, der »darum in irgendeiner Form mitleben« will (GW 9/I, § 44), und identifizierte ihn zunächst mit den Inhalten des persönlichen Unbewußten (→Unbewußt, das Unbewußte). Die Beschäftigung damit bedeutet, sich mit den Trieben abzufinden (→Trieb) und damit, wie ihr Ausdruck durch das →Kollektiv kontrolliert wird (→Anpassung). Außerdem sind die Inhalte des persönlichen Unbewußten unentwirrbar mit den archetypischen Inhalten des kollektiven Unbewußten vermengt, die wiederum selbst eine eigene dunkle Seite haben (→Archetyp; →Gegensätze). Anders gesagt: Schatten läßt sich nicht ausrotten; daher bezeichnen analytische Psychologen meistens die »Annahme des Schattens« als Ziel der Schattenkonfrontation in der →Analyse.

Vorausgesetzt der Schatten ist ein Archetyp, dann sind seine Inhalte mächtig, durch Auftreten eines Affekts (→Affekt) gekennzeichnet, zwingend, besitzergreifend und autonom – kurz: in der Lage, das wohlgeordnete →Ich zu erschrecken und zu überwältigen. Wie alle bewußtseinsfähigen Inhalte tauchen sie zunächst in der →Projektion auf. Ist das Bewußtsein bedroht oder unsicher, dann manifestiert sich der Schatten als starke, irrationale Projektion positiven oder negativen Inhalts auf den eigenen Nachbarn. Jung fand damit eine überzeugende Erklärung nicht nur für persönliche Antipathie, sondern auch für die grauenhaften Vorurteile und Verfolgungen der heutigen Zeit.

Hinsichtlich des Schattens zielt die →Psychotherapie auf die wachsende Kenntnis derjenigen Bilder (→Bild) und Situationen des eigenen Lebens, die höchstwahrscheinlich Schattenprojektionen hervorrufen. Den Schatten zulassen (ihn analysieren) heißt, seinen zwingenden Griff zu sprengen (→Besessenheit; →Individuation; →Integration).

Schizophrenie

Seit seinen frühen Studentenzeiten war Jung an der Schizophrenie interessiert (die damals als Dementia praecox bezeichnet wurde). Als er sein Konzept vom kollektiven Unbewußten und seine Archetypentheorie entwickelte, veränderte er seine Position dahingehend, daß eine Psychose im allgemeinen und die Schizophrenie im besonderen erklärt werden könne als

- Überwältigung des →Ich durch die Inhalte des kollektiven Unbewußten und
- Dominierung der Persönlichkeit durch einen oder mehrere abgespaltene Komplexe (→Archetyp; →Komplex; →Unbewußt, das Unbewußte).

Die wesentliche Schlußfolgerung hieraus war, daß schizophrener Ausdruck und Verhalten als sinnvoll begriffen werden konnte, wenn es nur gelang, diesen Sinn herauszuarbeiten. Hier wurde zuerst die Technik der →Assoziation verwendet und später die Methode der →Amplifikation, um das klinische Material in Zusammenhang mit kulturellen und religiösen Motiven zu bringen. Das führte unver-

Schizophrenie

meidlich und letztlich zu Jungs Bruch mit Freud, der mit der Veröffentlichung von »Wandlungen und Symbole der Libido« zusammenfiel, einer mittels Assoziationen und Amplifikationen durchgeführten Analyse des Vorspiels zu einer Schizophrenie (Neuauflage unter dem Titel »Symbole der Wandlung«, GW 5).

Was aber ist die Ursache einer Schizophrenie? Die Entwicklung von Jungs Gedanken dazu zeigt seine Unsicherheit. Er war sich klar darüber, daß die Schizophrenie eine psychosomatische Erkrankung ist, daß chemische Veränderungen im Körper und Persönlichkeitsstörungen irgendwie verflochten sind. Die Frage war nur, welcher dieser Faktoren als primär gelten sollte.

Jungs Vorgesetzter, Bleuler, meinte, der Körper produziere ein Toxin oder Gift, das dann zu psychischen Störungen führe (→Psychoanalyse). Jungs wesentlicher Beitrag bestand darin, die Wichtigkeit der →Psyche so hoch anzusetzen, daß dadurch die Reihenfolge der beteiligten Elemente umgekehrt wurde: Psychische Aktivität kann zu körperlichen Veränderungen führen (GW 3, § 318). Jung versuchte gleichwohl, seine Vorstellungen mit denen von Bleuler durch eine raffinierte Formel zu verbinden. Das mysteriöse Toxin könnte ja in uns allen vorhanden sein, seinen verheerenden Effekt aber nur dann bekommen, wenn die psychologischen Umstände hierfür günstig sind. Alternativ könnte ein Mensch genetisch zur Entwicklung dieses Toxins prädisponiert sein, welches sich dann unausweichlich an einen oder mehrere Komplexe heften würde.

Zu Jungs Zeit war es revolutionär zu meinen, die Schizophrenie könne etwas anderes als eine angeborene neurologische Abnormität sein. Jungs Hypothese über die psychogene Ursache der Schizophrenie (seine letzte Stellungnahme dazu findet sich in GW 3, §§ 553ff.) war in einen insgesamt psychosomatischen Rahmen eingebettet. So konnte er auch eine psychologische Behandlung (→Psychotherapie) als angemessen vorschlagen. Die Dechiffrierung der schizophrenen Kommunikation und die Behandlung innerhalb eines therapeutischen *Milieus* bilden zentrale Stränge der existentialistisch-analytischen Ansätze, die von Binswanger (1945) und Laing (1975) formuliert wurden und in gewissem Maße auch in den heutigen psychiatrischen Bemühungen wiederzuerkennen sind.

Schizophrenie

Ein aktueller und kontroverser Ansatz zum Schizophrenieverständnis ist die Vorstellung, Schizophrenie sei nicht eigentlich eine Krankheit, sondern vielmehr ein Maßstab für das, was unsere Gesellschaft für normal und tolerabel hält. So geben Psychiater, die Gegner der klassischen Psychiatrie sind, zu verstehen, es handle sich bloß um eine psychiatrische Klassifikation: Die Karte ist nicht identisch mit dem Territorium (vgl. Szasz, 1971). Jung ging nicht ganz so weit. Er hob aber hervor, daß »latente Psychosen« viel weiter verbreitet sind, als dies allgemein angenommen wird; niemals könnte mit dem Begriff »normal« ein Individuum beschrieben werden (→Anpassung). Eine weitere Verfeinerung, in der ebenfalls eine heutige Sichtweise anklingt, besteht darin, daß ein offensichtlicher Zusammenbruch sich tatsächlich als Durchbruch erweisen kann, als notwendiges anfängliches Vorspiel zu weiterer Entwicklung (→Initiation; →Pathologie; →Selbstregulatorische Funktion der Psyche; →Wiedergeburt).

Jung scheint seine Erfahrungen hauptsächlich an floriden Verlaufsformen der Schizophrenie (mit Wahnbildungen, schweren Denkstörungen, Beziehungsideen usw.) gewonnen zu haben. Er schreibt nur wenig über die charakteristische schizophrene »Affektverflachung« (→Affekt), die in psychiatrischen Kliniken heute so häufig vorkommt. Es ist bekannt, daß Geisteskrankheiten sich bei kulturellem Wandel ebenfalls verändern – auch aus diesem Grund ist ihre Existenz strittig. Zum Beispiel könnte die Prävalenz hysterischer Lähmungen in Deutschland und Österreich um 1890 herum mit der Einführung von Versicherungsprogrammen für Eisenbahnunfälle zu jener Zeit in Verbindung gebracht werden.

Man kann den schizophrenen Rückzug als Reaktion auf die Sinnlosigkeit und Entfremdung in der modernen Industriegesellschaft begreifen und insbesondere auf die Erfahrung äußerster psychischer Deprivation im Gefolge von Armut. In sozial ärmlichen Verhältnissen hat die Anstrengung, die nötig ist, um das Unbewußte sozusagen abzuschotten, zur Folge, daß alle Gefühle verdrängt oder von der Persönlichkeit abgespalten werden. Auch das depressive Element in einer solchen »akuten reaktiven Psychose« wurde von Jung nicht untersucht. Hier müssen wir ihn auch als Mensch seiner Zeit sehen (→Gesellschaft; →Kollektiv; →Kultur).

Einige analytische Psychologen (zum Beispiel Perry, 1962; Redfearn, 1978) haben entwicklungspsychologische Erkenntnisse auf die Schizophrenie angewendet. Die Inhalte der schizophrenen Psyche bleiben archetypisch getönt, weil die Mutter unfähig ist, sie ihrem Kind zu vermitteln – das heißt sie irgendwie auf ein menschliches Maß zu reduzieren, damit sie integriert werden können. Daher kommt es zur »Verflachung« als unbewußte Form der Selbstkontrolle. Die Arbeit mit Schizophrenen oder schwer geschädigten Patienten erfordert es, daß der Analytiker in erheblichem Umfang seine Gegenübertragung einsetzt (→Analytiker und Patient).

Schuld

Wird hier verstanden als psychische, nicht als moralische oder juristische Kategorie. Damit ist ein Gefühl gemeint, das objektive Grundlagen haben kann oder auch nicht. Aus klinischer Sicht mag natürlich irrational begründete Schuld interessanter sein; Jung weist aber darauf hin, daß es enorme psychische Konsequenzen hat, wenn rationalere Schuldgefühle nicht erkannt und gewürdigt werden.

Jung verwendet den Begriff »Kollektivschuld« als Gegenbegriff zur »persönlichen Schuld«. Diese Unterscheidung ist jedoch nicht eindeutig. Jung behauptet nämlich nicht, daß ein Gefühl persönlicher Schuld sich *einzig und allein* aus den spezifischen Umständen entwickelt; vielmehr ist auch der archetypische Faktor präsent. Entsprechend kann Kollektivschuld jemanden auch auf individueller Ebene treffen. Man kann Kollektivschuld gleichsetzen mit Schicksal, einem Fluch oder einer Art Verseuchung (→Kollektiv; →Selbst; →Unbewußt, das Unbewußte). Jung exemplifizierte Kollektivschuld daran, welches Gefühl ein Deutscher, der kein Nazi gewesen war, nach dem Ende des Krieges und der Aufdeckung der Verbrechen Hitlers gegen die Juden wohl haben mochte.

Ein Schuldgefühl kann erforderlich sein, um die Projektion von Schatteninhalten (→Schatten) nach außen zu vermeiden; sonst trifft mich nämlich des anderen Schuld und reizt zur moralischen Verurteilung. Daher unterscheidet sich Jung hier deutlich von Freud: Zur Vermeidung der Neurose kann ein Schuldgefühl *notwendig* sein.

Auch wenn es irrational ist, führt es in aufgeladene, unbewußte Bereiche. Zentral für diese Vorstellung ist Jungs Überzeugung, daß die →Projektion des Schattens die Persönlichkeit verringert, sogar bis hin zur Vernichtung der Menschheit.
Das Schuldgefühl regt die Reflexion darüber an, was böse ist (→Böse); das ist ebenso wichtig wie das Nachdenken darüber, was gut ist. »Es gibt ja schließlich kein Gutes, aus dem nicht Übles, und kein Übel, aus dem nicht Gutes hervorgehen könnte« (GW 12, § 36).
→Moral; →Über-Ich

Seele

In den »Definitionen«, die relativ früh in den Schriften Jungs veröffentlicht wurden (GW 6, 1921), findet sich unter dem Stichwort Psyche: »siehe ›Seele‹«. Andererseits spricht Jung öfter von →Psyche als von Seele, wenn er die Totalität aller psychischen Prozesse und die →Analyse diskutiert. Man kann aber auch einige spezifische Anwendungen des Wortes »Seele« herausstellen:
1. Der Begriff wird von Jung (und von analytischen Psychologen) anstelle von Psyche verwendet, besonders wenn eine Bewegung in der Tiefe hervorgehoben werden soll und so die Pluralität, Vielfalt und Undurchdringlichkeit der Psyche betont werden im Gegensatz zu jeglichen dort erkennbaren Mustern, Ordnungen oder Bedeutungen (vgl. →Selbst). Hinsichtlich der Pluralität beschreibt Jung Kulturen, wo von »multiplen Seelen« gesprochen wird.
2. »Seele« wird anstelle von →Geist verwendet, wenn auf den immateriellen Aspekt der Menschen Bezug genommen werden soll – ihren Kern, ihr Herz oder Zentrum (Samuels, 1985a, S. 244-5.)
3. Von einigen analytischen Psychologen nach Jung wird der Begriff benutzt, um eine besondere Perspektive zur Welt zu bezeichnen, die sich auf tiefliegende Bilder konzentriert und darauf, wie die Psyche Ereignisse in Erlebnisse verwandelt – »soul-making« (Hillman, 1975).

Seelenverlust

Unnatürlicher, neurotischer und pathologischer Zustand, der die Menschen schon immer bedroht hat; die Trennung der Beziehung zum eigenen psychischen Leben. Dieser Zustand ist durch ein →Abaissement du niveau mental gekennzeichnet, aber nicht damit identisch. Er manifestiert sich oft in der Lebensmitte und kann das Vorspiel zu weiterer →Individuation sein. Vom teleologischen Standpunkt ausgehend (→Teleologischer Gesichtspunkt) war Jung überzeugt, daß in solchen Zeiten »in der Neurose diejenigen Werte liegen, deren das Individuum ermangelt« (GW 7, § 93) (→Neurose). Der Zustand ist verknüpft mit einem Mangel an Energie, Gefühlen von Sinn- und Zwecklosigkeit, einem verringerten Gefühl persönlicher Verantwortlichkeit, einem Überwiegen des Affekts (→Affekt) und schließlich →Depression oder →Regression mit desintegrierender Wirkung auf das Bewußtsein (→Bewußtsein, Bewußtheit; →Unbewußt, das Unbewußte). Jung sagte, dieser Begriff werde von primitiven Völkern verwendet (→Primitiv, die »Primitiven«); er meinte, unkontrolliert führe der Zustand zur Auflösung der Persönlichkeit des einzelnen in der Kollektivpsyche (→Psyche; →Kollektiv; →Lebensstadien).

Selbst

Archetypisches →Bild des vollständigen Potentials des Menschen und der Einheit der Persönlichkeit als Ganzes. Das Selbst ist als vereinigendes Prinzip in der menschlichen Psyche die zentrale Autorität bezüglich des psychischen Lebens und damit des Schicksals des Individuums.

Jung äußerte gelegentlich, das Selbst initiiere das psychische Leben; bei anderer Gelegenheit verweist er darauf, Ziel sei die Verwirklichung des Selbst. Er betonte, es handle sich hierbei um ein empirisches Konzept, nicht um eine philosophische oder theologische Formulierung; allerdings hat die Ähnlichkeit seiner Ansichten mit einer religiösen Hypothese verschiedentlich Klarstellungen erforderlich gemacht. Das Selbstkonzept läßt sich nicht unter Vernachlässigung seiner Ähnlichkeit zu einem →Gottesbild untersuchen.

Die →Analytische Psychologie sah sich daher einerseits Befürwortern des Konzepts gegenüber, die darin eine Anerkenntnis der religiösen Natur des Menschen sahen, und andererseits Ärzten, Wissenschaftlern und Religionsdogmatikern, die diese psychologische Formulierung für unannehmbar hielten.

»Das Selbst ist nicht nur der Mittelpunkt,« schrieb Jung, »sondern auch jener Umfang, der Bewußtsein und Unbewußtes einschließt; es ist das Zentrum dieser Totalität, wie das Ich das Bewußtseinszentrum ist« (GW 12, § 44) (→Unbewußt, das Unbewußte; →Ich). Im Leben fordert das Selbst, erkannt, integriert und verwirklicht zu werden; aber man kann nicht hoffen, mehr als einen Bruchteil dieser großen Totalität in den beschränkten Umfang des menschlichen Bewußtseins aufzunehmen (→Bewußtsein, Bewußtheit). Daher ist die Beziehung des Ich zum Selbst ein niemals endender Prozeß. Dieser Prozeß beinhaltet die Gefahr einer Inflation, wenn das Ich nicht sowohl flexibel als auch andererseits in der Lage ist, individuelle und bewußte (im Gegensatz zu archetypischen und unbewußten) Grenzen zu setzen. Die lebenslange Interaktion zwischen Ich und Selbst – und das bedeutet einen dauernden Prozeß gegenseitigen Ich-Selbst Bezugs – findet Ausdruck in der Individualität eines Menschenlebens (→Ich-Selbst-Achse; →Individuation).

Um nicht den Eindruck aufkommen zu lassen, das Selbst sei völlig gutartig, betonte Jung, man müsse es mit einem Dämon vergleichen, einer bestimmenden Macht, die kein Gewissen besitzt; ethische Entscheidungen bleiben dem Menschen überlassen (→Moral). Daher wies Jung warnend darauf hin, ein Mensch müsse bei Interventionen seitens des Selbst, die zum Beispiel in Form von Träumen auftreten können (→Träume), sich so weit als möglich über seine Entscheidungen und Handlungen im klaren sein. Wenn man dann tatsächlich darauf antwortet, unterwirft man sich weder bloß dem →Archetyp, noch folgt man nur einer Laune; wenn man sich andererseits abwendet, so im Bewußtsein dessen, daß man damit vielleicht nicht nur die eigene Interventionsmöglichkeit zerstört, sondern auch eine Gelegenheit von unbestimmtem Wert. Die Funktion des Bewußtseins besteht darin, hier differenzieren zu können.

Selbst

Wenn man Jungs Theorie folgt, kann man das Selbst als archetypischen Drang nach Koordination, Relativierung und Vermittlung zwischen der Spannung der →Gegensätze definieren. Das Selbst konfrontiert uns mit der Polarität von Gut und Böse, menschlich und göttlich (→Schatten). Diese Interaktion erfordert den Einsatz von höchstmöglicher Freiheit angesichts der scheinbar widersprüchlichen Erfordernisse des Lebens; das einzige und letzte Kriterium über das Gelingen dieser Interaktionen ist die Sinnfindung (→Sinn). Seitens der Kirche ist bezweifelt worden, ob ein Mensch ein so beschaffenes Bild ohne Vermittlung durch einen Priester integrieren könne; Theologen haben Kritik daran geübt, in das Gottesbild sowohl positive als auch negative Seiten einzubeziehen. Jung verteidigte seine Position jedoch hartnäckig und wies darauf hin, daß die alleinige Betonung des »Guten« durch das Christentum den westlichen Menschen von sich selbst entfremdet und innerlich gespalten habe.

Symbole des Selbst besitzen oft numinose Qualitäten (→Numinosum) und ein Gefühl von Zwangsläufigkeit, das ihnen eine transzendente Priorität im psychischen Leben verleiht. Sie tragen die Autorität eines Gottesbildes, und Jung meinte, daß ohne Zweifel die Aussagen der Alchemisten über den Lapis – psychologisch betrachtet – den Archetyp des Selbst beschreiben (→Alchemie). Er behauptete, an den psychischen Manifestationen des Selbst Absicht und Zielgerichtetheit beobachtet zu haben, vermied jedoch Aussagen über den letztlichen Ursprung jenes Ziels (→Religion).

Jungs Theorien über das Selbst wurden später zu einem entwicklungspsychologischen Konzept erweitert (Fordham, 1974, 1976). Siehe →Psychogenese. Im Rahmen dieses Konzepts wird postuliert, daß ein primäres oder ursprüngliches Selbst bereits am Beginn des Lebens existiert. Dieses primäre Selbst enthält alle angeborenen, archetypischen Potentiale, die durch einen Menschen ausgedrückt werden können. In einer geeigneten Umwelt beginnen diese Potentiale sich in einem Prozeß der *Deintegration* aus dem ursprünglichen unbewußten integrierten Zustand heraus zu entwickeln, indem sie nach Entsprechungen in der Außenwelt suchen. Die so entstehende »Paarung« eines aktiven archetypischen Potentials des Kleinkinds mit den re-aktiven Antworten der

Mutter wird dann *reintegriert* und zu einem internalisierten Objekt. Dieser Vorgang von Deintegration und Reintegration wiederholt sich lebenslang.

In der frühen Kindheit erfordert die große Aufregung, die durch die Deintegration verursacht wird, immer wieder lange Phasen reintegrierenden Schlafes. Allmählich wachsen die in den deintegrierten Teilen vorhandenen Ich-Fragmente zum Ich zusammen. Dem primären Selbst wird eine eigene Abwehrstruktur zugeschrieben, die am ausgeprägtesten in Situationen aktiviert wird, in denen aus der Sicht des Kleinkindes die Umwelt mangelhaft gewesen ist. Diese Abwehrmaßnahmen schützen das Selbst nicht nur gegen das Gefühl, von außen angegriffen und verfolgt zu werden, sondern auch gegen die Angst vor einer Implosion; diese entsteht durch ein unkontrollierbares Ausmaß an Wut, das genau dem Maß nicht erfüllter Erwartung entspricht: Entzug wird so als Angriff erfahren.

Nach Fordham sind Abwehrmechanismen des Selbst genauso normal wie solche des Ich. Wenn sie jedoch fortbestehen oder überdeterminiert sind, entwickelt sich ein Hang zur Omnipotenz, der zu Grandiosität und Rigidität führt, also in einer narzißtischen Persönlichkeitsstörung resultiert (→Narzißmus). Andererseits kann auch ein Autismus resultieren. In beiden Fällen ist das Individuum von den befriedigenden Erfahrungen einer Beziehung abgeschnitten, weil das *Anderssein* selbst schon als bedrohlich erlebt wird.

Eine zweite Anwendung von Jungs Hypothesen über die Entwicklung des Selbst wurde von Neumann (1985, geschrieben 1959-60) vorgelegt. Nach Neumann trägt die Mutter durch unbewußte →Projektion das Bild vom Selbst des Babys, oder sie fungiert sogar »als« Selbst des Babys. Da das Kind in der frühen Kindheit die Charakteristika eines erwachsenen Selbst nicht erfahren kann, reflektiert die Mutter das Selbst ihres Kindes, sie fungiert als dessen »Spiegel«. Die ersten bewußten Erfahrungen des Selbst sind aus Wahrnehmungen von der Mutter und Interaktionen mit ihr abgeleitet. In einer Ausweitung der Neumannschen Hypothese kann man die allmähliche Trennung des Babys von seiner Mutter mit der Entstehung des Ich aus dem Selbst vergleichen. Das Bild, welches das Baby von der Beziehung zu seiner Mutter entwickelt, formt die Grundlage seiner späteren Einstellung zum Selbst und zum Unbewußten allgemein (→Unbewußt, das Unbewußte; →Große Mutter; →Imago).

Natürlich gibt es unter analytischen Psychologen theoretische Differenzen hinsichtlich des Selbstkonzepts. Einige definieren das Selbst als ursprünglichen Zustand der Integration des Organismus. Andere begreifen es als Bild eines übergeordneten vereinigenden Prinzips. Beide Gruppen berufen sich auf Jungs häufigen Hinweis, daß die individuelle Persönlichkeit den archetypischen Potentialen »entsteigt«, die im Selbst enthalten sind. Neumanns Werk stellt einen bildhaften Ansatz dar; Fordhams Arbeiten liefern ein Modell.

(GW 9/2 ist der Phänomenologie des Selbst gewidmet. Für einen Vergleich der Ansätze von Fordham und Neumann siehe Samuels, 1985a).

Selbstregulatorische Funktion der Psyche
→Kompensation

Senex
Begriff aus der archetypischen Psychologie, kein entwicklungspsychologisches Konzept (Hillman, 1983a). Bedeutet lateinisch »alter Mann«, darf aber nicht mit dem »Alten Weisen« verwechselt werden (→Mana-Persönlichkeiten). Bezeichnet in der Analytischen Psychologie die Personifizierung gewisser psychologischer Eigenschaften, die im allgemeinen dem alten Menschen zugeschrieben werden – obwohl auch Babys Senex-Eigenschaften haben können: Ausgeglichenheit, Großzügigkeit gegenüber anderen, Weisheit, Weitsicht. (→Archetyp; →Frühe Kindheit und Kindheit; →Psychogenese)

Der Senex wird oft in Gegensatz zum →Puer aeternus gebracht. Die Puer-Pathologie ist übermäßig wagemutig, über-optimistisch, an phantastische und idealistische Flüge hingegeben und übermäßig vergeistigt. Die Senex-Pathologie ist dagegen überaus konservativ, autoritär, allzu abgesichert, melancholisch und imaginationslos.
→Gegensätze

Sinn
Die Eigenschaft, die etwas wertvoll macht.

Die Frage nach dem Sinn war für Jung zentral in seinem ganzen Tun als Mensch, Arzt und Therapeut; in seinem fortwährenden Ringen mit den Problemen von Gut *und* →Böse, Hell *und* Dunkel, Leben *und* Tod; ebenso für ihn als Wissenschaftler und Mensch mit tief religiöser Veranlagung. Er meinte, der *Ort* des Sinns sei die →Psyche; nur sie sei in der Lage, den Sinn des Erlebten zu erschließen. Diese Feststellung unterstreicht die wesentliche Funktion der →Reflexion im psychologischen Leben und betont, daß Bewußtsein sich nicht auf den Intellekt beschränkt (→Bewußtsein, Bewußtheit).

Der Sinn war ein fundamentaler Gesichtspunkt in Jungs Konzept der →Ätiologie der Neurose, da das Erkennen des Sinns offensichtlich kurative Kraft besitzt. »*Die Psychoneurose ist im letzten Verstande ein Leiden der Seele, die ihren Sinn nicht gefunden hat*« (GW 11, § 497). Trotz seiner Ausrichtung auf Sinnfindung blieb Jung gleichzeitig dafür offen, daß das Leben möglicherweise sinnlos ist. Er hielt Sinn für etwas Paradoxes und begriff ihn als →Archetyp (→Gegensätze).

In Übereinstimmung mit diesem Ansatz hielt Jung jegliche Antwort auf die Frage nach dem Sinn für eine menschliche Deutung, eine Mutmaßung, ein Bekenntnis oder einen Glauben. Wie die Antwort auf die elementare Frage nach dem Sinn des Lebens auch lauten mag: Er blieb dabei, daß diese Antwort vom Bewußtsein eines Menschen geschaffen wird. Ihre Formulierung ist daher ein →Mythos, da der Mensch absolute Wahrheit nicht zu entdecken vermag. In Ermangelung eines Mittels zur Feststellung des objektiven Sinns vertrauen wir auf die subjektive Verifizierung als letztes Maß, und darauf müssen sich auch →Analytiker und Patient in der Psychotherapie verlassen. Die Sinnfindung ist aber eine Erfahrung, die zur gleichen Zeit mit Numinosität verbunden und von einem Gefühl des Fürchterlichen, Mysteriösen und Schrecklichen begleitet ist; diese Elemente sind immer verknüpft mit einer Erfahrung des Göttlichen, in welcher niederen, inakzeptablen, obskuren oder verächtlichen Gestalt es auch immer erscheinen mag (→Numinosum).

Jungs eigener Mythos vom Sinn ist offensichtlich unlösbar an Bewußtsein gekoppelt. Der Sinn wird vom Bewußtsein gefunden, das also sowohl eine geistige wie eine kognitive Seite besitzt (→Geist). »Ohne das reflektierende Bewußtsein des Menschen ist die Welt von gigantischer Sinnlosigkeit, denn der Mensch ist nach unserer Erfahrung das einzige Wesen, das ›Sinn‹ überhaupt feststellen kann«, schrieb Jung Ende 1959 in einem Brief an Erich Neumann. Nach intensiver Beschäftigung mit der →Synchronizität kam er zum Ergebnis, es gebe zusätzlich zu Ursache und Wirkung einen weiteren Faktor in der Natur, der sich in der Anordnung von Ereignissen zeigt; er erscheint uns in Gestalt des Sinns. Gefragt, wer oder was diesen Sinn erschafft, schrieb Jung das allerdings nicht Gott zu, sondern dem →Gottesbild eines Menschen (→Selbst).

Jungs Sekretärin Aniela Jaffé hat einen Bericht über seine Begegnungen mit Sinn und seine diesbezüglichen Schlußfolgerungen zusammengestellt, die er aus seinem Leben und Werk ableitete (1983a).

→Religion

Suggestion

In der Besprechung eines Buches von Moll zitiert Jung, wie der Autor Suggestion definiert: »ein Vorgang, bei dem unter inadäquaten Bedingungen eine Wirkung dadurch eintritt, daß man die Vorstellung von dem Eintritt der Wirkung erweckt« (GW 18, § 893). Im wesentlichen gebrauchte auch Jung den Begriff in dieser Bedeutung, wenn er sich über Suggestion und ihre Verbindungen mit Hypnose, parapsychologischen Phänomenen, →Psychose, →Analyse und →Psychotherapie äußerte.

Jung warnte eindringlich vor der Verwendung der Suggestion in der Psychotherapie und verwies auf ihren offensichtlichen Effekt auf die therapeutische Beziehung: Suggestion hält den Patienten in einer schwachen und untergeordneten Position. Unbewußte Suggestion läßt sich zwar nicht vermeiden (→Unbewußt, das Unbewußte); aber es liegt in der ständigen Verantwortung von →Analytiker und Patient, sich stets möglichst bewußt darüber zu sein, was in der Analyse geschieht.

Für Jung beschränkten sich jedoch Suggestionstherapien nicht auf Beratungen oder Erteilung von Ratschlägen; er zählte dazu auch alle Therapiemethoden, die einfach nur eine diagnostische Terminologie anwenden und dadurch die Aufdeckung unbewußter Ursachen abrupt beenden, sowie Verfahren, die aktiv versuchen, unbewußte Prozesse gezielt zu fördern oder zu behindern. Diese Ansätze hielt Jung für eher pädagogisch als psychologisch. Suggestive Verfahren arbeiten auch der Entdeckung der Individualität entgegen; ihre Verwendung setzt nämlich voraus, daß das Endprodukt vorhersehbar und auch zu erlangen, also ausdrücklich nicht spontan und einzigartig ist (→Individuation). Um im Bereich der Traumdeutung (→Deutung, Träume) Suggestion zu vermeiden, so Jung, muß jede Deutung solange als ungültig angesehen werden, bis jene Formel gefunden ist, die das Einverständnis des Patienten erreicht.

Symbol

Jung brach mit den Theorien Freuds zum Teil aufgrund der Streitfrage, was ein »Symbol« sei; dabei ging es um das Symbolkonzept, um Absicht oder Zweck des Symbols und seinen Inhalt.

Jung erläutert die *Unterschiede im Konzept* wie folgt:

Diejenigen Bewußtseinsinhalte, welche unbewußte Hintergründe ahnen lassen, nennt Freud unrichtigerweise *Symbole*, während sie in seiner Lehre nur die Rolle von *Zeichen* oder *Symptomen* von Hintergrundsvorgängen spielen und keineswegs diejenige des eigentlichen Symboles, welches als ein Ausdruck verstanden werden muß für eine noch nicht anders oder besser zu fassende Anschauung (GW 15, § 105).

Vorher schon hatte er das Symbol folgendermaßen definiert: »Das Symbol dagegen setzt immer voraus, daß der gewählte Ausdruck die bestmögliche Bezeichnung oder Formel für einen relativ unbekannten, jedoch als vorhanden erkannten oder geforderten Tatbestand sei« (GW 6, § 894).

An anderer Stelle, die jedoch nicht speziell auf Freud Bezug nimmt, äußert er seine Wertschätzung für die Subtilität und Herausforderung des Symbols, das für ihn so viel mehr ist als Ausdruck verdrängter Sexualität oder eines anderen genau bestimmten Inhaltes. Er schreibt über Kunstwerke, die ganz offen symbolisch sind, und sagt:

Symbol

Das zugegebenermaßen symbolische Werk [...] ruft uns schon durch seine ahnungsreiche Sprache zu: Ich bin im Begriffe, mehr zu sagen, als was ich tatsächlich sage; ich »meine« über mich hinaus. Hier können wir die Hand auf das Symbol legen, auch wenn uns eine befriedigende Enträtselung nicht gelingt. Das Symbol bleibt ein ständiger Vorwurf unseres Nachdenkens und Nachfühlens. Daher rührt auch wohl die Tatsache, daß das symbolische Werk mehr anregt, sozusagen weiter bohrt in uns, während das manifest nicht symbolische Werk viel reiner zum ästhetischen Empfinden spricht (GW 15, § 119).

Die theoretischen Diskussionen über die Symbolisierung endeten allerdings keineswegs mit dem Bruch zwischen Jung und Freud; innerhalb der Analytischen Psychologie geht die Debatte weiter (→Analytische Psychologie). Der ganze Wissenschaftszweig zeigt ein weites Spektrum im theoretischen Verständnis und in der praktischen Anwendung hinsichtlich der Konzeptualisierung, der Absicht und des Inhaltes von Symbolen. Jedenfalls kann man auch dann weitgestreute und vielfältige Implikationen entdecken, die mit Jungs Definition konsistent sind, wenn man ein maßgebliches Symbol ganz buchstäblich deutet oder dazu neigt, die Symbolik als manifest sexuell zu begreifen. *Voraussetzung* dafür ist allerdings, daß das Symbol nicht mit seinem Inhalt verwechselt wird; sonst wird nämlich angenommen, es habe eine intellektuelle, erklärende und allegorische Funktion, statt einer psychologischen Vermittlungs- und Übergangsrolle.

Zur letztlichen *Absicht des Symbols* meinte Jung, es habe Ziele, die – obgleich sehr bestimmt wirksam – schwer zu verbalisieren seien. Symbole drücken sich in Analogien aus. Der symbolische Prozeß ist eine Erfahrung *in Bildern* und *anhand von Bildern*. Seine Entwicklung steht im Einklang mit dem Gesetz der →Enantiodromie (das heißt sie befindet sich in Übereinstimmung mit dem Prinzip, daß eine gegebene Position sich schließlich in Richtung ihres Gegenteils bewegt) (→Gegensätze), und nachweislich ist dort die →Kompensation am Werke (das heißt die Einstellung des Bewußtseins wird durch eine Bewegung von seiten des Unbewußten ausgeglichen) (→Bewußtsein, Bewußtheit; →Unbewußt, das Unbewußte). »Durch die Aktivität des Unbewußten wird nun ein Inhalt zutage gefördert, der gleichermaßen durch Thesis und Antithesis konstelliert ist und sich zu beiden *kompensatorisch* verhält [...]. So bildet er einen mittleren Grund, auf dem sich die Gegensätze vereinigen können« (GW 6, § 905). Der symbolische Prozeß beginnt, wenn ein Mensch sich festgehalten, »hängengeblieben« und machtvoll an der Verfolgung seiner Ziele gehindert fühlt; er endet in Erleuchtung, »Durchblick« und mit der Fähigkeit, auf einem veränderten Kurs weiter voran zu schreiten.

Was die Gegensätze vereint, hat teil an beiden Seiten und läßt sich leicht von der einen oder der anderen Seite beurteilen. Wenn wir aber eine Position einnehmen, verstärken wir damit nur die gegensätzliche Position. Hier hilft das Symbol; obwohl es nicht logisch ist, umschließt es die psychologische Situation. Es ist paradoxer Natur und repräsentiert den dritten Faktor, die dritte Position, die im Bereich der Logik nicht existiert; sie schafft aber eine Perspektive, aus der eine Synthese der gegensätzlichen Elemente möglich ist. Steht einmal das →Ich vor dieser Perspektive, dann kann es frei reflektieren und wählen (→Reflexion).

Das Symbol ist daher per se weder eine alternative Betrachtungsweise noch eine Kompensation. Es lenkt unsere Aufmerksamkeit auf eine *andere* Position, die bei angemessenem Verständnis etwas zur bestehenden Persönlichkeit hinzufügt und gleichzeitig den Konflikt löst (→Transzendente Funktion). Demnach gibt es zwar ohne Zweifel Symbole der Ganzheit, aber diese gehören zu einer anderen Kategorie. Wenn man so will, können alle Symbole zu Symbolen der Ganzheit werden (→Selbst).

Symbole sind ergreifende bildhafte Aussagen (→Numinosum; →Visionen): dunkle, metaphorische und rätselhafte Darstellungen der psychischen Realität. Der *Inhalt*, das heißt der Sinn von Symbolen, ist alles andere als offensichtlich; dafür ist er in einzigartiger und individueller Weise ausgedrückt und hat gleichzeitig etwas von einer universellen Bildersprache an sich. Durch Bearbeitung (das heißt durch Nachsinnen und Bezugnahme) lassen sich die Symbole als Aspekte jener Bilder (→Bild) erkennen, die unser Leben kontrollieren, ordnen und ihm →Sinn verleihen. Daher kann ihre Quelle bis zu den Archetypen selbst verfolgt werden, die durch Symbole vollständigeren Ausdruck finden (→Archetyp).

Das Symbol ist eine unbewußte Erfindung, die ein bewußtes Problem beantwortet. Daher sprechen analytische Psychologen oft von »vereinigenden Symbolen« – solchen also, die nicht zusammenhängende psychische Elemente zusammenziehen –, von »lebendigen Symbolen« – also jenen, die mit der eigenen bewußten Situation verwoben sind – sowie von »Symbolen der Ganzheit«, die zur Verwirklichung des Selbst gehören und daran geknüpft sind (→Mandala). Symbole sind nicht allegorisch, da sie dann etwas bereits Bekanntes behandeln würden; sie drücken aber etwas in der →Seele intensiv Lebendiges, sozusagen »Aufwühlendes« aus.

Man nimmt zwar normalerweise an, daß die symbolischen Inhalte, die in einer individuellen Analyse auftreten, denen aus anderen Analysen entsprechen; dies trifft aber nicht zu. Regelmäßige und wiederkehrende psychische Muster können durch vielfältige und verschiedene Bilder und Symbole dargestellt werden. Abgesehen von dieser klinischen Anwendung lassen sich Symbole auch ausführlich in historischen, kulturellen oder allgemein psychologischen Zusammenhängen deuten.

→Alchemie; →Amplifikation; →Deutung; →Märchen; →Mythos

Synchronizität

Wiederholte Erfahrungen, die darauf hindeuteten, daß bestimmte Ereignisse nicht immer den Gesetzen von Raum, Zeit und Kausalität gehorchen, veranlaßten Jung, danach zu suchen, was jenseits dieser Gesetze liegen könnte. Er entwickelte das Konzept der Synchronizität, das er unterschiedlich definierte:

1. als »Prinzip akausaler Zusammenhänge«;
2. mit Bezug auf bedeutungsvoll, aber nicht kausal aufeinander bezogene Ereignisse (die also weder räumlich noch zeitlich zusammenfallen);
3. mit Bezug auf Ereignisse, die räumlich und zeitlich koinzidieren, zwischen denen sich aber auch bedeutungsvolle psychologische Verbindungen feststellen lassen;
4. als Verbindung der psychischen und der materiellen Welt (damit ist in Jungs Schriften zur Synchronizität häufig, aber nicht immer, die Welt anorganischer Materie gemeint).

Jung versuchte ein synchronistisches Prinzip nachzuweisen, indem er mögliche Entsprechungen zwischen astrologischen Geburtskonstellationen und der Wahl des Ehepartners untersuchte. Er kam zum Ergebnis, daß hier eine weder statistisch erklärbare noch als bloß zufällig zu bezeichnende Verbindung bestehe. Daher postulierte er 1952 Synchronizität als dritte Möglichkeit (GW 8). →Reduktive und synthetische Methode; →Unbewußt, das Unbewußte

Das Experiment wurde vielfach kritisiert. Die von Jung befragten Personen entstammten einer Gruppe von Menschen, die Astrologie ernst nahmen, und waren daher nicht zufällig ausgewählt. Die Statistik wurde angegriffen. Am wichtigsten ist jedoch, daß Astrologie, was immer sie sonst sein mag, nicht als akausal gilt. Dennoch zeigt das Experiment eindeutig, daß Jung versuchte, den Dualismus Zufall versus Kausalität zu zerschneiden. Scheinbar zufällig oder kausal miteinander verbundene Phänomene können tatsächlich synchronistisch verknüpft sein.

Zeitweise wandte Jung die Synchronizität auf ein breites Spektrum von Phänomenen an, die präziser wohl als psychologisch oder parapsychologisch zu gelten haben, wie zum Beispiel Telepathie. Die meisten Menschen haben jedenfalls bedeutsame Koinzidenzen oder einen offenbar sinnvollen Gang ihrer Dinge erlebt. In Verbindung mit derartigen Erlebnissen kann Jungs Synchronizitätshypothese auf persönlicher Ebene direkte Relevanz besitzen.

Jung meinte, daß synchronistische Phänomene bei erniedrigter Bewußtseinsschwelle deutlicher sind (→Abaissement du niveau mental). Das Geschehen kann dann für die Analyse therapeutisch wertvoll sein, da es die Aufmerksamkeit auf Problemfelder lenkt, die vorher aufgrund ihrer Unbewußtheit vielleicht nicht berührt wurden. Das Wissen um die Synchronizität schützt den Analytiker vor der doppelten Gefahr, entweder alles dem Schicksal zuzuschreiben oder auf rein kausale Erklärungen zurückzufallen, die »nur dazu dienen, die Erfahrung des Patienten zu entlarven statt sie auf Veränderung hin wirken zu lassen« (Williams, 1963b). Die synchronistische Erfahrung geschieht dort, wo zwei Wirklichkeiten (das heißt »innere« und »äußere«) sich überschneiden.

Synchronizität sollte mit folgenden Konzepten verglichen und ihnen gegenübergestellt werden: →Psychische Wirklichkeit; →Psychoides Unbewußtes; →Unus Mundus.

Synthetische Methode
→Reduktive und synthetische Methode

Syzygie
Jegliches Gegensatzpaar, sobald von ihm als Paar gesprochen wird – gleichgültig ob es in Konjunktion oder Opposition steht (→Gegensätze). Jung gebrauchte diesen Begriff meistens in bezug auf die Verbindung von →Anima und Animus. Er schrieb, diese Verbindung bestehe psychologisch aus drei Elementen: »Einmal aus dem Betrag an Weiblichkeit, die dem Manne, und an Männlichkeit, die der Frau eignet, sodann aus der Erfahrung, die der Mann an der Frau und viceversa macht, und schließlich aus dem archetypischen weiblichen und männlichen Bild« (GW 9/2, § 41, Anm. 5). →Imago
Jung schloß, daß Bilder der sich paarenden männlich-weiblichen Syzygie genauso universell vorkommen wie Männer und Frauen; er nannte hierzu das typische Motiv männlich-weiblicher Paare in der Mythologie und wies auf das als Yin und Yang bezeichnete Konzeptpaar in der chinesischen Philosophie hin. In frühen alchemistischen Darstellungen sind Männliches und Weibliches symbolisch miteinander vereinigt, was darauf weist, daß sie als Teil des Prozesses voneinander unterschieden und dann als androgynes Paar wiedervereinigt werden müssen (→Alchemie; →Coniunctio). Daraus ergibt sich allerdings keine Bisexualität, sondern das komplementäre Wirken ansonsten entgegengesetzter Elemente (→Androgyn; →Geschlecht; →Hermaphrodit).

T

Teleologischer Gesichtspunkt
Orientierung auf Ziele und Absichten statt auf Ursachen; sie charakterisiert Jungs Beobachtung des Unbewußten, der →Neurose und ganz besonders der →Individuation (→Unbewußt, das Unbe-

wußte). Diese Sicht unterschied Jungs Methode und seine Schlußfolgerungen von der Psychoanalyse, wurde aber auch als quasi-religiöse Einstellung kritisiert.

Diese Frage rief lebhafte Diskussion hervor. Jung war denjenigen suspekt, die in den traditionellen medizinischen und wissenschaftlichen Schulen ausgebildet waren. Gleichzeitig empfanden manche Theologen ihn als Verbündeten, obwohl er von anderen des Psychologismus und besonders für seine Terminologie gescholten wurde. Pater Victor White (1952) war der Theologe, mit dem Jung am längsten im Gespräch blieb.

Jaffé wies darauf hin, daß in Jungs Worten »*Nicht ich schaffe mich selbst*, ich geschehe vielmehr mir selber« (GW 11, § 391) das →Selbst als a priori existent postuliert wird. Bekannt oder unbekannt, es ist der verborgene Gestalter im Hintergrund unseres Lebens. Der Mensch kann sogar in seiner Freiheit nicht der Bestimmung durch das Selbst entrinnen; aber durch die Erkenntnis dieser Prägung kann er →Sinn finden (Jaffé, 1983a). Jung sah in der Wiedergeburt Christi ein Symbol für die Erfüllung des von ihm als Psychologen so genannten »Individuationsprozesses«. Die Christusfigur verwirklichte ihr Potential vollständig und erreichte ihre Bestimmung.

Unter den heutigen analytischen Psychologen beachtet am stärksten Edinger (z.B.1972) den teleologischen Gesichtspunkt, den er für mit diesem christlichen Standpunkt vereinbar hält.

→Ätiologie (der Neurose); →Reduktive und synthetische Methode; →Religion

Temenos

Dieser Begriff wurde von den frühen Griechen zur Bezeichnung eines heiligen Bezirks (das heißt eines Tempels) verwendet, in dessen Innerem die Gegenwart eines Gottes erlebt werden kann.

Ohne der ursprünglichen Bedeutung etwas hinzuzufügen, wendet Jung den Begriff psychologisch an. Er benutzte ihn quasi-metaphorisch, um verschiedenes zu beschreiben: den psychisch aufgeladenen Bereich in der Umgebung eines Komplexes, der dem Bewußtsein nicht zugänglich und durch die Abwehrmechanismen des →Ich gut bewacht ist (→Komplex; →Bewußtsein, Bewußtheit); den analytischen Bezirk (der →Übertragung), in dem →Analytiker und Patient sich in Gegenwart einer möglicherweise überwältigenden unbewußten und dämonischen Macht erleben (→Unbewußt, das Unbewußte); den dem Ich höchst fremden Bereich der Psyche, der durch die Numinosität des →Selbst, des Gottesbildes, charakterisiert ist (→Gottesbild; →Numinosum); schließlich den von Analytiker und Patient während der →Analyse geformten psychologisch haltenden Rahmen, gekennzeichnet durch gegenseitigen Respekt für unbewußte Prozesse und Vertrautheit miteinander sowie durch eine Verpflichtung auf symbolische Inszenierung und Vertrauen in das ethische Urteilsvermögen des jeweils anderen (→Ethik; →Moral).

Ein Synonym für Temenos ist »das hermetisch verschlossene Gefäß«. Dies ist ein alchemistischer Terminus für den verschlossenen Behälter, in dem eine Wandlung von Gegensätzen stattfindet (→Gegensätze; →Alchemie). Durch die Gegenwart eines heiligen und unberechenbaren hermetischen Elements gab es keine Gewähr für den positiven Ausgang des Prozesses. Analog kann der psychologische Temenos entweder als Uterus oder als Gefängnis erlebt werden. Die Gegenwart eines unsteten und unberechenbaren Elements innerhalb des psychologischen Temenos veranlaßte Jung angesichts des Gehaltenseins in der Analyse zur Bemerkung, →Psychotherapie gelinge – wenn überhaupt – nur »Deo concedente« (alchemistisches Attribut, meint »mit Gottes Hilfe«).

Theorie

Bei vielen Feststellungen Jungs zur Theorie fällt auf, daß sie negativ sind. Zum Beispiel: »Theorien gehören im Gebiete der Psychologie zum Allerverheerendsten« (GW 17, S. 16), oder: »An sich hat [...] jede wissenschaftliche Theorie [...] vom Standpunkt psychologischer Wahrheit aus weniger Wert als das religiöse Dogma« (GW 11, § 81). Insgesamt ging es Jung jedoch im wesentlichen um die *Integration* der Theorie. Der Analytiker sollte nicht auf der Basis von Vorstellungen arbeiten, die ihm fremd sind oder mit denen er keine Erfahrung gesammelt hat. Der Patient sollte nicht unter dem Aspekt gesehen werden, ob er sich der Theorie einfügt oder nicht. Praktisch ist es so, daß jeder Patient eine Modifizierung der vorherigen Theorie des Analytikers erfordert (→Analytiker und Patient).

Jung bemühte sich auch sehr, den empirischen Charakter seines Ansatzes zu unterstreichen. Er meinte, seine Hypothesen entstammten der Beobachtung wirklicher Menschen; die enorme Menge vergleichender und amplifikatorischer Daten diente zur Illustration dieser Hypothesen (→Amplifikation; →Empirie). Hinsichtlich der wissenschaftlichen Methodologie hätte Jung sich wahrscheinlich lieber als Teilnehmer an der Theorie-Entwicklung gesehen statt als deren Anwender. Fast nie ging es ihm um Vorhersagen, als vielmehr darum, den jeweils gerade beobachteten und diskutierten Gegenstand zu erhellen und zu seiner Klärung beizutragen.

Nach traditionellen Kriterien kann die →Tiefenpsychologie nicht den Status einer wissenschaftlichen Theorie haben, da sie weder beweisbar noch zu widerlegen ist. Diese Wissenschaftssicht mag allerdings im Wandel begriffen sein. Insbesondere kann eine Methodologie, wo eine Hypothese *vor* der Zusammenstellung harter Beweise entwickelt wird, gleiche Gültigkeit besitzen wie eine, wo in zunächst gesammelten Daten dann Muster entdeckt werden. Wenn das stimmt, wird Jungs Bekenntnis nicht verurteilt, daß seine Theorien aus seinen Gedanken entstanden, da nämlich – wenn überhaupt – kaum einem Untersucher gar nichts vorschwebt, wenn er seine Arbeit aufnimmt. Jungs dauernde und defensive Geltendmachung seines Empirismus ist wohl nicht mehr so nötig wie früher.

Es wird immer zufällige und unabsichtliche Entdeckungen geben; manchmal, so Jung, aufgrund der Aktivierung einer archetypischen Struktur (vgl. Pauli, 1952, der dort als Wissenschaftler zu diesem Phänomen Stellung nimmt).

Tiefenpsychologie

Im Jahr 1896 wurden im Bereich der psychologischen Theorie und Praxis neue Wege beschritten, die den Beginn der heute so genannten Tiefenpsychologie markieren. Die wichtigsten Ereignisse dieses Jahres waren Freuds Neurosenklassifikation und die Veröffentlichung seiner Arbeit »Über die Ätiologie der Hysterie« (Ellenberger,

1973). Wie sich herausstellen sollte, war das letztgenannte Ereignis für die Irrwege wie für die Erfolge der Tiefenpsychologie gleich wichtig. Die Weiterführung der dort entwickelten Gedanken brachte Freud nämlich zu der Erkenntnis, daß es sehr schwierig ist, im Bereich des Unbewußten Phantasien von Erinnerungen an reale Gegebenheiten zu unterscheiden (→Unbewußt, das Unbewußte; →Phantasie). Danach widmeten Freud und seine Gefolgsleute (zu denen Jung zwischen 1907 und 1913 gehörte) sich weniger der Aufdeckung verdrängter Erinnerungen; sie erforschten stattdessen unbewußtes Material.

Die Innovationen Freuds bildeten die Grundlage der folgenden Entwicklungen; auch Jung beurteilte dies so (unter anderem in GW 15: »Sigmund Freud als kulturhistorische Erscheinung« und »Sigmund Freud. Ein Nachruf«). Unter diesen Neuentwicklungen in der Sichtweise auf und der Technik des Umgangs mit Patienten hatte insbesondere die Einführung der Traumdeutung als Mittel der →Psychotherapie herausragende Bedeutung (→Deutung). Dazu gehörte Freuds Erklärung, →Träume besäßen sowohl einen latenten als auch einen manifesten Inhalt, wobei er behauptete, der manifeste Trauminhalt sei aufgrund unbewußter Zensur eine Verzerrung des latenten; damit verbunden ist auch seine Anwendung der freien →Assoziation als Methode der Traumdeutung. Freuds Traumtheorie und seine Kenntnisse über Fehlleistungen, die zur Veröffentlichung seiner Schrift »Zur Psychopathologie des Alltagslebens« (1901) führten, waren von seinen Forschungsarbeiten über die Hysterie abgeleitet. Ab 1897 arbeitete er an seinem Buch »Der Witz und seine Beziehung zum Unbewußten« (1905), in dem er als erster die psychologische Bedeutung des Spiels untersuchte. Diese Veränderungen hatten alle den Anspruch, Schlüssel zur Untersuchung des Unbewußten zu liefern mit dem Ziel einer Erneuerung des Bewußtseins. Sie waren bereits abgeschlossen, als Freud und Jung sich persönlich kennenlernten.

Jung begann einen Beitrag zum Thema Tiefenpsychologie, den er 1948 für eine Enzyklopädie schrieb und der 1951 veröffentlicht wurde, mit folgenden Worten: » ›Tiefenpsychologie‹ ist ein Begriff, welcher der neueren medizinischen Psychologie entstammt (Eugen Bleuler), und diejenige psychologische Wissenschaft bezeichnet, die sich mit den Phänomenen des Unbewußten befaßt« (GW 18, § 1142).

In diesem Artikel versucht Jung sorgfältig, die Quellen der wesentlichen Konzepte aufzuspüren; Freud aber nennt er »den eigentlichen Begründer der Tiefenpsychologie, die den Namen *Psychoanalyse* trägt« (→Psychoanalyse). Er bezeichnet Alfred Adlers Individualpsychologie als teilweise Fortsetzung der Forschungsrichtung seines Lehrers Freud. Jung schloß, Adler sei angesichts desselben klinischen Materials zu einem von Freud ganz verschiedenen Standpunkt gekommen: Adler entwickelte die Hypothese, der primäre ätiologische Faktor sei der Wille zur Macht und nicht die Sexualität.

Hinsichtlich seiner eigenen Position würdigt Jung die Verdienste Freuds und betont, seine eigenen frühen Untersuchungen mit dem →Assoziationsexperiment hätten die Existenz des von Freud beschriebenen Verdrängungsvorganges und dessen charakteristische Folgen bewiesen. Er habe damals festgestellt, daß sowohl bei sogenannten Normalen als auch bei Neurotikern der Reaktionsvorgang durch »abgespaltene« (das heißt verdrängte) gefühlsbetonte Komplexe gestört wurde (→Komplex). Jung beschreibt seine abweichenden Auffassungen zur Sexualtheorie der Neurose, die nach seiner Meinung allzu begrenzt war, und bezüglich eines Konzepts vom Unbewußten, das er als ergänzungsbedürftig empfand. Er war nämlich der Auffassung, das Unbewußte sei »der schöpferische Mutterboden des Bewußtseins« (→Bewußtsein, Bewußtheit); es enthalte nicht nur verdrängte persönliche Inhalte, sondern auch kollektive Motive (→Kollektiv). So verwarf er die Theorie, derzufolge Träume Wunscherfüllungen sind, und betonte stattdessen die hinsichtlich des Bewußtseins kompensatorische Natur der unbewußten Prozesse und damit deren teleologischen Charakter (→Kompensation; →Teleologischer Gesichtspunkt). Seinen Bruch mit Freud führte er auf die abweichende Einschätzung der Rolle des kollektiven Unbewußten und seiner Manifestationen bei schizophrenen Erkrankungen zurück, das heißt auf die Formulierung seiner Archetypentheorie (→Schizophrenie; →Archetyp).

Im selben Artikel umreißt Jung anschließend seine späteren, selbständig durchgeführten Beobachtungen und Entdeckungen, die inzwischen zum theoretischen Korpus der Analytischen Psychologie gehören (→Analytische Psychologie). Mit zunehmender Ausweitung und Weiterentwicklung von Arbeitshypothesen über Persönlichkeit und persönliches Verhalten wird der Begriff Tiefenpsychologie inzwischen selten außerhalb seiner ursprünglichen Bedeutung verwendet: zur Kennzeichnung und Beschreibung derjenigen, die ganz spezifisch unbewußte Phänomene untersuchen.

Todestrieb

In seiner Schrift »Jenseits des Lustprinzips« (1920) stellte Freud das Postulat auf, daß die Triebe sich in zwei große Gruppen unterteilen ließen: die Lebenstriebe und die Todestriebe (→Lebenstrieb). Erstere Gruppe umfaßte die Selbsterhaltungstriebe (Hunger und Aggression) sowie den Sexualtrieb; in Freuds früheren Formulierungen hatte er diese beiden Kategorien noch einander gegenübergestellt. Der Todestrieb veranschaulichte die konservative und regressive Natur der Triebe überhaupt – das heißt die Tendenz eines Triebes, nach Entspannung zu streben und so die Erregung auf Null zu reduzieren. Diese Tendenz äußert sich in Form einer Regression auf immer einfachere und archaischere Ebenen und führt letztlich zu einem anorganischen Zustand; dann hat der »Todes«trieb gesiegt. Klein arbeitete diese Spekulationen Freuds weiter aus und postulierte, Aggression sei nichts anderes als der nach außen gewandte Todestrieb. Die Psychoanalyse insgesamt hat diese Vorstellungen Freuds jedoch nicht weiter besonders gewürdigt.

Auch Jung war mißtrauisch gegenüber diesem Gedanken, äußerte sich über seine Fragwürdigkeit und behauptete, Freud habe diese Theorie aus Unzufriedenheit mit der Einseitigkeit seiner Libidotheorie aufgestellt (→Energie). Dennoch gibt es einige Züge im Werk von Jung, die insgesamt gesehen nahelegen, daß dem Todestrieb analoge Konzepte auch in der Analytischen Psychologie ihren Platz haben (→Analytische Psychologie).

Aufgrund des neutralen Charakters der psychischen Energie kann sie für alles verwendet werden; davon ist auch das Paradox nicht ausgenommen, Energie für die Suche nach einer Reduktion der energetischen Spannung aufzuwenden. Diese Behauptung kann am deutlichsten belegt werden anhand der Unterteilung der Energie in der menschlichen Psyche in progressive und regressive Tendenzen. Jung sah in der →Regression einen Versuch der Psyche, die Persönlichkeit durch Begegnung und Vereinigung mit einer Eltern-Imago oder einem →Gottesbild aufzufüllen oder zu regenerieren (→Imago); der Versuch wird demnach in Übereinstimmung mit dem →Selbst unternommen (→Inzest). Das führt unausweichlich zur Auflösung (oder zum »Tod«) des alten →Ich mit nachfolgender Reduzierung der Spannungen und Erregtheiten einer vorangegangenen Lebensart. Metaphorisch läßt sich das als Tod begreifen, aus dem das Ich-Potential sich in einer angemesseneren und bewußteren Weise neu konstelliert. Allerdings ist ein auch nur zeitweiser Verlust der Kontrolle des Ich mit Gefahr verbunden; daher läßt sich der »Tod« erst dann als Vorspiel zur →Wandlung begreifen, wenn die Persönlichkeit bereichert wieder aufgetaucht ist (→Enantiodromie; →Ganzheit; →Initiation; →Wiedergeburt).

Die theoretische Schwachstelle dieser Argumentation liegt darin, daß der Todestrieb ausschließlich so gesehen wird, daß er dem Lebenstrieb dient. Triebe – welcher Art sie auch sein mögen – stehen jedoch im Dienste des Menschen; darüber sollte auch das Mißvergnügen, das sie gelegentlich bereiten können, nicht hinwegtäuschen. Der Todestrieb versieht einen Menschen mit einem Rahmen für sein Leben; Bilder vom Tod geben der Lebensentfaltung ein Ziel, und so gibt es auch eine innige Verbindung zwischen Tod und Kreativität (Gordon, 1978). Durch den Todestrieb ist ein Antrieb zum Weiterwachsen in die →Psyche eingepflanzt (→Sinn).

Diese Bemerkungen über den Todestrieb wurden im Hinblick auf die Persönlichkeit als Ganzes formuliert; es spricht aber nichts dagegen, sie auch auf Teile der Persönlichkeit anzuwenden. Mit anderen Worten: Auch ein einzelner →Komplex kann den Prozeß von Tod und →Wiedergeburt durchlaufen. Subjektiv wird der Todestrieb über innere Bilder und die entsprechenden Gefühlszustände erfahren – fließendes und ozeanisches, traumhaftes Einssein, schöpferische Träumerei, Nostalgie und Depressionen. Essentiell für diese Lesart des Todestriebes ist die Tatsache, daß →Regression, gutartig oder maligne, genauso Teil des Lebens ist wie Wachstum und Fortschritt. Als psychische Gegebenheit beschäftigt also der

Tod ein Individuum jeden Tag, keineswegs nur dann, wenn es auf das Lebensende zugeht; verdrängt werden kann er allerdings jederzeit (→Lebensstadien).

Träume

Jung definierte den Traum recht weitgefaßt als »spontane Selbstdarstellung der aktuellen Lage des Unbewußten in symbolischer Ausdrucksform« (GW 8, § 505) (→Unbewußt, das Unbewußte). Er meinte, der Traum habe zum Bewußtsein eine im wesentlichen kompensatorische Beziehung (→Bewußtsein, Bewußtheit; →Kompensation).

Im Gegensatz zu Freud, von dem er meinte, dieser betrachte Träume ausschließlich vom kausalen Standpunkt aus, sprach Jung von Träumen als psychischen Produkten, die man *entweder* von einem kausalen *oder* von einem finalen Standpunkt aus betrachten könne (→Reduktive und synthetische Methode; →Teleologischer Gesichtspunkt). Er schrieb, der kausale Standpunkt führe zu einer Gleichförmigkeit der Bedeutungen wie zu einer Eintönigkeit der →Deutung und verleite dazu, einem →Symbol eine feste Bedeutung zu verleihen. »Die finale Betrachtungsweise dagegen sieht im veränderten Traumbild den Ausdruck einer veränderten psychologischen Situation. Sie kennt keine festen Symbolbedeutungen« (GW 8, § 471) (→Bild).

Beide Forscher verwendeten bei der Traumdeutung den Assoziationsvorgang (→Assoziation). Jung variierte aber später seine Technik gemäß seiner Entdeckungen über den →Komplex, da er Träume als Kommentare zu persönlichen Komplexen ansah. Zur Technik der Assoziation fügte er die →Amplifikation durch Mythen, Geschichte und anderes kulturelles Material hinzu (→Mythos). Damit wollte er einen möglichst breiten Kontext für die Deutung der Bildersprache der Träume bereitstellen, um so den manifesten und auch den latenten Trauminhalt erforschen zu können. Er unterschied zwischen Deutung auf der sogenannten Subjektstufe und Deutung auf der Objektstufe. Bei ersterer werden die Traumfiguren als Personifikationen von Merkmalen der Psyche des Träumers selbst begriffen (→Personifikation); bei letzterer werden die Traumbilder in ihrem eigenen Kontext untersucht (zum Beispiel als dem Träumer bekannte menschliche Figuren).

Jung betrachtete zwar die Kompensation als grundlegendes Prinzip; er betonte aber, daß der kompensierte Aspekt nicht immer unmittelbar offensichtlich ist und hier Geduld und Ehrlichkeit eine wichtige Rolle bei der Entschlüsselung des rätselhaften Trauminhaltes spielen. Jung war überzeugt, daß Träume einen prospektiven Gesichtspunkt enthalten, eine unbewußte Vorwegnahme einer zukünftigen bewußten Leistung. Gleichwohl empfahl er, den Traum eher als *vorläufige* Kartenskizze oder *Roh*entwurf anzusehen denn als Prophezeiung oder Sortiment von Anweisungen.

Jung betonte, daß es gewisse Träume (Alpträume) gibt, deren Ziel scheinbar in Desintegration, Zerstörung und Zugrunderichten besteht. Sie müssen bei der Erfüllung ihrer kompensatorischen Aufgabe unangenehm sein. Diese eindrucksvollen Träume können sogenannte »große Träume« werden, die den Träumer veranlassen, sein Leben zu ändern. Andere wiederum enthalten keine Vorbedeutung oder Herausforderung, können dafür aber für die Erfüllung eines Abschnitts stehen. Traumserien erschließen oft den Pfad eines Individuationsprozesses (→Individuation) und decken eine persönliche Symbolik auf. Träume können auch als Drama betrachtet werden, wie ein Schauspiel, mit Einführung einer Problemsituation, Entwicklung und Schluß.

Jung warnte wiederholt vor einer Überbewertung des Unbewußten; dies beeinträchtige die Kraft zu bewußter Entscheidung. So gesehen kann ein außergewöhnlich schöner oder numinoser Traum eine ungesunde und verführerische Anziehungskraft besitzen, solange man ihn nicht genauer anschaut. Der Traum und der Träumer sind unauflöslich miteinander verbunden, und das Unbewußte funktioniert nur dann zufriedenstellend, wenn das bewußte →Ich von seiner Einstellung her das Unbewußte erforschen will und auch bereit zur Mitarbeit ist.

Jung meinte, Traumbilder seien der bestmögliche Ausdruck von noch unbewußten Sachverhalten. Er stellte fest: »Um den Traumsinn zu verstehen, muß ich mich möglichst eng an die Traumbilder halten« (GW 16, § 320). Es gibt ein »so ist es« an Träumen, sagte er, das weder positiv noch negativ ist: eine Darstellung der Situation, wie sie wirklich ist, nicht wie vermutet oder gewünscht. Das Verstehen des Traumvorganges hat viele Seiten und bezieht die ganze Person mit ein, nicht nur den Intellekt (→Selbst). Jung gab zu, auch selber bei der Konfrontation mit Träumen – insbesondere seinen eigenen – verwirrt und verblüfft zu sein; diese Einstellung erschien ihm vorzüglich geeignet für die Begegnung mit psychischen Phänomenen, deren Wert nicht von vornherein klar ist.

Jungs letzte Arbeit handelte von Träumen und Traumsymbolen; sie wurde 1961 fertiggestellt und 1968 auf deutsch veröffentlicht. Wenn man diese Arbeit heute parallel zu seinen anderen Aufsätzen und frühen Traumseminaren liest, wird deutlich, wie sich die kollektiven Einstellungen zu Träumen und zum Vorgang des Träumens seit den Zeiten Jungs und Freuds verändert haben (→Kollektiv). Zum Beispiel protokollieren heutzutage viele Menschen ihre Träume – ganz unabhängig davon, ob sie in →Analyse sind oder nicht – und versuchen zumindest, sie in Beziehung zu dem Kontext zu setzen, aus dem sie entstanden sind.

Das symbolische Verständnis der Träume hat in den letzten Jahrzehnten bemerkenswert zugenommen. Die Popularisierung von Jungs Lehre durch die Veröffentlichung von »Erinnerungen, Träume, Gedanken« und »Der Mensch und seine Symbole« hat – zusammen mit Traumseminaren, öffentlichen Vorlesungen zum Thema sowie einer wachsenden Anzahl von Menschen, die eine Analyse beginnen – zu einem weitverbreiteten Interesse an symbolischem und unbewußtem Material geführt. Andere Therapieformen (das heißt Gestalttherapie und Psychodrama) haben Beiträge geliefert zu Methode und Verwendung der aktiven Imagination als Mittel zur Aufdeckung latenter subjektiver Trauminhalte (→Aktive Imagination). Schließlich gibt es mittlerweile eine bewußte, kollektive Faszination durch das »Reisen«, das Unternehmen einer schwierigen symbolischen Suche, zu der Wanderung, Entfremdung, Zufall, Wagnis und mangelnde Sicherheit gehören; all dies sind Attribute der inneren Reise, auf die man sich begibt, wenn man seinen Träumen folgt.

Nach Jungs Tod wurde an der Klinik und Forschungsstätte für Jungsche Psychologie in Zürich kontinuierlich Traumforschung betrieben. Weitere medizinische und wissenschaftliche Ergebnisse scheinen manche von Jungs frühen Annahmen hinsichtlich der Wirkung oder dem Durchdringen somatischer Reize auf den Traumvorgang zu widerlegen. Hall (1982), Mattoon (1978) und Lambert (1981) haben Veröffentlichungen über die klinische Anwendung der Traumanalyse vorgelegt.

Transzendente Funktion
Die Funktion, die zwischen Gegensätzen vermittelt (→Gegensätze). Sie drückt sich durch ein →Symbol aus und erleichtert den Übergang von einer psychologischen Einstellung oder einem Zustand zu einem anderen.

Die transzendente Funktion ist ein Bindeglied zwischen realen und imaginären oder rationalen und irrationalen Daten und überbrückt so die klaffende Lücke zwischen dem Bewußten und dem Unbewußten (→Bewußtsein, Bewußtheit; →Unbewußt, das Unbewußte). »Sie ist ein natürlicher Vorgang«, schreibt Jung, »eine Manifestation der aus der Gegensatzspannung hervorgehenden Energie, und besteht in einer Abfolge von Phantasievorgängen, die spontan in Träumen und Visionen auftreten« (GW 7, § 121) (→Träume; →Vision).

Indem sie zu beiden in kompensatorischem Verhältnis steht, macht die transzendente Funktion es These und Antithese möglich, sich auf gleicher Ebene zu begegnen. Beide zu vereinigen ist eine metaphorische Feststellung (nämlich das Symbol) imstande, die Zeit und Konflikt transzendiert, an keiner Seite haftet oder teilnimmt, aber doch in gewisser Weise beiden gemein ist und die Möglichkeit zu einer neuen Synthese bietet (→Metapher). Das Wort »transzendent« drückt aus, daß diese Funktion die destruktive Neigung überwinden kann, nach einer der beiden Seiten zu zerren (oder gezerrt zu werden).

Jung hielt die transzendente Funktion für den wichtigsten Faktor im psychologischen Prozeß. Er betonte, ihre Intervention sei auf den Konflikt zwischen den Gegensätzen zurückzuführen. Er widmete sich jedoch nicht der Frage, *weswegen* das geschieht, sondern konzentrierte sich stattdessen auf das »Wofür?«. Diese Frage sei psychologisch zu beantworten, nicht von Metaphysik oder

Religion. Es sei also die Gestalt eines spezifisches Symbols hinsichtlich seiner einzigartigen Bedeutung zu analysieren, statt es als höheres Urteil oder Grund zur Selbstgratulation zu betrachten.

Aus teleologischer Sicht behauptete Jung jedenfalls nachdrücklich, daß die transzendente Funktion nicht ohne Ziel und Absicht vorgeht (→Teleologischer Geschichtspunkt). Schlußendlich befähigt sie einen Menschen, sich jenseits sinnloser Konflikte zu begeben und Einseitigkeit zu vermeiden (→Individuation; →Sinn). Sie spielt eine bedeutende Rolle für die Anregung des Gewissens (→Moral) und liefert eine nicht nur rein persönliche Perspektive. Sie überrascht durch Vorbringen einer möglichen Lösung, oft wie von einer objektiveren Position aus.

Als Psychiater beobachtete Jung eine Variante desselben Vorgangs in den Initialstadien der Schizophrenie. In GW 14 deutet er alchemistische Symbolik, die sich auf Übergangsperioden bezieht, in denen die transzendente Funktion aktiviert wird. Nachdem er seine frühen Theorien aufgestellt hatte, entdeckte er, daß der Begriff der transzendenten Funktion auch in der höheren Mathematik verwendet wird als Funktion der realen und imaginären Zahlen.

Trauma
→Psychoanalyse; →Reduktive und synthetische Methode

Trickster
Als Jung zum ersten Mal dem →Bild des Tricksters begegnete, erinnerte ihn dies an die Tradition des Karnevals mit ihrer eindrucksvollen Umkehrung der hierarchischen Ordnung und an mittelalterliche Gebräuche, bei denen der Teufel als »Affe Gottes« bezeichnet wurde. Er fand im Trickster bemerkenswerte Ähnlichkeiten zur alchemistischen Figur des Mercurius mit seiner Tendenz zu listigen, teils amüsanten, teils bösartigen Streichen, seiner Verwandlungsfähigkeit, seiner tierisch-göttlichen Doppelnatur, seinem Ausgeliefertsein an Torturen aller Art und seine Annäherung an die Gestalt eines Heilsbringers. Als durchweg negativer →Held schafft es der Trick-

ster aber dennoch, durch seine Dummheit das zu erlangen, was ein anderer durch seine beste Leistung zu erreichen verfehlt.

Jung stellte fest, daß der Trickster als mythische Gestalt auch inneren Erlebnissen entspricht (→Mythos). Wo und wann immer er auftritt, hat er trotz seines wenig eindrucksvollen Äußeren die Fähigkeit, das Sinnlose zum Sinnvollen zu wandeln. Damit symbolisiert er den Drang zur →Enantiodromie; und obgleich er ein taktloses und unbewußtes Geschöpf ist, stehen seine Handlungen immer in einem kompensatorischen Verhältnis zum Bewußtsein (→Unbewußt, das Unbewußte; →Bewußtsein, Bewußtheit; →Kompensation). In seinen deutlichsten Ausprägungen, schreibt Jung, ist er »ein getreues *Abbild eines noch in jeder Hinsicht undifferenzierten menschlichen Bewußtseins*, welches einer der tierischen Ebene noch kaum entwachsenen Psyche entspricht« (GW 9/1, § 465) (→Psyche). Er ist auch noch den Tieren unterlegen, da er nicht mehr vom Instinkt alleine abhängt; aber bei aller Lernbegierde erreicht er doch nicht das ganze Maß menschlicher Wahrnehmung. Sein abstoßendster Aspekt liegt wahrscheinlich nicht nur in seiner Unbewußtheit, sondern auch in seiner Unbezogenheit.

Psychologisch entspricht nach Jung die Trickster-Figur dem →Schatten. »Der Trickster ist die *kollektive Schattenfigur*, eine Summierung aller individuellen inferioren Charaktereigenschaften« (GW 9/1, § 484). Jedenfalls ist seine Erscheinung mehr als ein weiterer Nachweis für einen von »primitiven« Vorfahren ererbten Spurenrest. Wie zum Beispiel in »King Lear« ist sein Auftreten immer einer Dynamik zu verdanken, deren Vorhandensein nur aus der gegenwärtigen Lage erklärt werden kann. Als der König als Ergebnis seiner eigenen arroganten und bewußt begangenen Fehler geistesgestört herumirrt, da befindet er sich in Begleitung des »weiseren« Toren.

Dennoch: Eine Aktivierung des Trickster-Bildes heißt, daß ein Schaden eingetreten ist oder mindestens eine gefährliche Situation besteht. Wenn der Trickster in Träumen, Malereien, in synchronistischen Ereignissen, Fehlleistungen, Phantasie- Projektionen und persönlichen Ereignissen jeder Art auftaucht, ist eine kompensatorische Energie freigesetzt worden (→Träume; →Malerei; →Synchronizität). Die Gestalt des Tricksters zu erkennen ist aber nur der erste Schritt zu ihrer →Integration. Durch das Auftauchen des Symbols

(→Symbol) wird die Aufmerksamkeit auf den ursprünglich destruktiven, unbewußten Zustand gelenkt, der aber deswegen noch nicht überwunden ist. Der individuelle Schatten kann als permanente Komponente der Persönlichkeit auch niemals eliminiert werden. Die kollektive Trickster-Figur schafft sich immer wieder neu und manifestiert die erregende Kraft und Numinosität aller Bilder von potentiellen Heilbringern (→Mana-Persönlichkeiten; →Numinosum).
Jung begegnete der Gestalt des Tricksters zuerst im Buch von Bandelier über »The Delight Makers«. Er schrieb als Beitrag zur deutschen Ausgabe von Radins The Trickster: A Study in American Indian Mythology (deutsch: Der göttliche Schelm, 1979) einen eigenen Kommentar »Über die Psychologie der Trickster-Figur« (auch in GW 9/1, §§ 456-88). Nach übereinstimmender Ansicht hat Willeford (1969) die definitive Arbeit zu diesem Thema in der heutigen Analytischen Psychologie vorgelegt (→Analytische Psychologie).

Trieb
→Archetyp; →Lebenstrieb; →Todestrieb

Typologie
Jung wollte zeigen, wie das Bewußtsein in der Praxis funktioniert und warum es bei verschiedenen Menschen unterschiedlich arbeitet (1986, S. 211) (→Bewußtsein, Bewußtheit). Er formulierte eine allgemeine Theorie der psychologischen Typen in der Hoffnung, damit die verschiedenen Bewußtseinsaspekte zu unterscheiden. Diese Theorie wurde 1921 zum ersten Mal veröffentlicht (GW 6).
Manche Menschen lassen sich mehr durch die innere Welt anregen und beleben, andere mehr durch die äußere Welt; erstere sind *introvertiert*, letztere *extravertiert*. Zu diesen elementaren *Einstellungen* gegenüber der Welt kommen noch ganz bestimmte Fähigkeiten oder *Funktionen* des Bewußtseins hinzu. Jung beschrieb diese Funktionen als
– *Denken:* damit meinte er das Wissen darum, was eine Sache ist, sowie deren Benennung und Verknüpfung mit anderen Sachen;

- *Fühlen:* Jung meinte damit etwas anderes als Affekt oder Gefühl, nämlich einem Inhalt einen Wert erteilen, einen wertenden Standpunkt oder eine Perspektive gegenüber diesem Inhalt einnehmen;
- *Empfindung:* sie vermittelt die Wahrnehmung all jener Gegebenheiten, die über die Sinne erfahrbar sind, und teilt uns so mit, daß etwas ist, nicht aber, was dies ist;
- und schließlich *Intuition:* damit bezeichnet Jung einen Sinn dafür, in welche Richtung sich etwas entwickelt, welche Möglichkeiten es gibt, und zwar ohne bewußten Beweis oder bewußte Kenntnis dieser Möglichkeiten.

Eine weitere Verfeinerung besteht in der Unterteilung dieser vier Funktionen in zwei Paare – je ein Paar *rationaler* (Denken und Fühlen) und *irrationaler* (Empfindung und Intuition) Funktionen. Was Jung mit diesen Kategorien bezeichnet, ist ebenso problematisch wie sein Gebrauch des Wortes »Fühlen« (→Affekt).

Wir sind damit in der Lage, den gesamten Zuschnitt des Bewußtseins eines Menschen und seine Orientierungsart gegenüber der inneren und äußeren Welt zu beschreiben. Jungs Modell ist sorgfältig ausbalanciert. Das Bewußtsein jedes Menschen bevorzugt eine der vier Funktionen; diese *Hauptfunktion* gehört entweder zu den rationalen oder zu den irrationalen Funktionen. Natürlich ist ein Mensch nicht ausschließlich auf seine Hauptfunktion angewiesen, sondern benutzt auch eine zweite, seine *Hilfsfunktion*. Nach Jung gehört diese Funktion hinsichtlich ihrer Charakterisierung als rational oder irrational zum entgegengesetzten Paar wie die Hauptfunktion. So hat zum Beispiel ein Mensch mit Fühlen als Hauptfunktion (rational) entweder Empfindung oder Intuition (irrational) als Hilfsfunktion.

Durch Kombination der zwei Einstellungen mit den Haupt- und Hilfsfunktionen ergeben sich sechzehn Grundtypen. Jung stellte manchmal die vier Funktionen in einem kreuzförmig angeordneten Diagramm dar. Das →Ich verfügt über Energie, die in jede der vier Funktionen gelenkt werden kann; aus der Variationsmöglichkeit als extravertiert oder introvertiert ergibt sich noch eine weitere Dimension (→Energie). Jung hatte diese Einteilung zwar empirisch-psychologisch entdeckt; er sah jedoch die Zahl »Vier« als Symbol

an, das etwas so Umfassendes wie die Beschreibung des Bewußtseins zutreffend ausdrückt.
Jung macht überdies einen Vorschlag, der seine Typentheorie aus einer bloß deskriptiven und akademischen Übung in ein nützliches Instrument für Diagnose, Prognose und Bewertung verwandelt und sie auch in Verbindung zur allgemeinen Psychopathologie überhaupt wertvoll macht.
Bislang haben wir zwei der vier Bewußtseinsfunktionen ihren Platz zugewiesen. Wie steht es mit den anderen beiden? Jung beobachtete, daß die mit der Hauptfunktion im oben beschriebenen Sinne gepaarte Funktion dem Individuum oft eine Menge Schwierigkeiten bereitet. Angenommen, ein Mensch hat Fühlen als Hauptfunktion; dann müßte er demzufolge eigentlich ein Problem haben mit der anderen Funktion derselben, rationalen Kategorie – nämlich mit dem Denken. Wie sieht dieser Ansatz Jungs in der Praxis aus? Wir alle kennen Menschen, die eine reife und ausgewogene Einstellung zum Leben haben und stabil wirken; sie sind vertraut mit Gefühlen und schätzen persönliche Beziehungen. Ihnen kann jedoch die Fähigkeit zu fortgesetztem Arbeiten mit dem Verstand, zu systematischem Denken abgehen. Möglicherweise finden sie dieses Denken sogar ziemlich schrecklich, hassen Logik und behaupten stolz, sie könnten nicht rechnen usw. Hinter diesem Stolz können sich allerdings Insuffizienzgefühle verbergen, so daß das Problem möglicherweise nicht so ohne weiteres aufzulösen ist. Jung nennt die problematische Funktion die *inferiore Funktion*; dieser Bewußtseinsbereich ist es, der einem Schwierigkeiten macht. Andererseits enthält die inferiore Funktion – die zum größten Teil im Unbewußten verbleibt – ein beträchtliches Wandlungspotential; dies kann durch das Bemühen verwirklicht werden, die Inhalte der inferioren Funktion ins Ich-Bewußtsein zu integrieren. Diese Verwirklichung der inferioren Funktion ist ein Hauptelement der →Individuation, weil es dadurch zu einer »Abrundung« der Persönlichkeit kommt.
Man muß sich klarmachen, daß die Konstruktion dieser Systematik eine Anwendung des Gegensatzkonzeptes darstellt (→Gegensätze). Innerhalb der weiten Kategorie der »Rationalität« sind Denken und Fühlen Gegensätze, und diese Tatsache beeindruckte Jung stärker als die offensichtlichere Gegensätzlichkeit zwischen rational und ir-

rational, beispielsweise zwischen Denken und Intuition. Gerade ihre *Verbindung* in der beiden gemeinsamen Eigenschaft einer rationalen Funktion ermöglicht es, Denken und Fühlen als Gegensätze zu begreifen. Da ein Mensch wahrscheinlich überwiegend entweder rational *oder* irrational ist, meinte Jung, das entscheidende typologische Kriterium sei die Zuordnung *innerhalb* der rationalen oder der irrationalen Kategorie. Dies wird hier ausdrücklich betont; diese Einschätzung widerspricht nämlich in gewisser Weise dem Alltagsverständnis, dem die rationalen und die irrationalen Tendenzen als die eigentlichen Gegensätze gelten.

Jung vermutete, daß sich diese verschiedenen typologischen Gegensätze im Laufe des Erwachsenwerdens und der Individuation miteinander vermischen. Dadurch werden die bewußten Einstellungen eines Menschen, und damit ein großer Teil der Erfahrung seiner selbst, reicher und abwechslungsreicher. In welcher Abfolge vollzieht sich die typologische Entwicklung? Jung beschreibt ein zweijähriges Kind, das einen Raum erst betrat, nachdem ihm die Namen sämtlicher dort befindlicher Möbelstücke mitgeteilt worden waren. Jung betrachtete dies unter anderem als Beispiel für eine frühe Introvertiertheit. Das Thema der zeitlichen Abfolge der typologischen Entwicklung wirft das Problem auf, wie festgelegt oder flexibel ein Mensch in seiner Typologie ist.

Nach Jung haben die Funktionen eine physiologische Grundlage mit einem psychischen Anteil, der teilweise durch das Ich kontrolliert werden kann (→Körper; →Psyche). Der Mensch kann sein Handeln nur in Maßen frei bestimmen, die Schranken sind ihm wahrscheinlich angeboren. Niemand kann auf eine dieser vier Funktionen verzichten, da alle Teil des Ich-Bewußtseins sind. Allerdings kann der Gebrauch einer speziellen Funktion habituell werden und die anderen Funktionen ausschließen. Eine ausgeschlossene Funktion bleibt ungeübt, unentwickelt, infantil oder archaisch, möglicherweise völlig unbewußt und nicht in das Ich integriert. Jede Funktion läßt sich differenzieren und in Grenzen auch integrieren. Dennoch: aus sozialen, erzieherischen oder familiären Gründen kann jede Funktion einseitig dominant werden, gegebenenfalls ohne mit den konstitutionellen Voraussetzungen der betreffenden Person übereinzustimmen.

U

Über-Ich
Diesen Begriff verwendete Jung selten und dann meist im Rahmen einer Diskussion der Ansichten Freuds. Das liegt an Jungs Betonung, →Moral sei angeboren und es gebe, in seiner →Metapher gesagt, einen vorbestehenden moralischen Kanal, der den Strom psychischer →Energie lenkt. Einen bewußten Lernprozeß zu postulieren ist daher kaum erforderlich.

Wo Jung vom Über-Ich als solchem schreibt, setzt er es mit der kollektiven Moral gleich, die von →Kultur und Tradition gestützt wird (→Kollektiv). Jeder Mensch muß sich gegen den Hintergrund dieser Kollektivmoral sein eigenes Wertesystem und seine eigene Ethik erarbeiten (→Individuation).

Die Anerkenntnis angeborener Über-Ich-Fähigkeiten ist in der →Psychoanalyse Teil des Kleinschen Ansatzes bei frühen Objektbeziehungen (→Objektbeziehungen, Objektbeziehungstheorie). Zeitgenössische analytische Psychologen (zum Beispiel Newton, 1975) haben den rüden, archetypischen (das heißt mächtigen, primitiven, extremen) Charakter des frühen Über-Ich untersucht und betont, daß dieses durch elterliche Introjekte eher modifiziert als verstärkt wird (→Archetyp).
→Religion

Übertragung
→Alchemie; →Analytiker und Patient; →Coniunctio; →Gegensätze; →Hermaphrodit; →Kompensation; →Mana-Persönlichkeiten

Unbewußt, das Unbewußte
Wie Freud beschreibt auch Jung mit dem Begriff »unbewußt« einerseits psychische Inhalte, die dem Ich unzugänglich sind, und grenzt damit andererseits einen psychischen Ort ab, der eigene Charakteristik, Gesetze und Funktionen hat.

Jung betrachtete das Unbewußte nicht nur als Lagerstätte verdrängter, infantiler persönlicher Erfahrungen, sondern auch als Ort psychischer Aktivität, die von der persönlichen Erfahrung abweichend und auch objektiver als diese sei, da sie sich direkt auf die phylogenetische und instinktive Basis der menschlichen Rasse bezieht. Das erstere, das *persönliche Unbewußte*, beruhe auf letzterem, dem *kollektiven Unbewußten*. Die Inhalte des kollektiven Unbewußten sind nie bewußt gewesen und reflektieren archetypische Prozesse (→Archetyp). Insofern als das Unbewußte ein psychologisches Konzept ist, sind auch seine Inhalte insgesamt psychologisch, ungeachtet ihrer jeweiligen ursprünglichen Verbindung zum Instinkt. Bilder, Symbole und Phantasien können als die *Sprache* des Unbewußten gelten (→Bild; →Metapher; →Phantasie; →Symbol). Das kollektive Unbewußte hat seinen Ursprung in der vererbten Gehirnstruktur (→Gehirn); deshalb arbeitet es unabhängig vom Ich. Seine Manifestationen erscheinen in der →Kultur als allgemeine Motive mit der ihnen eigenen Anziehungskraft (→Numinosum).

Es wurde darauf hingewiesen, daß diese Unterscheidung Jungs insofern etwas akademisch ist, als die Inhalte des kollektiven Unbewußten die Beteiligung von Elementen aus dem persönlichen Unbewußten brauchen, um sich im Verhalten manifestieren zu können; demnach wären die beiden Unbewußten untrennbar (Williams, 1963a). Auf der anderen Seite kann das Konzept vom kollektiven Unbewußten in der Analyse verwendet werden, um über die persönliche Erfahrung hinaus oder hinter sie zu gehen mit dem Ziel, ihre unpersönlichen Verbindungen aufzuzeigen (→Amplifikation; →Assoziation). Dann kann das Ich sich anders auf sie beziehen (Hillman, 1975). Innerhalb der Analytischen Psychologie findet eine Diskussion statt, die sich zwischen den Polen einer persönlichen Sichtweise einerseits und der Wirklichkeit einer unpersönlichen Perspektive andererseits bewegt (→Objektive Psyche).

Hinsichtlich der *psychischen Struktur* gelten →Anima und Animus als Verbindung zwischen Ich und Unbewußtem (→Psyche; →Psychopompos). Die Beziehung zwischen dem Bewußtsein und dem Unbewußten wird von Jung meistens als kompensatorisch bezeichnet (→Kompensation).

Unbewußt, das Unbewußte

Die →Reflexion über das Unbewußte führt zur Überlegung, warum manche Teile bewußt werden und andere nicht. Jung versuchte das so zu erklären:
- die energetische Aufladung ändere sich;
- die Ich-Stärke bestimme, welche Inhalte ins Bewußtsein gelangen können (→Bewußtsein, Bewußtheit).

Für das Ich ist die Fähigkeit entscheidend, den Dialog aufrechterhalten und mit den Möglichkeiten in Beziehung treten zu können, die im Unbewußten aufgedeckt werden. Wenn das Ich relativ stark ist, gestattet es den selektiven Übergang unbewußter Inhalte ins Bewußtsein (→Transzendente Funktion). Im Laufe der Zeit können diese Inhalte als einzigartige und individuelle Bereicherung der Persönlichkeitsentwicklung erkannt werden (→Individuation; →Wandlung). Hier gibt es bei Freud und Jung hinsichtlich des Unbewußten unterschiedliche Schwerpunkte. Für Jung ist das Unbewußte primär oder von seinen Möglichkeiten her schöpferisch und arbeitet im Dienst des Individuums und der Spezies. (Siehe →Archetyp, wo Freuds Ansichten über phylogenetische Aspekte des Unbewußten diskutiert werden).

Bis jetzt haben wir beschrieben, daß das Unbewußte einen Ort innerhalb der psychischen Struktur besitzt, eine innere Struktur, Sprache und allgemeine Kreativität hat. Zusätzlich schreibt Jung dem Unbewußten eine Form von Wissen, sogar Denken zu, wenn das auch dechiffriert werden muß. Philosophisch formuliert: Das Unbewußte enthält die »finale Ursache« einer psychischen Tendenz oder Entwicklungslinie. Das kann uns als Grund oder Zweck gelten, warum etwas passiert, weswegen etwas geschieht oder zustande kommt. Eine *bewußte*, finale Ursache kann eine Hoffnung, eine Sehnsucht oder Absicht sein. Eine genaue Bestimmung der im Unbewußten wirkenden finalen Ursachen ist schwierig; erlebt werden können sie aber von einem Menschen dadurch, daß sie Ausdruck und →Sinn seines individuellen Lebens fördern. Dieser Aspekt des Unbewußten ergibt sich durch den sogenannten teleologischen Gesichtspunkt (→Teleologischer Gesichtspunkt). Es sollte besonders erwähnt werden, daß Jung nicht behauptet, das Unbewußte sei die *Ursache* dafür, daß etwas geschieht; er sagt auch nicht, sein Wirken und Einfluß sei *unbedingt* günstig (→Synchronizität).

Siehe →Gerichtetes und Phantasiedenken, wo das unbewußte Denken diskutiert wird.

Unus mundus

Jungs Erforschung der →Alchemie und die Entwicklung von Konzepten wie denen der psychischen Wirklichkeit, des psychoiden Unbewußten und der →Synchronizität veranlaßte ihn zur Einführung der aus der Zeit vor Newton stammenden Vorstellung vom Unus mundus oder der Einheitswelt (→Psychische Wirklichkeit; →Psychoides Unbewußtes). Jung verwendet dieses Konzept oder →Bild, um darauf hinzuweisen, daß jede Seinsschicht ganz eng mit allen anderen Schichten verbunden ist und es nicht etwa einen transzendenten oder übergeordneten Plan für die Koordination getrennter Teile gibt. Zum Beispiel sind →Körper und →Psyche miteinander verbunden, ebenso können Psyche und Materie aufeinander bezogen sein.

Die Verwendung des Unus mundus als Arbeitshypothese für die psychologische Diskussion stellte eine Parallele zwischen der Arbeitsweise des Unbewußten (→Unbewußt, das Unbewußte) und den Erkenntnissen der Teilchenphysik her. In beiden Bereichen lassen sich rapide Interaktionen und Wechselwirkungen zwischen den beteiligten Elementen beobachten; in beiden kann man Muster und Ereigniswahrscheinlichkeiten finden. Zum Beispiel lassen sich die Aussagen der Relativitätstheorie über die Fluidität und den »symbolischen« Charakter der physikalischen Welt mit den ganz ähnlichen Eigenschaften innerpsychischer Aktivität vergleichen. Um gelten zu lassen, daß etwas gleichzeitig Teilchen und Welle sein kann, muß der Atomphysiker eine mehr oder weniger psychologische Einstellung zu seiner Arbeit haben (→Symbol). Die Physiker suchen eine der Natur zugrunde liegende Kraft, die vielleicht den Elektromagnetismus, die atomaren Kräfte und die Gravitation in sich vereinigt. Entsprechend kann man die nicht von Einstein stammende Vorstellung, daß in einer »Wirkung auf Distanz« zwei voneinander unterschiedene subatomare Partikel miteinander harmonieren, als ob eins um das Verhalten des anderen »wüßte«, mit der Archetypentheorie und / oder dem Wirken des überpersönlichen →Selbst vergleichen (→Archetyp).

Der Unus mundus ist eine Weltsicht, die der Kausalerklärung grundsätzlich zuwiderläuft. Die Aufmerksamkeit gilt den Beziehungen zwischen »Dingen« und nicht den »Dingen« selber, außerdem den Beziehungen zwischen Beziehungen. Wir müssen erinnern, daß der Unus mundus kein Schema ist, sondern Hintergrund jeglicher Bemühung zur Entdeckung von →Sinn (→Reduktive und synthetische Methode; →Teleologischer Gesichtspunkt). Das erfordert die Beteiligung des →Ich und persönliche Autorität. Nach Jung muß das Vertrauen in einen Kodex, wie zum Beispiel das »I Ging« oder Horoskope, streng überwacht werden. Dennoch ist die Vision einer Einheitswelt, die vielleicht von einer göttlichen Intelligenz durchdrungen ist, gewissermaßen transzendent. Heute ist die Rede von der »Mystik der Physik« und einer »impliziten Ordnung«, die der vom normalen Bewußtsein erfaßten Fragmentierung zugrunde liege (vgl. Capra, 1984; Bateson, 1982; Bohm, 1987) (→Bewußtsein, Bewußtheit).

Nicht alle analytischen Psychologen akzeptieren Jungs Sicht vom Unus mundus. Verloren geht dabei nämlich die Vitalität der pluralistischen Psyche, die eher in »Funken« oder Fragmenten Ausdruck gewinnt. Wenn wir nach einem allem zugrunde liegenden Plan suchen, bringen wir uns um den möglichen Gewinn, den wir daraus ziehen könnten, daß wir unsere Emotion und Phantasie vollständig in diese Fragmente und ihre Erforschung einbringen (Hillman, 1979). Jungs Verwendung des Unus mundus wurde auch als Abwehr gegen seine eigene intensive Angst gedeutet (Atwood und Stolorow, 1979).

Urbild
→Archetyp

Uroboros
Universelles Motiv einer kreisförmig gewundenen Schlange, die sich selbst in den Schwanz beißt. »Er tötet sich selbst, heiratet sich selbst und befruchtet sich selbst. Er ist Mann und Frau, zeugend und empfangend, verschlingend und gebärend, aktiv und passiv,

oben und unten zugleich« (Neumann, 1949). Als Symbol bezeichnet der Uroboros einen Primärzustand, zu dem Dunkelheit und Selbstzerstörung genauso gehören wie Fruchtbarkeit und mögliche Kreativität. Er stellt den Zustand vor Unterscheidung und Trennung der →Gegensätze dar.

Im Gefolge von Jung und Neumann wird der Uroboros von einigen analytischen Psychologen als primäre →Metapher für ein Frühstadium der Persönlichkeitsentwicklung verwendet (→Psychogenese). Hier sind Lebens- und Todestrieb noch ununterschieden, ebenso Liebe und Aggression; die Geschlechtsidentität (→Geschlechtsrolle) ist ungeformt; das fehlende Erlebnis der →Urszene veranlaßt Phantasien über Parthenogenese oder unbefleckte Empfängnis; nicht unterschieden ist, wer Nahrung gibt oder bekommt, da ist nur ein ewig verschlingendes Maul. Diese Phantasien bestimmen wohl einen so bedeutenden Teil des psychischen Lebens eines Kleinkindes, daß diese frühe Entwicklungsphase als »uroborisch« bezeichnet wird. Die nachfolgenden Phasen werden von Neumann »matriarchal« und »patriarchal« genannt.

Es ist wichtig, sich der metaphorischen Natur dieser Beschreibung bewußt zu bleiben, da es sich im wesentlichen um eine empathische Konstruktion handelt. Empirische Beobachtungen deuten nämlich darauf hin, daß ein Baby weit mehr bezogen und aktiv ist und mehr aus eigenem Antrieb handelt, als die uroborische Konzentration auf Solipsismus und Phantasie vermuten läßt. Aber die innere und die äußere Perspektive besitzen beide auf ihre je unterschiedliche Weise Gültigkeit (→Frühe Kindheit und Kindheit).

Die heutige Psychoanalyse hat sich der Vorstellung angenähert, daß ein Kleinkind sich verstoßen oder verfolgt fühlt, wenn die Mutter und / oder die Umwelt nicht seinen ganz normalen Grandiositäts- und Omnipotenzphantasien entspricht. Winnicott (1960) postulierte, dies könne zur Entwicklung eines falschen Selbst führen. Oder, wenn das Kleinkind nicht »gespiegelt« wird, es kann zu Deprivationserlebnissen kommen, die einer späteren narzißtischen Persönlichkeitsstörung vorausgehen (Kohut, 1975).

Das religiöse Gefühl eines Erwachsenen läßt sich als Verknüpfung mit dem Bild des Uroboros sehen – einerseits Erkenntnis der allumfassenden Macht Gottes, andererseits Augenblicke des Einsseins mit Ihm (→Religion; →Selbst).

Urszene
→Ehe, Hochzeit; →Frühe Kindheit und Kindheit

V

Vater
→Archetyp; →Ehe, Hochzeit; →Frühe Kindheit und Kindheit; →Imago

Verwundeter Heiler
→Heilen, Heilung

Vision
Ausbruch eines unbewußten Inhaltes, der in den Bereich des Bewußtseins eindringt in Gestalt eines eindrucksvollen persönlichen Erlebnisses, das visuell und bildhaft dargestellt wird. Das geschieht im Wachzustand und ist fast immer von einem →Abaissement du niveau mental begleitet. Im allgemeinen entstehen Visionen aus einer extremen persönlichen Entfremdung. Sie sind unwiderstehlich und besitzen eine unheimliche Überzeugungskraft. Weil mystische Visionen die Menschen so machtvoll an ihre eigene Natur erinnern, haben sie sich ihnen unauslöschlich eingeprägt.
Visionen an sich sind zwar kein Beleg für eine psychische Störung, aber es gibt im Rahmen einer →Psychose auch pathologische Visionen. Jungs anfängliche Arbeit mit schizophrenen Patienten weckte sein Interesse an mythologischen Motiven (zum Beispiel

dem des Sonnengottes), die sich in den geschilderten Visionen gewöhnlich wiederholten (→Mythos; →Schizophrenie). Später kennzeichnete er diese Motive als archetypische Fragmente, die zum kollektiven Unbewußten gehören (→Unbewußt, das Unbewußte). Die entscheidende Frage ist, wie das Individuum reagiert, wenn diese Inhalte ins Bewußtsein durchbrechen.

Es ist nicht besonders verdienstvoll, Visionen zu haben; ihr Wert hängt nur von der Einstellung des Empfängers ihnen gegenüber ab. Wenn sich eine Urvorstellung als Vision präsentiert, besteht die Aufgabe des Individuums darin, das spontane und symbolische Bild oder die dramatische Sequenz in eine individuelle Feststellung zu übersetzen. Sonst bleibt die Vision lediglich ein Naturphänomen, gegen das man sich nicht verteidigen kann. Das schwache →Ich läuft dann Gefahr, inflationsanfällig zu werden (→Inflation).

Visionen können grotesk sein oder von übernatürlicher Schönheit. Manche scheinen die Handschrift einer über-bewußten Macht zu tragen. Jung weist jedoch darauf hin, daß man sich ein derartiges Bewußtsein unmöglich als identitätslos vorstellen kann. Weitere psychologische Aussagen darüber sind nicht möglich, da die Existenz einer solchen über-bewußten Identität nur subjektiv beweisbar ist. Hier ist die Psychologie am Ende, und eine Art Geisterglauben übernimmt das Weitere (→Geist; →Gottesbild; →Numinosum; →Religion).

Wahn

Jung geht bei seiner Definition des Wahns von der Erfahrung aus. Der Patient *fühlt* etwas, das einem durch den Intellekt oder das Gefühl begründeten oder von aktuellen Wahrnehmungen abgeleiteten Urteil ähnlich sieht, tatsächlich aber auf unbewußten Faktoren in ihm selbst basiert. Eine solche Erfahrung muß nicht völlig negativ sein – falls sie schließlich verstanden wird. In gewissem Sinn sind wahnhafte Erlebnisse genauso »natürlich« wie →Träume oder andere psychische Phänomene. Sie demonstrieren die kraftvolle Vielgestaltigkeit der inneren Welt; die Art, wie ein wahnhaftes Erlebnis die bewußten Normen und Einstellungen eines Menschen überwältigt, weist auf seine psychische Wirklichkeit hin (→Psychische Wirklichkeit; →Psychose).

Die Vorstellung, daß Wahnbildungen durch →Deutung verstehbar sind, läßt sich Jung zuschreiben. Dieses Verstehen kann auf einer persönlichen oder kollektiven Ebene geschehen (→Archetyp; →Unbewußt, das Unbewußte) oder auch durch Kombination beider Perspektiven. Jung macht auf gewisse »überwertige Ideen« als Vorläufer von paranoidem Wahn aufmerksam und vergleicht sie mit autonomen Komplexen (→Komplex). Aufgabe der →Psychotherapie sei es hier, diese mit anderen Komplexen zu verbinden. Der Wahn ist gekennzeichnet durch die →Assoziation von Vorstellungen zu einem begrenzten und starren Bezugsrahmen.

Hinsichtlich der Deutung auf der kollektiven Ebene betonte Jung den überpersönlichen Aspekt, das heißt jenes Element im Wahn, das in der psychisch-kulturellen Entwicklung des Menschen eine eigene Geschichte und einen eigenen Platz besitzt. Daher hielt er Mythen (→Mythos) und →Märchen für hilfreich: zur →Amplifikation des klinischen Materials ebenso wie als Hilfe bei dessen Strukturierung, da beide das psychische Grundmuster schildern (→Kultur).

Jung zählt verschiedene kollektive Wahnideen auf (die von kollektiven Deutungen der Wahnbilder eines Individuums zu unterscheiden sind). Dazu gehört auch die Vorstellung, wir seien ausschließlich rationale Geschöpfe.

Wandlung

Psychischer Übergangsprozeß, der →Regression und vorübergehenden »Verlust der Ichheit« bedeutet, mit dem Ziel, eine vorher unbekannte psychologische Notwendigkeit bewußt werden zu lassen und zu erfüllen (→Bewußtsein, Bewußtheit). Er führt zu größerer Vollständigkeit der Person. Wandlung ist keine Leistung, sondern ein fortwährender Prozeß, und man sollte, warnte Jung, sogar die Wandlungsstadien nicht fest und schnell bestimmen, weil damit Lebendiges statisch gemacht würde. Als Ziel der →Psychotherapie ist Wandlung das psychologische Gegenteil von Verdrängung; in der →Analyse bedeutet Wandlung die sorgfältige Untersuchung des Schattens in all seinen Aspekten (→Schatten).

Die Symbolik der Wandlung spiegelt sich in den Initiationsriten der »Primitiven«, in der →Alchemie und im religiösen →Ritual – allesamt Zeremonien zur Abwendung psychischer Schäden, die in Übergangsphasen zu erwarten sind (→Initiation; →Primitiv, die »Primitiven«; →Symbol). Jede Wandlung beinhaltet Erfahrungen von Transzendenz und Mysterium, bedeutet symbolischen Tod und →Wiedergeburt. Eine vollständige Erneuerung findet nicht statt, auch wenn es gern übertreibend so dargestellt wird; es gibt lediglich eine relative Veränderung, bei der die Kontinuität von Person und →Psyche gewahrt ist. Andernfalls würde, so Jung, Wandlung zur Persönlichkeitsspaltung, Amnesie oder einem anderen psychopathologischen Zustand führen.

Es gibt auch Wandlung zum Negativen (→Seelenverlust; →Psychose). Jung war aber überzeugt, daß wir ganz selbstverständlich das suchen, was wir brauchen; daher sprach er von einem Ganzheitstrieb (→Instinkt; →Ganzheit) und sagte, Wandlung sei ein natürlicher Prozeß, der fortwährenden Dialog zwischen →Ich und →Selbst bedeutet (→Ich-Selbst-Achse). Diesen Prozeß nannte er auch →Individuation.

Das Thema der Wandlung zieht sich durch Jungs ganzes Werk. Signal für den Bruch mit Freud war die Analyse und Veröffentlichung der Wandlungssymbolik eines einzelnen Falles (GW 5). Seine alchemistischen Studien sind eine Amplifikation dieses grundlegenden psychischen Vorgangs (GW 12, 13, 14). Wandlungsriten und -mysterium werden in der Arbeit »Das Wandlungssymbol in der Messe« (GW 11) untersucht.

→Mana-Persönlichkeiten

Weiblich
→Geschlecht

Wiedergeburt
Psychische Erfahrung von Transzendenz und / oder Wandlung, die nicht von außen zu beobachten, aber erlebte und gesicherte Realität ist für die, die sie gemacht haben (→Psychische Wirklichkeit). Diese Erfahrung ist das subjektive Ergebnis der Begegnung mit dem →Archetyp der →Wandlung.

Transzendenz-Erfahrungen sind mit heiligen Erneuerungsriten verbunden, wie sie im Rahmen des Initiationsvorgangs (→Initiation) oder anderer religiöser oder sakraler Zeremonien durchgeführt werden (→Ritual). Mystische oder sonstige Visionen (→Vision) können einen in etwa entsprechenden Effekt haben, indem derjenige, der sie empfängt, zwar beteiligt ist, ohne daß jedoch sein Wesen unbedingt verändert wird. Er kann ästhetisch, sogar ekstatisch beeindruckt sein, bemerkt aber keine bleibende Veränderung seines Daseins (→Religion).

Andererseits bewirken subjektive *Wandlungen* Veränderungen in der ureigensten Existenz. Sie können psychopathologisch sein (zum Beispiel →Abaissement du niveau mental; →Besessenheit; →Identizifierung; →Inflation), oder mit veränderten Bewußtseinszuständen einhergehen, die durch Drogen, Beschwörung, Mesmerisierung oder andere magische Prozeduren induziert sind (→Magie). Sie können sich auch aus dem natürlichen Individuationsprozeß ergeben (→Individuation), der das Erlebnis der Wiedergeburt als »erweiterte« Persönlichkeit mit sich bringt.

Die innere Figur, die das umfassendere Selbst personifiziert, wird üblicherweise in der →Projektion gefunden. Sie wurde als Stein der Weisen dargestellt, als Christus, als kultische Gottheit, als Guru, Begleiter, Führer oder eine andere Mana-Persönlichkeit (→Mana-Persönlichkeiten). Jung illustrierte den Wiedergeburtsvorgang anhand der Gestalt des Khidr aus der islamischen Mystik (GW 9/1, §§ 240ff). Diese Erzählungen ergreifen uns, sagte er, weil sie den Archetyp der Wandlung zum Ausdruck bringen und außerdem unseren eigenen unbewußten Prozessen entsprechen.

Wille

Jung bezeichnete mit diesem Begriff den energetischen Aspekt des Bewußtseins (→Bewußtsein, Bewußtheit), das heißt die Macht des Bewußtseins im Verhältnis zum Unbewußten im allgemeinen und zu den Trieben im besonderen (→Unbewußt, das Unbewußte). Für Jung war das Bewußtsein nie neutral, sondern ein Faktor, der bei den Angelegenheiten der Psyche aktiv interveniert (→Komplex; →Ich). Er definierte den Willen als die dem Bewußtsein zur Verfügung stehende Energie und betonte die Rolle der Motivation für deren Freisetzung. In seiner Sicht spielen für die Motivation sowohl kollektive Faktoren wie Erziehung, →Kultur und Kirche eine Rolle als auch psychische Determinanten, zum Beispiel →Depression und →Neurose (→Kollektiv).

Vom Willen kann man bezüglich der Triebe sagen, daß er erstens deren Intensität und zweitens deren Richtung verändern kann. Andererseits wird der Wille selbst aus Triebenergie gespeist. Hier gerät Jung in die Nähe von Freuds früher Formulierung über »Ich-Triebe« (1910). Diese Triebe stehen im Dienste des Ich und im Gegensatz zum Sexualtrieb. Der Hauptunterschied besteht darin, daß in der Freudschen Theorie der Schwerpunkt auf den Konflikten liegt, die der Sexualtrieb hervorruft, Jung dagegen dessen Wandlungsaspekt betont (→Wandlung; →Energie; →Eros; →Inzest).

Eine Folge von Jungs Verwendung des Begriffs »Wille« besteht darin, daß das Bewußtsein triebhaft ist, also ein inhärenter und bestimmender Aspekt des Menschseins, nicht sekundär und erlernt. Darüber hinaus gibt es im Unbewußten eine Art »Bewußtsein« (→Archetyp; →Selbst). Manchmal spekuliert Jung auch über die Möglichkeit eines Körperbewußtseins (→Körper).

Das Reich des Willens ist begrenzt: »Der Wille vermag den Instinkt nicht zu erzwingen, noch hat er Macht über den Geist« (GW 8, § 379).

→Religion

Z

Zeichen
→Symbol

Zirkumambulation
Zirkumambulation meint nicht nur eine zirkuläre Bewegung, sondern auch die Markierung eines heiligen Bezirks um einen zentralen Punkt herum. Psychologisch definierte Jung sie als Konzentration auf und Beschäftigung mit einem Punkt, der als Zentrum eines Kreises begriffen wurde. Durch →Amplifikation erwies sich dies als Rad-Motiv, was er als Hinweis darauf verstand, daß das →Ich im größeren Umfang des →Selbst enthalten sei (GW 9/2, § 352). Darstellungen des Prozesses der Zirkumambulation fand Jung in der Wandlungssymbolik der Messe und im buddhistischen →Mandala. Den Uhrzeigersinn der Bewegung deutete er als Richtung auf das Bewußtsein zu; Zirkumambulation gegen den Uhrzeigersinn als spiralenförmige Bewegung abwärts zum Unbewußten hin (→Unbewußt, das Unbewußte).
»Circumambulatio« war ein alchemistischer Begriff, der auch die Konzentration auf das Zentrum oder den Ort eines schöpferischen Wandels meinte. Der definierte Umkreis oder →Temenos ist eine Metapher für die während der →Analyse notwendige Eingrenzung, mit der den durch das Aufeinandertreffen der Gegensätze entstehenden Spannungen widerstanden und eine nachfolgende psychotische Zerrüttung und Desintegration verhindert werden soll. Als Manifestationen unbewußter Vorgänge kann man →Träume beobachten, die um einen Punkt herum rotieren oder zirkumambulieren. Neumann (1949) ersetzte für die Anwendung auf ein Prinzip psychischer Integration den Begriff Zirkumambulation durch »Zentroversion«.

Anhang

Literatur

Adler, G. (1971): »Analytical psychology and the principle of complementarity«. In: Wheelwhright, J. (Hrsg.), *The Analytical Process*, Putnam, New York.

Atwood, G.; Stolorow R. (1979): *Faces in a Cloud: Subjectivity in Personality Theory*, Jason Aronson, New York.

Balint, M. (1986): *Regression. Therapeutische Aspekte und die Theorie der Grundstörung*. Deutscher Taschenbuch Verlag, München.

Bateson, G. (1982): *Geist und Natur. Eine notwendige Einheit.* Suhrkamp Verlag, Frankfurt a.M.

Binswanger, L. (1945): »Insanity as life historical phenomenon and as mental disease: the case of Ilse«. In: May, R.; Angel, E.; Ellenberger, H. (Hrsg.): *Existence*, Basic, New York 1958.

Bohm, D. (1987): *Die implizite Ordnung*. Goldmann Verlag, München.

Capra, F. (1984): *Das Tao der Physik*. Scherz Verlag, München.

Corbin, H. (1979): »Mundus Imaginalis oder Das Imaginäre und das Imaginale«. In: *Gorgo* 2, S. 1- 20.

Corbin, H. (1983): »Theophanies and mirrors: idols or icons?« *Spring*.

Dictionary of Modern Thought (1977), Fontana, London.

Edinger, E. (1972): *Ego and Archetype*. Penguin, New York.

Eliade, M. (1984): *Das Heilige und das Profane*. Insel Verlag, Frankfurt a.M.

Ellenberger, H.F. (1973): *Die Entdeckung des Unbewußten*. Verlag Hans Huber, Bern.

Ford, C. (1983): *The Somatizing Disorders: Illness as a Way of Life*. Elsevier, New York.

Fordham, M. (1957): *New Developments in Analytical Psychology*. Routledge & Kegan Paul, London.

Fordham, M. (1961): »C.G. Jung«. In: *Brit. J. Med. Psych.*, 34.

Fordham, M. (1974): *Das Kind als Individuum*. Ernst Reinhardt Verlag, München.

Fordham, M. (1976): *The Self and Autism*. Heinemann, London.

Franz, M.-L. von (1984): »Die inferiore Funktion«. In: Franz, M.-L. von; Hillman, J.: *Jungs Typologie*. Bonz Verlag, Fellbach.

Franz, M.-L. von (1987): *Der ewige Jüngling. Der Puer aeternus und der kreative Genius im Erwachsenen*. Kösel Verlag, München.

Literatur

Freud, S. (1900): *Die Traumdeutung.* Gesammelte Werke, Band 2/3, Fischer Verlag, Frankfurt a.M.

Freud, S. (1901): *Zur Psychopathologie des Alltagslebens.* Gesammelte Werke, Band 4, Fischer Verlag, Frankfurt a.M.

Freud, S. (1905): *Der Witz und seine Beziehung zum Unbewußten.* Gesammelte Werke, Band 6, Fischer Verlag, Frankfurt a.M.

Freud, S. (1910): *Die zukünftigen Chancen der psychoanalytischen Therapie.* Gesammelte Werke, Band 8, Fischer Verlag, Frankfurt a.M.

Freud, S. (1912): *Ratschläge für den Arzt bei der psychoanalytischen Behandlung.* Gesammelte Werke, Band 8, Fischer Verlag, Frankfurt a.M.

Freud, S. (1913): *Die Disposition zur Zwangsneurose.* Gesammelte Werke, Band 8, Fischer Verlag, Frankfurt a.M.

Freud, S. (1915): *Triebe und Triebschicksale.* Gesammelte Werke, Band 10, Fischer Verlag, Frankfurt a.M.

Freud, S. (1916-17): *Vorlesungen zur Einführung in die Psychoanalyse.* Gesammelte Werke, Band 11, Fischer Verlag, Frankfurt a.M.

Freud, S. (1920): *Jenseits des Lustprinzips.* Gesammelte Werke, Band 13, Fischer Verlag, Frankfurt a.M.

Freud, S. (1937): *Die endliche und die unendliche Analyse.* Gesammelte Werke, Band 16, Fischer Verlag, Frankfurt a.M.

Glover, E. (1950): *Freud or Jung.* Allen & Unwin, London.

Goldberg, A. (1980): Introduction to *Advances in Self Psychology.* Hrsg. v. Goldberg, A., International Universities Press, New York.

Gordon, R. (1978): *Dying and Creating: A Search for Meaning.* Society of Analytical Psychology, London.

Greenson, R.; Wexler, M. (1971): »Die übertragungsfreie Beziehung in der psychoanalytischen Situation«. In: *Psyche* 25, S. 206-230.

Guggenbühl-Craig, A. (1980): *Seelenwüsten. Betrachtungen über Unmoral und Psychopathie.* Schweizer Spiegel Verlag, Zürich.

Guggenbühl-Craig, A. (1981): *Die Ehe ist tot – lang lebe die Ehe.* Schweizer Spiegel Verlag, Zürich.

Guggenbühl-Craig, A. (1983): *Macht als Gefahr beim Helfer.* Karger Verlag, Basel.

Hall, J. (1982): *Arbeit mit Träumen in Klinik und Praxis.* Junfermann Verlag, Paderborn.

Heimann, P. (1950): »On counter- transference«. In: *Int. J. Psychoanal.*, 31.

Heisig, J. (1979): *Imago Dei: A Study of C.G. Jung's Psychology of Religion.* Bucknell University Press, Lewisburg; Associated Universities Press, London.

Henderson, J. (1967): *Thresholds of Initiation.* Wesleyan University Press, Middleton, New York.

Henderson, J. (1982): »Reflections on the history and practice of Jungian analysis«. In: *Jungian Analysis*. Hrsg. v. Stein, M., Open Court, La Salle und London.

Henry, J. (1977): Comment on »The cerebral hemispheres in analytical psychology« by Rossi, E. In: *J. Analyt. Psychol.*, 22/2, S. 52-58.

Hillman, J. (1972): *The Myth of Analysis*. Northwestern University Press, Evanston, Illinois.

Hillman, J. (1975): *Revisioning Psychology*. Harper & Row, New York.

Hillman, J. (1979): »Die Psychologie: Monotheistisch oder polytheistisch?« In: *Gorgo* 1, S. 1-21.

Hillman, J. (1980): »On the necessity of abnormal psychology: Ananke and Athene«. In: *Facing the Gods*. Hrsg. v. Hillman, J., Spring, Dallas.

Hillman, J. (1983a): *Am Anfang war das Bild. Unsere Träume – Brücke der Seele zu den Mythen*. Kösel Verlag, München.

Hillman, J. (1983b): *Archetypal Psychology: A Brief Account*. Spring, Dallas.

Hudson, L. (1983): Review of *Jung: Selected Writings*, hrsg. v. Storr, A., Fontana, London. In: *Sunday Times* v. 13. März, London.

Isaacs, S. (1952): »The nature and function of phantasy«. In: *Developments in Psychoanalysis*. Hrsg. v. Riviere, J., Hogarth, London.

Jacobi, J. (1957): *Komplex, Archetypus, Symbol in der Psychologie C.G. Jungs*. Rascher Verlag, Zürich und Stuttgart.

Jacoby, M. (1981): »Überlegungen eines analytischen Psychologen zum Narzißmus-Konzept Heinz Kohuts«. In: *Analyt Psychol.* 12, S. 180-196.

Jaffé, A. (1968): *Aus Leben und Werkstatt von C.G. Jung*. Rascher Verlag, Zürich.

Jaffé, A. (1983a): *Der Mythus vom Sinn. Im Werk von C.G. Jung*. Daimon Verlag, Zürich.

Jaffé, A. (1983b): *C.G. Jung – Bild und Wort. Eine Biografie*. Walter Verlag, Olten und Freiburg i.Br.

Jung, C.G. (1955). In: Jung, C.G.: *Briefe*. Hrsg. von Jaffé, A. und Adler, G., Band 2, S. 515, Walter Verlag, Olten und Freiburg i.Br.

Jung, C.G. (1957). In: Jung, C.G.: *Briefe*. Hrsg. von Jaffé, A. und Adler, G., Band 3, S. 118, Walter Verlag, Olten und Freiburg i.Br.

Jung, C.G. (1968): *Der Mensch und seine Symbole*. Walter Verlag, Olten.

Jung, C.G. (1983): *The Zofingia Lectures*. In: Collected Works, Supplementary Vol.A. Hrsg. v. McGuire, W., Routledge & Kegan Paul, London; Princeton University Press.

Jung, C.G. (1984): *Dream Analysis*. In: Collected Works, Seminar Papers, Vol.1. Hrsg. v. McGuire, W., Routledge & Kegan Paul, London; Princeton University Press.

Jung, C.G. (1967): *Animus und Anima*. Rascher Verlag, Zürich.

Literatur

Jung, C.G. (1986): *Erinnerungen, Träume, Gedanken.* Aufgez. u. hrsg. v. Jaffé, A., Walter Verlag, Olten und Freiburg i.Br.

Kirsch, T. (1982): »Analysis in training«. In: *Jungian Analysis.* Hrsg. v. Stein, M., Open Court, La Salle and London.

Klein, M. (1937): *Love, Hate, and Reparation.* Hogarth, London. (Deutsch in: Klein, M.; Rivière, J.: *Seelische Urkonflikte. Liebe, Haß und Schuldgefühl.* Fischer Verlag, Frankfurt a.M. 1983.

Klein, M. (1957): *Envy and Gratitude.* Tavistock, London. (Deutsch gekürzt: »Neid und Dankbarkeit«. In: Klein, M.: *Das Seelenleben des Kleinkindes und andere Beiträge zur Psychoanalyse.* Klett-Cotta, Stuttgart 1983.)

Kohut, H. (1975): *Narzißmus.* Suhrkamp Verlag, Frankfurt a.M.

Kohut, H. (1979): *Die Heilung des Selbst.* Suhrkamp Verlag, Frankfurt a.M.

Kohut, H. (1980): »Reflections«. In: *Advances in Self Psychology.* Hrsg. v. Goldberg, A., International Universities Press, New York.

Kraemer, W. (Hrsg.) (1976): *The Forbidden Love: The Normal and Abnormal Love of Children.* Sheldon Press, London.

Kris, E. (1952): *Die ästhetische Illusion. Phänomene der Kunst in der Sicht der Psychoanalyse.* Suhrkamp Verlag, Frankfurt a.M.

Lacan, J. (1949): »Das Spiegelstadium als Bildner der Ich-Funktion«. In: Lacan, J.: *Schriften.* Bd. I, hrsg. v. Haas, N. und Metzger, H.-S., Quadriga Verlag, Weinheim/Berlin (1986).

Laing, R.D. (1975): *Phänomenologie der Erfahrung.* Suhrkamp Verlag, Frankfurt a.M.

Lambert, K. (1981): *Analysis, Repair and Individuation.* Academic Press, London.

Langs, R. (1978): *The Listening Process.* Jason Aronson, New York.

Laplanche, J.; Pontalis, J.-B. (1973): *Das Vokabular der Psychoanalyse.* Suhrkamp Verlag, Frankfurt a.M.

Layard, J. (1945): »The incest taboo and the virgin archetype«. In: *Eranos,* Bd.XII, Rhein Verlag, Zürich; und in: *The Virgin Archetype.* Spring, Zürich (1972).

Layard, J. (1959): »On psychic consciousness«. In: *Eranos,* Bd.XXVIII, Rhein Verlag, Zürich; und in: *The Virgin Archetype.* Spring, Zürich (1972).

Ledermann, R. (1979): »The infantile roots of narcissistic personality disorder«. In: *J. Analyt. Psychol.,* 26/4, S. 107-126.

Leonard, L. (1986): *Töchter und Väter. Heilung und Chancen einer verletzten Beziehung.* Kösel Verlag, München.

Levinson, D. u.a. (1979): *Das Leben des Mannes. Werdenskrisen, Wendepunkte, Entwicklungschancen.* Kiepenheuer & Witsch, Köln.

Little, M. (1957): »»R«: the analyst's total response to his patient's needs«. In: *Int. J. Psychoanal.,* 38/3.

Maduro, R.; Wheelwright, J. (1977): »Analytical Psychology«. In: *Current Personality Theories*. Hrsg. v. Corsini, R., Peacock, Ithaca.

Mattoon, M. (1978): *Applied Dream Analysis: A Jungian Approach*. Winston, Washington.

Meier, C.A. (1949): *Antike Inkubation und Moderne Psychotherapie*. Studien aus dem C.G. Jung-Institut Zürich I, Rascher Verlag, Zürich.

Micklem, N. (1980): »The removable eye: reflections on imagination in neurosis«. In: *Dragonflies*, Winter, 1980.

Money-Kyrle, R. (1978): *Collected Papers*. Hrsg. v. Meltzer, D., Clunie Press, Strath Tay, Perthshire.

Neumann, E. (1949): *Ursprungsgeschichte des Bewußtseins*. Rascher Verlag, Zürich (auch als Fischer Tb., Frankfurt a.M.).

Neumann, E. (1956): *Die Große Mutter. Eine Phänomenologie der weiblichen Gestaltungen des Unbewußten*. Rhein Verlag, Zürich (3. Aufl. 1988 Walter Verlag, Olten und Freiburg i.Br.).

Neumann, E. (1980): *Tiefenpsychologie und neue Ethik*. Fischer Verlag, Frankfurt a.M.

Neumann, E. (1985): *Das Kind. Struktur und Dynamik der werdenden Persönlichkeit*. Bonz Verlag, Fellbach.

Newton, K. (1975): »Separation and pre-oedipal guilt«. In: *J. Analyt. Psychol.*, 20/2, S. 183-193.

Newton, K.; Redfearn, J. (1978): »Die wirkliche Mutter und die Ich-Selbst-Beziehung«. In: *Analyt. Psychol.* 9, S. 1-27.

Odajnyk, V. (1975): *C.G. Jung und die Politik*. Ernst Klett Verlag, Stuttgart.

Otto, R. (1987): *Das Heilige. Über das Irrationale in der Idee des Göttlichen und sein Verhältnis zum Rationalen*. C.H. Beck Verlag, München.

Papadopoulos, R. (1984): »Jung and the concept of the Other«. In: *Jung in Modern Perspective*. Hrsg. v. Papadopoulos, R. und Saayman, G., Wildwood House, Hounslow.

Pauli, W. (1952): »Der Einfluß archetypischer Vorstellungen auf die Bildung naturwissenschaftlicher Theorien bei Kepler«. In: Jung, C.G. und Pauli, W.: *Naturerklärung und Psyche*. Studien aus dem C.G. Jung-Institut Zürich IV. Rascher Verlag, Zürich.

Perry, J. (1962): »Reconstitutive processes in the psychopathology of the self«. In: *Annals* of the New York Academy of Sciences, Vol. 96, article 3, S. 853-876.

Perry, J. (1974): *The Far Side of Madness*. Prentice Hall, Englewood Cliffs, New Jersey.

Perry, J. (1976): *Roots of Renewal in Myth and Madness*. Jossey-Bass, San Francisco.

Literatur

Radin, P; Kerényi, K; Jung, C.G. (1979): *Der göttliche Schelm. Ein indianischer Mythenzyklus*. Gerstenberg-Verlag, Hildesheim.

Redfearn, J. (1978): »The energy of warring and combining opposites: problems for the psychotic patient and the therapist in achieving the symbolic situation«. In: *J. Analyt. Psychol.*, 23/3, S. 231-241.

Rossi, E. (1977): »The cerebral hemispheres in analytical psychology«. In: *J. Analyt. Psychol.*, 22/1, S. 32-58.

Rycroft, C. (1968): *Psychoanalysis Observed.* Penguin, Harmondsworth.

Rycroft, C. (1972): *A Critical Dictionary of Psychoanalysis.* Penguin, Harmondsworth.

Samuels, A. (1985a): Jung and the Post-Jungians. Routledge & Kegan Paul, London und Boston. (Deutsche Übersetzung eines Kapitels: »Jenseits der kompensatorischen Funktion. Modifikationen von Jungs theoretischem Konzept zur Traumdeutung«. In: *Analyt. Psychol. 16*, S. 241-256.)

Samuels, A. (1985b): »Countertransference, the mundus imaginalis and a research project«. In: *J. Analyt. Psychol.*, 30/1, S. 47-71.

Sandner, D. (1979): *Navaho Symbols of Healing.* Harcourt, Brace, Jovanovich, New York und London.

Sandner, D.; Beebe, J. (1982): »Psychopathology and analysis«. In: *Jungian Analysis.* Hrsg. v. Stein, M., Open Court, La Salle und London.

Schafer, R. (1982): *Eine neue Sprache für die Psychoanalyse.* Klett-Cotta, Stuttgart.

Schwartz-Salant, N. (1982): *Narcissism and Character Transformation: The psychology of Narcissistic Character Disorders.* Inner City, Toronto.

Searles, H. (1968): *Collected Papers on Schizophrenia and Related Subjects.* Hogarth, London.

Sheldrake, R. (1985): *Das schöpferische Universum.* Goldmann Verlag, München.

Singer, J. (1972): *Boundaries of the Soul: The Practice of Jung's Psychology.* Gollancz, London.

Singer, J. (1976): *Androgyny: Towards a New Theory of Sexuality.* Doubleday, Garden City, New York.

Stein, M. (1982): »The aims and goal of Jungian analysis«. In: *Jungian Analysis.* Hrsg. v. Stein, M., Open Court, La Salle und London.

Stein, M. (1985): *In Midlife.* Spring, Dallas.

Stein, R. (1980): *Inzest und Liebe. Der Verrat an der Seele in der Psychotherapie.* Bonz Verlag, Fellbach.

Stevens, A. (1982): *Archetype: A Natural History of the Self.* Routledge & Kegan Paul, London.

Storr, A. (1983): *Jung: Selected Writings.* Fontana, London.

Literatur

Sutherland, J. (1980): »The British object relation theorists: Balint, Winnicott, Fairbairn, Guntrip«. In: *J. Amer. Psychoanal. Assn.*, 28, S. 829-859.

Szasz, T. (1971): *Geisteskrankheit – Ein moderner Mythos?* Fischer Verlag, Frankfurt a.M.

Tolpin, M. (1980): Contribution to »Discussion«. In: *Advances in Self Psychology*. Hrsg. v. Goldberg, A., International Universities Press, New York.

Ulanov, A. (1981): *Receiving Woman: Studies in the Psychology and Theology of the Feminine*. Westminster, Philadelphia.

Watkins, M. (1976): *Waking Dreams*. Gordon & Breach, New York.

Weaver, M. (1964): *The Old Wise Woman*. Vincent Stuart, London.

Wheelwright, J. (1982): »Termination«. In: *Jungian Analysis*. Hrsg. v. Stein, M., Open Court, La Salle und London.

Wheelwright, J. H. (1984); *For Women Growing Older: The Animus*. The C.G. Jung Educational Center of Houston, Texas.

White, V. (1952): *God and the Unconscious*. Harvill, London.

Wilber, K. (Hrsg.) (1986): *Das holographische Weltbild. Wissenschaft und Forschung auf dem Weg zu einem ganzheitlichen Weltverständnis*. Scherz Verlag, München.

Willeford, W. (1969): *The Fool and His Scepter*. Northwestern University Press, Evanston, Illinois.

Williams, M. (1963a): »The indivisibility of the personal and collective unconscious«. In: *Analytical Psychology: A Modern Science*. Hrsg. v. Fordham, M. u.a., Heinemann, London (1973).

Williams, M. (1963b): »The poltergeist man«. In: *J. Analyt. Psychol.*, 8/2, S. 123-144.

Winnicott, D. (1960): »Die Theorie von der Beziehung zwischen Mutter und Kind«. In: Winnicott, D.: *Reifungsprozesse und fördernde Umwelt*. Fischer Verlag, Frankfurt a.M. (1985).

Winnicott, D. (1967): »Die Spiegelfunktion von Mutter und Familie in der kindlichen Entwicklung«. In: Winnicott, D.: *Vom Spiel zur Kreativität*. Klett-Cotta, Stuttgart (1985).

Winnicott, D. (1985): *Vom Spiel zur Kreativität*. Klett-Cotta, Stuttgart.

Die Literaturangaben aus dem Gesamtwerk C. G. Jungs beziehen sich auf die Ausgabe »Gesammelte Werke« (abgekürzt GW), Olten 1971–1990, mit Bandzahl und Absatzzählung (§).

Register

Abaissement du niveau mental 15
Abreaktion 16
Abwehrmechanismen des Selbst 17
Ätiologie (der Neurose) 17
Affekt 18
Agieren (acting out) 19
Aktive Imagination 19
Alchemie 21
Alte Weise / Alter Weiser 26
Ambivalenz 26
Amplifikation 27
Analyse 29
Analytiker und Patient 31
Analytische Psychologie 35
Androgyn 37
Angst 38
Anima und Animus 38
Anpassung 41
Apperzeption 42
Archetyp 43
Assoziation 46
Assoziationsexperiment 48

Besessenheit 50
Bewußtsein, Bewußtheit 51
Bild 54
Böse 56

Coniunctio 57

Deintegration und Reintegration 59
Dementia praecox 59
Depression 59
Depressive Position 60
Deutung 62
Dialektischer Prozeß 64
Differenzierung 64
Dissoziation 65
Dominante 66

Ehe, Hochzeit 66
Empirie 68
Enantiodromie 68
Energie 69
Eros 71
Ethik 72
Extraversion 73

Feminin 73
Fixierung 73
Frühe Kindheit und Kindheit 74

Ganzheit 77
Gegensätze 78
Gegenübertragung 81
Gehirn 81
Geist 81
Geisteskrankheit 83
Gerichtetes und Phantasiedenken 84
Geschlecht 87
Geschlechtsrolle 88
Gesellschaft 89
Gottesbild 89
Götter und Göttinnen 90
Große Mutter 90
Gruppe 92

Register

Hauptfunktion 93
Heilen, Heilung 93
Held 94
Hermaphrodit 96
Himmelfahrt der Jungfrau Maria, Verkündigung des Dogmas 97
Homosexualität 97
Hysterie 99

Ich 100
Ich-Selbst-Achse 103
Idee 103
Identifizierung 104
Identität 104
Imago 106
Individuation 106
Inferiore Funktion 111
Inflation 111
Initiation 112
Instinkt 114
Inszenieren, Inszenierung 114
Integration 115
Introjektion 115
Introversion 116
Inzest 116

Katharsis 119
Kausalität 119
Körper 120
Kollektiv 121
Kollektives Unbewußtes 122
Kompensation 122
Komplex 124
Kultur 126
Kur 126

Lebensmitte 128
Lebensphasen 128
Lebenstrieb 129
Libido 130
Logos 130

Macht 132
Männlich 134
Märchen 134
Magie 135
Malerei 135
Mana 137
Mana-Persönlichkeiten 137
Mandala 138
Maskulin 139
Mercurius 139
Metapher 139
Moral 140
Mundus imaginalis 141
Mutter 142
Mythos 142

Narr 144
Narzißmus 144
Neurose 147
Numinosum 149

Objektbeziehungen, Objektbeziehungstheorie 150
Objektive Psyche 151
Ödipuskomplex 152
Opfern, das Opfer 152

Paranoid-schizoide Position 153
Partialobjekt 154
Participation mystique 154
Pathologie 155
Patient 156
Persönliches Unbewußtes 156
Persona 156
Personifikation 157
Phantasie 159
Pleroma 162
Polytheismus 162
Primär- und Sekundärprozeß 163
Primitiv, die »Primitiven« 163
Projektion 165

Register

Projektive Identifizierung 167
Prospektiver Gesichtspunkt 167
Psyche 167
Psychische Wirklichkeit 170
Psychoanalyse 173
Psychogenese 177
Psychoides Unbewußtes 178
Psychopompos 179
Psychose 179
Psychotherapie 180
Puer aeternus 183

Reduktive und synthetische Methode 184
Reflexion 186
Regression 187
Religion 188
Ritual 190

Schatten 191
Schizophrenie 193
Schuld 196
Seele 197
Seelenverlust 198
Selbst 198
Selbstregulatorische Funktion der Psyche 202
Senex 202
Sinn 203
Suggestion 204
Symbol 205
Synchronizität 208
Synthetische Methode 210
Syzygie 210

Teleologischer Gesichtspunkt 210
Temenos 211
Theorie 212
Tiefenpsychologie 213
Todestrieb 216
Träume 218
Transzendente Funktion 221
Trauma 222
Trickster 222
Trieb 224
Typologie 224

Über-Ich 228
Übertragung 228
Unbewußt, das Unbewußte 228
Unus mundus 231
Urbild 232
Uroboros 232
Urszene 234

Vater 234
Verwundeter Heiler 234
Vision 234

Wahn 235
Wandlung 236
Weiblich 238
Wiedergeburt 238
Wille 239

Zeichen 240

KÖSEL Psychoanalyse und Alchemie

Edward F. Edinger
Der Weg der Seele
Der psychotherapeutische Prozeß
im Spiegel der Alchemie
320 Seiten. Gebunden

Der Psychotherapeut Edward F. Edinger verfolgt in diesem Buch die Gemeinsamkeiten zwischen den alchemistischen Operationen und dem Prozeß der Heilung und Ganzwerdung in der Psychotherapie. Er zeigt, wie Wandlungsprozesse der Psyche, Träume und anderes unbewußtes Material auf der Grundlage alchemistischer Bilder gedeutet werden können.

Entstanden ist ein Buch von unschätzbarem Wert: reich bebildert, mit einer einzigartigen Sammlung alter Texte und zeitgenössischer Literatur sowie vielen Beispielen aus der Therapie.

Kösel-Verlag

dtv-Atlas zur Psychologie
Band 1

dtv-Atlas zur Psychologie
Band 2

dtv Wörterbuch zur Psychologie
W. D. Fröhlich

Der zweibändige dtv-Atlas zur Psychologie bringt eine geordnete Übersicht über die Vielfalt der Erscheinungen dieses Gebiets und die Methoden ihrer Untersuchung. Das bewährte dtv-Atlas-System, die Einheiten aus ausführlichen Textseiten und dazugehörigen Farbtafeln, erweist sich auch bei der Psychologie als hilfreich und für die Abbildung menschlicher Verhaltensweisen als besonders geeignet.

Aus dem Inhalt des ersten Bandes:

Terminologie (Glossar psychologischer Fachwörter), Theoriegeschichte, Methodik, Statistik, Neuro-, Wahrnehmungs-, Gedächtnis-, Lern-, Aktivations-, Kognitions-, Kommunikations- und Emotionspsychologie. Register.
dtv 3224

Aus dem Inhalt des zweiten Bandes:

Persönlichkeitspsychologie, Entwicklungs-, Sozial-, Massen-, Umwelt-, Tierpsychologie, Psychodiagnostik, Klinische, Angewandte und Kulturpsychologie. Begriffsverzeichnis. Bibliographie. Register für beide Bände.
dtv 3225

Aus dem Nachdenken und Spekulieren über die Natur des beseelten Menschen ist heute die wissenschaftliche Psychologie mit ihrer naturwissenschaftlich geprägten Methodik geworden. Die vielen Schulen und Zweige der Psychologie haben zu einer differenzierten psychologischen Fachsprache geführt, deren wichtigste Begriffe in diesem Wörterbuch erläutert werden.

Über 2200 Stichwörter, mit Literaturangaben. Englisch-deutsches Verweisregister, ausführliche Bibliographie sowie eine Einführung in Geschichte, Gegenstandsbereiche und Studienaufbau der Psychologie.
dtv 3285